China Through
Others' Eyes, 1912-1928

CHINA THROUGH OTHERS' EYES, 1912-1919

王 笛 /著

图书在版编目（CIP）数据

中国记事：1912—1928：全2卷 / 王笛著. -- 北京：人民文学出版社，2025（2025.9重印）
ISBN 978-7-02-018043-1

Ⅰ．①中… Ⅱ．①王… Ⅲ．①中国历史-1912-1928 Ⅳ．①K209

中国国家版本馆CIP数据核字（2023）第104003号

责任编辑　李　磊
装帧设计　刘　静
责任印制　张　娜

出版发行　人民文学出版社
社　　址　北京市朝内大街166号
邮政编码　100705

印　　刷　三河市中晟雅豪印务有限公司
经　　销　全国新华书店等

字　　数　651千字
开　　本　880毫米×1230毫米　1/32
印　　张　27.5　插页2
印　　数　15001—18000
版　　次　2025年4月北京第1版
印　　次　2025年9月第3次印刷

书　　号　978-7-02-018043-1
定　　价　149.00元（全二册）

如有印装质量问题，请与本社图书销售中心调换。电话：010-59905336

目 录

前言 "中国走了自己的道路"   1

第一部　革命之后，1912—1913   7

  第1章　辛亥革命的特写镜头   9

  第2章　革命后的中国社会   32

  第3章　首先承认民国政府   51

第二部　内忧外患，1914—1918   67

  第4章　对《二十一条》的反应   69

  第5章　袁世凯称帝中的众声喧哗   94

  第6章　变化中的中国   119

  第7章　赛珍珠在南宿州   153

  第8章　要改变命运，就参战   169

第三部　虽败犹荣，1919　　203

第 9 章　准备出征　　205

第 10 章　巴黎和会上的挫折　　221

第 11 章　"威尔逊之窘"　　248

第 12 章　巴黎和会大博弈下的小插曲　　297

第 13 章　短暂的辉煌　　338

第四部　巨人醒来，1919　　353

第 14 章　愤怒的浪潮　　355

第 15 章　"摆脱传统的束缚"　　386

第 16 章　"中国开始觉醒"　　405

前言
"中国走了自己的道路"

在这个世界秩序中,中国所面临的问题,以及在西方角力过程中的地位和对应办法,不仅需要根据中文的历史记载,从中国的角度进行解答,而且还必须根据西方的材料,了解西方的态度和思维方式,来讨论当时中国所面临的选择、选择的余地,以及西方在其中所扮演的角色。

> 长期以来,美国试图让中国变得更像自己。这种堂吉诃德式的尝试尽管屡屡失败,却仍然锲而不舍地努力。现在这种努力又再度兴起了……"最后,中国走了自己的道路,就仿佛美国人从来没有去过那里似的。"
>
> ——费正清

如上引号内的那句话,取自费正清(John King Fairbank)为巴巴拉·塔奇曼(Barbara W. Tuchman)所著《史迪威与美国在中国的经验,1911—1945》(*Stilwell and the American Experience in China, 1911—1945*)所写序言中引用的塔奇曼书中的最后一句话。塔奇曼因为讲述一战爆发第一个月的历史作品《八月炮火》(*The Guns of August*),首次获得普利策奖。关于史迪威的这本书,1971年出版,次年因为这本书,塔奇曼第二次获得普利策奖。

费正清是美国中国学的开山鼻祖,是名副其实的中国通。抗战时期作为美国政府新闻处的代表驻在重庆,与许多中国左翼知识分子有交往。在美国大学里面讲授东亚历史的教授们,可能大多数都和他有某种师承的关系,他所写的《美国与中国》(*The United States and China*)和《中国:一个新历史》(*China : A New History*),[1]我在美国讲授中国近代史时也曾用作教科书。

美国试图把中国改造成为和美国一样的国家，但是它的尝试总是失败。

1912—1928年是中国历史的转折时期，经历了帝国覆灭以及袁世凯复辟帝制失败后的混乱、新文化运动、五四运动、五卅运动、布尔什维主义的传播等等。一战后的美国，是国际舞台的主导力量，当时中国已经被纳入了一战后的世界秩序。在这个世界秩序中，中国所面临的问题，以及在西方角力过程中的地位和对应办法，不仅需要根据中文的历史记载，从中国的角度进行解答，而且还必须根据西方的材料、了解西方的态度和思维方式，来讨论当时中国所面临的选择、选择的余地，以及西方在其中所扮演的角色。这样，才能全面认识当时中国在国际舞台上为自己争取权利有多大的空间和实力。

这个研究以美国媒体的中国报道为中心，包括诸如《纽约时报》《基督教科学箴言报》《华盛顿邮报》《洛杉矶时报》等，来观察中国1912—1928年期间的政治和外交。美国媒体主要围绕中国发生的重大事件进行报道，也对中国的文化、教育和经济等方面进行了一些介绍和分析。而我使用的个人记录以及媒体对个人的采访，则是从他们自己的眼睛看到的中国，有细节、有故事、有感受，在相当大的程度上弥补了大事件后面个人命运和体验的缺失。

总的来说，这本书的主要目的不是试图利用西方资料，去改变我们过去对这个时期发生的史实的认识，而是换一个角度，即从西方的视角，来观察辛亥革命后到国民党统一那个时代的中国。

注 释

[1] John K. Fairbank, *The United States and China*; John K. Fairbank and Merle Goldman, *China: A New History*。在本书的注释中，对于书籍只列出作者、书名和页码，非直接引文一般不列出页码。关于图书出版的信息，请参考书后的"征引文献目录"。

第一部
革命之后，1912—1913

民国政府成立后的一个重要目标，就是争取得到列强承认，但是得到承认的道路不是一帆风顺的，直到1913年3月威尔逊（Woodrow Wilson）就任美国总统，这个僵局才被打破。美国成为世界上第一个承认中华民国的主要西方国家，带动了其他列强对中国的承认。

第1章　辛亥革命的特写镜头

> 中国的命运掌握在中国人自己手中。
>
> ——美联社记者弗雷德里克·麦考米克

辛亥革命是亚洲的第一次共和革命,在1911年10月10日武昌起义爆发之后,便引起了全世界的关注。西方媒体看到了辛亥革命后中国的剧变。亨利·巴恩(Henry W. Bunn)在《北美评论》(North American Review)发表的文章,便以《变化中的中国》(Changing China)为题,回顾了这个变化的过程。在中国发生的变化,无论是社会、经济还是政治方面,都是极为重要的。

中国的改变始于1895年的甲午战争,在西方势力以及日本对中国主权和领土完整的威胁下,民族主义兴起。强国在中国划分势力范围,清政府步步退让,外国依靠铁路和银行蚕食中国。义和团运动虽然是盲目排外的,但那是中国人"第一次发出的怒吼"。

第二次爆发是辛亥革命,推翻了清王朝,成立民国。中国人感到必须向西方学习,大量中国学生到国外以寻求西方知识,"他们中的一些人回国后成为狂热的共和党人并造就了革命",他们的"民族主义诉求赢得群众支持"。他们声称,无效率的清朝统治者要为中国所受的屈辱负责,这很大程度上是切中时弊的。

这些革命者的"主要动机是爱国",在他们看来,只有共和制"是唯一的入场券",因此成了西方制度的崇拜者,倾倒于"美国的财富与繁荣"。而他们"看起来完全忽略了西方的缺陷",是"一伙偏激的教条主义者"。西方媒体认为这些革命者对中国的未来,并没有清楚的概念。[1]

因此,辛亥革命后中国的不稳定,应该是与革命者的不成熟以及对中国未来的设计缺乏一个可操作的框架有关。美国力图在中国的政治现代化过程中,扮演一个引导者的角色。

那些当时正在中国,或者革命后来到中国的美国人,用他们的眼睛观察着这场革命,就像拍电影一样,记录下了那些革命场景的许多特写镜头。

南京:美联社记者司徒雷登

辛亥革命爆发的时候,是后来成为燕京大学校长、美国驻华大使司徒雷登(John Leighton Stuart)到金陵神学院(Nanking Theological Seminary)担任老师的第三年。司徒雷登为这场革命激动不已,立刻就向美国报道了这条消息,并密切关注南京局势的变化,随时将在南京的见闻向美国做详细报道。他称辛亥革命是中国的"独立战争",希望美国人能像看待美国"独立日"那样对待中国的革命。他指出美国独立战争的经历、所确立的制度以及华盛顿,都已成为今天中国革命要实现的理想。

司徒雷登观察到,辛亥革命从一开始就得到中国南方各阶层人民的支持,为革命爆发欢欣鼓舞。外国人也普遍对革命抱有同情,但一般都持中立的态度。革命的直接后果是政府的瘫痪,社会的动乱,官员和富商们纷纷携带家眷出逃。不少老百姓也逃到乡下,躲避战乱。大部分商店关门停业,给抢劫者造成了可乘之机。

革命正在进行之中,1911年11月6日,在南京的金陵神学院新宿舍楼工程的开工,举行了奠基仪式,司徒雷登与其他教职员工一起参加了这个活动。他还到街上观察革命发展的局势,凭着一口流利的中国话,通过与路人的交谈,得到了许多新的情况。

这天,司徒雷登又向美国发去了有关革命的报道。他在报道中说,南京大约有60%的居民已经逃离了,不少人趁火打劫。几天后,南京的形势进一步恶化。一方面,清政府四处搜捕革命党人,滥杀无辜;另一方面,当地的军队倒向革命党一边,拒绝服从清廷的命令,反倒阻止对革命军的围剿。

战争一触即发。11月9日,美国和英国驻南京的领事馆要求所有本国的妇女和儿童迅速撤离南京。金陵神学院宣布停课,紧急安排学生、教师和家属疏散。由于许多学生都是革命的同情者和支持者,有的学生剪掉了自己的辫子,随时准备声援革命军,所以都不愿意离校。司徒雷登因而组织了一个救助委员会,组织学生撤离。

撤离工作持续了十几天,直到学生们全部到达安全地方后,司徒雷登才离开南京,回到杭州他父母的身边。他的父母是传教士,已经在那里居住了几十年了,司徒雷登也一直把杭州视为自己的家乡。

但在这时,美联社聘请司徒雷登担任该社的战地通讯记者,负责报道中国革命的发展态势,于是他立即返回了南京。在南京,司徒雷登以美联社记者的身份,频繁地出席与新政府有关的各种活动,不仅经常见到孙中山,还结识了不少新政府各部门的政要。

第一部 革命之后,1912—1913

1912年3月，南京的外侨联合会与美英俱乐部，为孙中山和他的家人、内阁部长和他们的夫人们，以及袁世凯在南京的代表唐绍仪，举行了一个盛大的酒会。司徒雷登以记者的身份参加了这个酒会。他在报道中给予孙中山高度的评价，称孙中山有卓越的领导才能，为国家做出了无私的奉献。

这年的4月1日下午，孙中山召开临时国民议会。在这次会上，孙中山正式宣布辞去临时大总统的职务，让位于袁世凯。这给司徒雷登留下了极其深刻的印象，很多年以后司徒雷登对这段往事还记忆犹新："我是1912年南京召开临时国民议会时在场的唯一一个外国人。在这次会议上，孙博士发表了著名的辞职演说。"

孙中山宣布辞去总统职务的当天晚上，司徒雷登和南京基督教青年联合会为他和其他出席临时国民议会的代表们举行了一个招待会。孙中山和他的内阁部长们都出席了招待会。司徒雷登评价说，革命领导人出席这样的晚会，表明他们对传教工作和基督教教育事业是同情和支持的。

1912年秋季，时局已经比较稳定，南京的各个学校相继重新开学。司徒雷登回到金陵神学院，继续做他的教学工作。

第二年，政局出现了很大的变化。1913年3月，国会召开前夕，国民党代理理事长宋教仁被暗杀。这年夏天，"二次革命"爆发。西方各国不愿意看到中国发生新的动乱，转而支持袁世凯。司徒雷登也认为只有袁世凯能最终控制住局面，曾写信敦促美国政府支持袁世凯。

当时的司徒雷登认为，孙中山等革命者很难成功，因为他们大多长期在海外留学或者进行革命活动，对中国的国情不是很了解。

中国老百姓并不能够理解什么是政治自由和民主权利,因此实现民主政府的条件还不成熟。在司徒雷登看来,袁世凯和孙中山之间最大的区别,就在于袁世凯是现实主义的,而孙中山是理想主义的。司徒雷登认为,维持一个国家的法律和秩序,要靠铁腕而不是靠理想。这个观点与当时美国政府的对华政策是一致的。[2]

上海:一个美国军人所看到的革命

1911年11月23日,一个年轻的美国中尉第一次来到中国,他到达中国的时候,革命还没有结束。这个年轻的美国人,当时正在美国的殖民地菲律宾服役,对中国充满了好奇,虽然这个国度正处于剧烈的动荡之中,甚至在这里旅行也充满着风险,但是这些都不能阻止这个年轻人的脚步。

他首先到达"冒险家的乐园"上海,这是中国最大的通商口岸。首先进入他眼帘的是各国的战舰,两艘日本的,两艘法国的,一艘英国的,一艘德国的,一艘美国的。他看到浩渺的长江,浩浩荡荡进入大海。长江是交通大动脉,"亚洲最繁忙的河流"。

他在吴淞口第一次看到了黄包车,不过他可能不知道,这是从日本传进来的"东洋"玩意儿,所以又叫"东洋车"。他在黄浦江上看到了舢板和小帆船。不过,他对上海有点失望,这是因为它太洋气,西方式的宾馆和银行,宽阔的大道与公园,从宾馆的窗户往外看去,他觉得"仿佛是在费城"。他在公共租界"看到了头上裹着头巾的高个子锡克教信徒,这是从英属印度雇来做警察的"。

革命给这个年轻的美国人增添了一丝兴奋,其实进入革命中的中国，并没有那么可怕。的确，这个革命可能是中国历史上最平和的革命了，虽然也有过几次战斗，但是并没有血流成河。甚至革命都没有给他的旅行带来什么不方便，哪怕革命的队伍和标志到处可见。在上海的老城，他还看到了革命者的征兵站，那里挂着"红底上有十二个锯齿的黑太阳的革命者旗帜"，代替了清王朝的黄龙旗。

他还看到了城市里的贫民窟，那里到处是衣衫褴褛的乞丐，垃圾遍地，苦力把一大堆行李从码头扛到宾馆，街头小贩一瓣一瓣地卖橘子，庙里穿着白色孝服的奔丧者，在灯光下衣着华丽的阔太太……

他去一家老茶馆喝茶，发现通往茶馆的桥是弯弯曲曲的，那么这一定是上海的城隍庙了。据当地人解释，修这样曲曲折折的桥是为了避邪，那些鬼怪绕不过去，会在拐弯的地方掉进水里。他还在中国人家里看到很多神像和佛龛，让他觉得中国的宗教主要是"为了驱除那些要加害于他们的鬼怪"。

这个年轻的美国军官，"仅仅有限地看到了这场大动乱的表面现象，也就不可能对此有怎样深刻的判断"。但是他对革命中的中国的观察是细致的，还做了记录。那时中国正在发生翻天覆地的变化，吸引着世界的关注，而他更多地看到的是普通的中国人和他们的生活，"不管发生了怎样可怕的事情，普通人的生活跟过去一样仍在继续，也只能继续。"[3]

香港：大英帝国的炫耀

在上海待了几天之后，这个美国年轻军官乘船去了香港，第一次看到这个"仿佛悬在半山腰上"的充满活力的城市。这个城市俯视着一个壮丽的海港，在地势最高的地方，悬挂着英国国旗，炫耀着大英帝国的威风。

当船进港时,他看见那里停泊着许多艘远洋轮船,周围还拥挤着许多小舢板,上面住着一家老小,甚至还养着鸡鸭。妻子掌舵,孩子摇桨,每个人都行使着职责。

他在一家美国人开办的家庭旅馆吃了感恩节晚餐后,乘电车到达太平山顶,从山顶朝港湾望去,非常壮观的景色,"棒极了,记忆中最好的景象"。

这个美国年轻人注意到那些刚剪去辫子的中国人,他们看上去怪怪的。他对那些英国训练的士官则是称羡不已,称他们看起来"胜过我们一般军官五倍"。然而他对英国军官的评价则不高,认为他们"一团糟,至少在香港如此。不整洁,脾气坏,懒散,拿着手杖游手好闲。给士兵树立了很坏的榜样"。他厌恶手杖,他后来成名之后,无论看到哪个国家的军官拿着手杖敲打靴子,都会感到深恶痛绝。

他在香港的时候,报纸上充斥着有关广东陷入混乱的报道:巷战、歹徒抢劫商店、行人被杀、革命政府无力控制局势、广州几乎落入匪徒之手、西江海盗肆虐,不一而足。

还传说他们已经截断了去梧州的通道,并杀害了一艘英国江轮的大副。但是这个美国年轻军官却认为:"所有这些事端都是凶残的英国人挑起的,因为他们把局面搞得越糟,他们就越可以堂而皇之地进行干涉。"[4]

广州:活力四射的新世界

这个年轻人是一个实干家,在这个兵荒马乱的时代,对中国可以说是一无所知，竟然立即奔赴广州，想从广州去梧州进行实地察看。

在广州，他看到了中国的另一幅景象，仿佛置身于"色彩丰富和活力四射的新世界"：不同的气味、声音和身体混杂一起，古老和新奇、生活的迷人和恐惧，竟然可以并存。

在一个猫狗市场，他看到人们先把猫煮熟，然后切开，再挂起来出售；而狗肉则炖在一个大锅里，再装盘，供人们一饱口福。他看得目瞪口呆，仿佛进入了一个奇幻的世界。

在庙宇，他看见两只面目凶猛的石狮守在大门口，屋顶雕梁画栋。街道和弄堂如迷宫一样，街面是由石头铺成的，人们摩肩接踵，大声嚷嚷，小商小贩吆喝、摇铃，或者敲打木块，招徕顾客，热闹非凡。

所有商品买卖，讲价、过秤、交易，都在街上进行。而且大多数交易行为对他来说，都是匪夷所思的：妇女们围着篮子拣鸡骨头，男子往罐子里塞稻草，剪了头发后放在报纸上卖……

他看到了鸦片烟鬼、歌女、和尚道士、算命先生、端公巫师、郎中，五花八门，目不暇接。他感到惊奇的是，路边闲人边聊天边在衣服上捉虱子，捉到后放到嘴里咬，那噼噼啪啪的声音，给他们带来了欢娱。他发现，尽管中国人经常会大动肝火，但是哪怕是激烈的争吵，也没有一次真的打起来。

还有用稻草孵小鸡，笼子里养的云雀，猪和鸡的叫声。街头的厕所味道冲鼻，所谓公厕，无非就是一排排的蹲坑，人蹲在一块木板上，小孩当街大便也屡见不鲜。

他觉得在广州对比太强烈了，一方面是粗俗、肮脏、水坑、污垢、垃圾，但另一方面又很精致。他看到街边的匠人，用翠鸟的羽毛在搪瓷上绘精致的装饰画，用各种颜色的碎布粘贴成好看的图案。

他去了租界区沙面,进了外国人的俱乐部。他听说,有钱的华人在沙面岛上藏了金锭和各种值钱东西,总价有200万至600万美元之巨。

他目睹了"叛军",就是革命党人,看起来是"一群乌合之众"。有些看起来是正经人,"但大多数是十足的土匪"。他们的制服是带有红边的浅蓝上装和裤子,背带绑腿,还有土匪常用的裹布。很多人配有新的子弹带,有些人提着手枪,手指搁在扳机上。

他还直接与革命军的官兵聊天,给他们看他的红领带和蓝衬衫,开玩笑说"我也是个叛党",大家哄堂大笑,他离开时候大家还鞠躬道别。他还记录了所谓的"广州炸弹团",其实就是敢死队,由300名精干的士兵组成,武器都是小型自制炸弹。

他从广州出发,乘轮船逆西江而上300多公里,到了梧州。有关有强盗出没的传闻看来并非耸人听闻。在一次船靠岸的时候,他看到了"叛军"的船队,包括两艘炮船,三艘汽艇,还有五六条帆船。江上不断漂下来死尸,因为两周前军队跟土匪有过一次大规模的交火。

叛军袭击了一群土匪,抓了66个俘虏,第二天砍了土匪的头,挖出他们的心烤着吃了。他听说吃死刑犯的心肝很平常,甚至还听说过把整个人都吃掉的故事,人们相信吃掉坏人之后,就不会再投胎变成土匪了。

一个星期后,他回到了广州,继续观察那里所发生的事件。他记录了路途上的见闻,把看到的生活习惯,甚至各种东西的制作方法和价格,都记录了下来,这表现了他非常强的观察能力。[5]

1911年12月9日,这个年轻的美国军官,一个中国革命的观察者,离开中国去马尼拉,这次他在中国总共只待了17天。当他再次来到中国的时候,已经是9年以后。在二战中,他作为盟军中国战区参谋长,在中国现代历史上,留下了许多耐人寻味的故事。

这个年轻的美国军官,就是后来大名鼎鼎的史迪威(Joseph Stilwell)将军。

纽约:采访"中国革命的见证者"

《纽约时报》对中国新时代的到来欢欣鼓舞,接着发表关于中国革命和社会状况的长篇报道。例如,1912年9月1日发表了一篇对"中国革命的见证者"的采访。这篇采访解释道,辛亥革命让中国进入了共和制度,而一个美国人目睹了这一切的发生,看到这个昏睡的远东"巨人"正在苏醒,这个革命特别重要的一点,就是使这个帝国几个世纪以来不断沉沦的制度远去。

文章开篇便说:现今人们都在谈论"中国的觉醒"(awakening of China)以及"新时代"(new era),"然而这样的说法未免有点空洞,缺乏具体的图景。"但是记者刚好听到某人讲述在中国的亲身经历,那就不同了。"他看到了这个沉睡了数个世纪的大帝国翻了个身,伸了个懒腰,揉了揉惺忪的睡眼,问道,'现在是哪一年?'然后突然从床上蹦起来,套上衣服——需要特别提醒一下,美国制造的衣服——在现今的世界找到自己的位置,那就是民族的自尊和文明。"

住在纽约的美国人怎样理解在中国所发生的一切呢?那么可以从约瑟夫·克根(Joseph. J. Keegan)那里去找到一些答案。他是克根—罗森克兰兹公司(Keegan & Rosencrantz)的老板,这家美国制造商在中国有业务。"14年前当他第一次来到中国时，巨人还在熟睡；但是两个月前，当他离开中国时，这个巨人已经醒来，这是连一向乐观的克根先生14年前根本无法想象的结果。"

他到过中国各地，繁忙的通商口岸，繁华的都市，遥远而平静的乡村，"关键是他懂得中国人"。当他刚来远东开展业务时，便知道学习中文的重要。结果当他的同胞们徒劳无功地想同中国商人交流，但中国人根本不知道他们究竟要表达什么意思的时候，克根先生已经可以到中国商人家中做客了，用中文与主人愉快地聊天，获取了他们的信任。"从他们那里得到那些不愿意让洋鬼子知道的想法、关于国家未来的观点，以及他们的理想。"

克根先生见证了中国革命的兴起，以及清王朝的灭亡，见证了接受西方思想的革命党人，他们从一次次的失败中爬起来，夺取了政权。在七年前的抵制美货运动中，克根竭力扭转中国的反美情绪，然而在今天，"他享受到对美国人的热烈欢迎"。他看到在中国人中，"崇洋已经成为一种时髦"；现在的中国，"亲美就是时代的潮流"。

在华南地区，这种说法很是贴切，"美国人突然变得万众瞩目"。当地的人们捐大量钱给革命党，革命党人向守旧的北方突进，最终民国诞生。"亲美倾向也将从南方逐渐扩展到北方"。克根说，可以发现，华南人不仅与广州的美国人和其他国家的外国人交往密切，而且他们中不少人在美国还有亲戚。他们"逐渐得以了解这个国家，也越来越容易接受西方的观点了"。

因此，如果说"中国革命起源于南方"，一点都不为过。这里的大商人乐于出资支援革命，拥戴民国政府。中国从没有产生过这么强的凝聚力，"革命促使了中国人的团结。"过去中国不过是由许

第一部 革命之后，1912—1913

IT'S FASHIONABLE TO BE PRO-AMERICAN IN CHINA NOW

The Old Spirit of Hostility Is Practically Gone, Especially in the South, Says J. J. Keegan---Adopting Our Ideas as Well as Our Products.

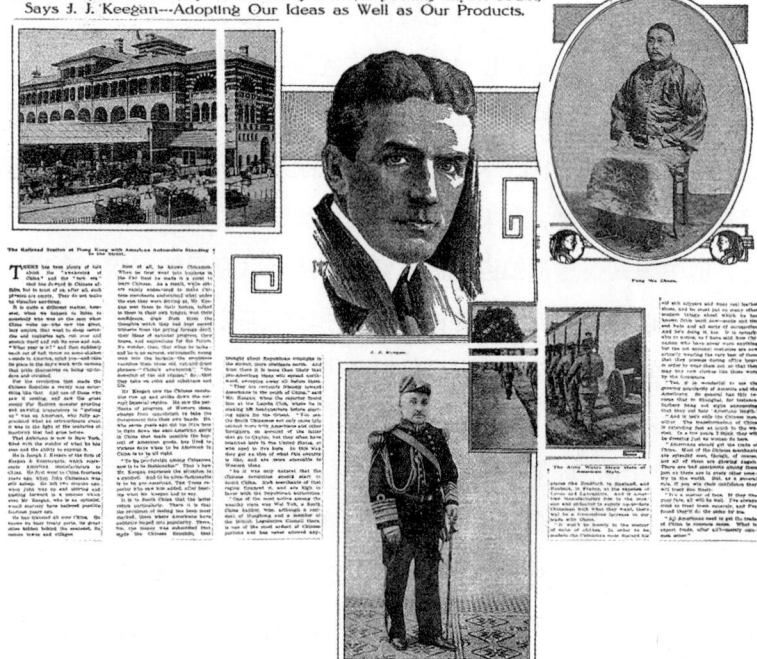

《纽约时报》采访辛亥革命的见证者。上面的通栏标题是："现在，在中国，亲美是很流行的。"

资料来源：*New York Times*, September 1, 1912。

多省份组成的、巨大的、缺乏活力的帝国，"而现在成为一个真正的国家。"

在过去数年里，从华南开始的并逐步扩展的亲美思潮，"在极大程度上造成了革命"。革命党人密切关注美国，"认识到美国的共和制度是一个巨大的成功，那为什么中国的共和不能成功呢？"中华民国现在已经建立,有理由相信,中国也将会"朝着美国的方向发展"。

非常明显,这个趋势从厦门、广州等通商口岸开始,逐步向内陆地区扩展,直到最边远的地方。"当你看见整条船装着成千上万的美国西服运到中国,又从沿海运到内陆,你就可以知道这是大势所趋。"克根说。

克根认为,中国最显著的变化就是服装。中国的服饰与美国相差很大,过去"完全不能想象华人穿西式服装的样子"。而一切都在发生改变,"崇外成为一种风潮,西式服装成为时尚的标志。"他观察到,"中国人都在抛弃传统服饰,如果这种崇洋的趋势发展下去,对世界市场的影响将是巨大的。"

作为一个商人,克根立即对未来的市场进行了分析。他说,法国里昂、英国兰开夏的丝绸和布料过去在中国一直很受欢迎,但是如果中国人喜欢的厚重布料制成的西式服饰持续增长,那么丝绸制品将会下降。如果美国厂商能够抓住商机,提供对路的商品,那么美国的对华贸易"必将有极大的增长"。

不仅是衣服,如果中国人想变得更加时髦,他们就需要抛弃用丝绸和棉布做的鞋,穿上皮鞋,配备他们过去没有看到过的袜子、领带、礼帽等。他还有点夸张地说,现在"没有穿过西方衣服的中国人,工作的时候穿上自己最值钱的传统衣服,好早点把它们穿破,以便去买洋人穿的新样式。"在上海,甚至理发店门口的广告上写着,他们可以修剪"美式发型"。而且这种风潮的变化,不仅体现在男人身上,妇女的变化也是巨大的,"再过几年,我相信,中国女人将像美国的妇女一样的穿戴。"

美国人应该和中国做生意。虽然并非中国商人都是很好相处的，但是，如果赢得了他们的信任，"他们便会非常友好地对待你"。因为这涉及一个面子问题，"如果他们认可你，一切事情都好说。"克根说他"一直在努力平等地对待他们，那么他们也用同样的方式对待我。"最后他表示，"众所周知，美国人都需要与中国做生意"。[6]

这篇报道让我想起经常引用的鲁迅的那些描写辛亥革命以及辛亥革命后的中国社会的小说，如《阿Q正传》，甚至包括五四时代的文人对中国的描述，那是多么灰暗和无望，与这个克根先生所看到的差别太远。我们很难说谁的认识更合乎中国的实情，因为这取决于不同的心态和出发点。

对于克根这样的美国人来说，他们欢呼共和制度在中国的出现，预见到中国会走向美国的道路。但他们更多地只是看到了中国的表面，特别是像南京、上海、北京、广州等主要的城市所发生的事情。而对于鲁迅这样的知识分子来说，他们看到的是社会的深层，发现革命并没有给中国特别是乡村社会带来深刻的变化，中国真正的共和还有漫长的道路要走。

剑桥：在哈佛大学与濮兰德的谈话

不过，并不是所有的西方人都像克根那么乐观，也有不少人对新成立的民国抱着悲观的态度。实际上在辛亥革命后不久，就有人指出，中国是一个假共和。1912年12月8日《纽约时报》发表了爱德华·马歇尔（Edward Marshall）对濮兰德（John Otway Percy Bland，即J. O. P. Bland）的采访，标题就非常直白，称《中国不是真共和，而是新专制》（China Not Really a Republic But a New Autocracy），对辛亥革命以后中国的情况，进行了比较综合的报道。

濮兰德曾长期在中国，算是一个中国通，记者希望知道"中国到底正在发生什么事？"当时濮兰德在《泰晤士报》任职，正应邀在哈佛大学讲授一门关于中国和中国人的课程。濮兰德于1883年首次前往中国，在清政府不同部门供职长达13年，为了"表彰他的贡献"，被清廷授予四品官衔，并获"双龙宝星勋章"。他在相当长一段时间作为海关总税务司赫德的私人秘书，后又供职于上海公共租界的工部局。这些经历让他有足够的机会了解中国的人和事。他曾代表中英公司与清政府谈判铁路贷款。在1906年至1909年间，他主持与清政府签订了四份借款合同。

濮兰德还出版了好几本关于中国的著作，包括与巴克豪斯（E. Backhouse）合写《慈禧治下的中国》（China Under the Empress Dowager，1910）、《中国近事和时政》（Recent Events and Present Policies in China，1912）、《北京宫廷记事和回忆》（Annals and Memories of the Court of Peking，1913）以及《李鸿章》（Li Hung—chang，1917）等。

当人们都在为辛亥革命的成功而欢欣鼓舞时，他却指出中国并没有发生根本的变革，没有变革，则"共和是不可能实现的"。他也不相信所谓的"中国觉醒"或者说中国进入了"新时代"。他说，关于中国觉醒的说法，从1860年代就不断提起，特别是美国第一任驻华公使蒲安臣（Anson Burlingame），他让美国关注中国后，关于中国"正在觉醒，或者将要觉醒"的说法便甚嚣尘上。

濮兰德认为，在中国有很长历史的专制制度，现在无非换成了共和的名号，而没有发生本质的改变。他还提出了一个非常有意思的观点，一个新的中国是不会通过革命而突然出现，而是逐步演变而来的。从结构上看，中国人缺乏"对自由的追求"，中国的官员的本性也不会突然焕然一新。根据人类以往的历史经验，像中国这种持续千年的专制制度，试图要在"一两年或者一代人之内消亡，是完全不可能的"。

濮兰德能够在一场大革命后、清王朝覆没的那个时刻，提出这样深刻而且今天已经被历史所验证的评论，真可谓是高瞻远瞩。这个论调，其实和五四时期鲁迅的判断非常接近，鲁迅的小说《阿Q正传》《药》等便是濮兰德这个说法的经典诠释。

这个时候，许多人还在为袁世凯再造共和高唱颂歌，濮兰德就看到了袁不是一个共和主义者，便一针见血地指出"袁世凯不相信共和政体适合于中国"。但是同时，他似乎又相信了一些道听途说，称袁世凯是"因为时局而被迫成为总统的"。难以置信，他居然会相信袁并不想当总统，"直到被人用枪指着脑袋，才勉强同意"。可能他把副总统黎元洪被士兵从床下面拉出来，逼迫他当起义军统领的轶事与袁世凯混在一起了吧。

濮兰德也真的提到了黎元洪。1911年12月，当立宪派与革命派进行谈判之时，黎元洪给袁世凯发了一函，提醒他"如果聪明的话应赶快称帝"，这个时机非常有利。还称李鸿章在1900年皇室西逃时，"便愚蠢地失去了良机"。他说这是"一件非常有趣的事"，可以看出正副总统"对共和政体的态度"。可见这个濮兰德也是一个喜欢道听途说之辈。

他还讽刺中国在选举中有一些奇怪的规定，如他说："选举权不应与发型有关"。这是什么意思呢？因为国民党"非常严肃地"提出要求，"任何留有发辫者不得投票"。而这种要求在西方人看来，是"荒唐可笑的"。因此他还揶揄说，看起来袁世凯还"更有政治家的风度"，因为他表示是否有选举权，与是否蓄辫无关。当时的西方读者可能对辫子代表着对汉人的征服的历史背景并不了解，所以革命成功后的议题便是剪去辫子。他还从一些操作的细节来看选举中的问题，例如中国没有进行人口普查，也没有准备过任何选举名单，整个选举程序是"相当敷衍和幼稚"，那么结果也就可想而知了。

最后，濮兰德评价了美国的对华政策，一针见血地指出了这个政策是"良心与政治需求之间"的矛盾。一方面，美国对弱小国家是同情的，有"人道主义精神"；另一方面，又有"对外扩张的强烈愿望"，美国向巴拿马和加勒比海的扩张，以及在太平洋建立新的殖民地，就是证明。因为美国出于对经济压力的认识，竭力"寻找新市场"。

由于美国制造业的发展，必然要扩大市场，所以要对中国推动门户开放政策。而为实施这个政策，美国政府在处理中国事务时，"一直表现得慷慨和大度"。虽然是明智的，但是也因为"金元外交"而颇受诟病。特别是美国对中国事务"缺乏经验和能力"，结果这些明智的想法可能带来的好处，都被磨损掉了。一个众所周知的例子就是国务卿菲兰德·诺克斯（Philander Chase Knox）对日俄修建满洲铁路的中立态度，这是"在关键时刻的严重失误"。由于国务院的这个"愚蠢的错误"，导致了日俄对中国肆无忌惮的侵略。

濮兰德指出，美国在这段时期的"机会主义"态度，根源于其"幼稚地相信条约的效力"。这些协议本来是用来保护弱小国家免受强大邻国的侵犯，保护无助民族免受强者的欺凌。不过，他也看到了美国的对外政策正基于更加成熟，更讲究外交的方法，前景将会"更加光明"，美国从满洲问题上的失误得到了教训。[7]

在《纽约时报》发表这篇采访之前，濮兰德在美国就已经发表了若干演讲，他的观点引起了许多留美爱国学生的反感，对他"诋毁"新生共和国非常愤慨。如胡适在1912年11月19日的日记中写道："有J. O. P Bland者来自伦敦，曾在吾国海关执事甚久，今来美到处游说，诋毁吾民国甚至，读之甚愤。"两天以后（即11月21日）的日记中，胡适又说他当晚到康奈尔大学演说，题为"The Unrest of China"（中国的动荡），胡适"往听之"。演讲结束之后，胡适站起来，"质问其人何故反对美人之承认吾民国"？濮兰德回答道："列强不能承认吾民国，以吾民国未为吾民所承认也。"胡适甚至还记下了濮的英文原话：We cannot recognize a Republic which has not been recognized by the people concerned。

第二天（11月22日），胡适在日记中写道："连日以Bland在各地演说，吾国学生都愤激不平"，波士顿和纽约的留学生均写信来讨论"进行之方，抑制之策"。当天在康奈尔大学的中国留学生，还召开"特别会议"，讨论这件事。胡适建议成立一个"通信部"，专门翻译"英美各报反对吾国之言论，以告国中各报，以警吾国人士，冀可稍除党见之争，利禄之私，为国家作救亡之计"。[8]胡适的意思是，要让国内的同胞看到新的共和国还处于危机之中，因此要摒除党派之争，不要为了个人利益而互斗，而要团结起来，共同救亡图存。

现在看来，胡适以及当时的留美学生，其实都是历史中人，还沉浸在革命成功、民国建立的兴奋之中，当然不可能预见到以后民国所发生的一切，这是不可苛求的。但是我们也不能不惊叹于当全世界都在为清王朝覆灭、新共和国诞生欢呼的时候，濮兰德竟然能如此冷静地看到革命以后中国所面临的危机。无论他发表这种观点的出发点如何，但是后来的历史的确证明了他的论断，可见他眼光的锐利以及透过表面看到问题实质的能力。

北京：麦考米克的观察

辛亥革命之后，列强继续在中国扩张势力，美联社驻北京的特派记者弗雷德里克·麦考米克（Frederick McCormick）便认为"中国目前的政治环境比过去任何时候都危险"，对中国未来的命运很是担忧。

他认为，现在中国实际上掌握在俄、英、法、日四大列强的手中。中华民国建立后，中国的国际政治环境不但没有缓和，而且中国"是否保持一个领土完整的民族国家存在下去，都成了一个问题"。

民国政府希望得到列强的承认，修订条约，改变外交上的被动，逐渐与列强平等。这种愿望"极大地打动了单纯的美国人民"。然而问题在于，俄、英、法、日四国"对中国的未来毫无信心"。

所谓"中国问题"，首先是贸易问题，又发展为领土和边界的问题，然后是金融与工业的问题。对于各国在中国的角逐，起初是英、法两国矛盾，而后是英、法、德三国，随后更是美国与英、法、德之间的矛盾，现在是英、法、德、美四个资本主义国家与俄、日两

《纽约时报》在哈佛大学采访濮兰德。

资料来源：*New York Times*，December 8，1912。

个非资本主义国家之间的摩擦。这是中国的现状，中国的命运掌握在大国手中，"她没有外援，只能自己救自己。"

麦考米克认为，英、美等资本主义国家对中国未来有一定的影响，但是，最可能破坏中国统一的力量来自俄、日，它们对中国有领土野心。只有中国自己是维持其统一的力量，虽然英、美等国可以帮助中国，但是只是外部因素，"中国自己的力量是拯救自己能不能成功的关键"。

他认为，西方少有人能认识清楚中国的现状。目前中国非常弱势，必须按照西方的规则行事。西方处于强势，而民国则刚刚成立，"人民还处于愚昧状态"，没有熟练的技术工人，没有全国通用的语言，交通不畅，货币不统一，缺乏国家信用，也缺乏货币资本，森林稀少，江河泛滥成灾，人民困苦，食不果腹，行政官员素质低下，等等。中国可能需要十几二十年的时间，才可能建立一个有效的政府，而中国要形成变革所急需的那种政府，花的时间则更长。

从西方各国政府的言论，以及列强对中国资源的野蛮掠夺，就可以发现中国是如何危险。中国要求的公平待遇难以实现，美、英等国"对于妄图侵占中国领土的列强却毫无办法"。这里"妄图侵占中国领土的列强"，显然是暗指日本和俄国。文章认为中国也不会再出现蒙古族、满族那样的彪悍民族，也无力把侵略者驱逐出去。"中国除了获得强国的怜悯和同情，无路可走"。

麦考米克写道，中国政治家们肩负着国家与民族的重任，他们要以中国的未来为己任，他们希望获得列强的承认。然后他又解释道，美国在中国问题上，"只能充当调解的角色，而不能成为主导的力量"。

至于美国方面，他认为，"只有先自行限制甚至放弃在华特权，才能够承认中国。"承认民国的问题必须提上议事日程，那么美国是否可以在目前这个政府控制局势之前就承认它呢？麦考米克认为，"美国不应该抢先承认中国"，因为当时各列强的看法是，承认民国政府也不会使其在国际上的处境有所改善。哪怕可以向中国提供援助，但中国仍旧被虎视眈眈的列强所威胁，就像"一个火药桶一样"，随时可能爆炸。

"真正的中国城墙"。从左到右：俄国、英国、法国（城墙上）、日本、奥地利、美国、德国。漫画显示了俄国、英国和日本攫取了中国最大的利益，正严加把守，不容他国染指，但是其他欧美国家也不甘落后，觊觎着在中国的机会。不过，漫画把德国摆在一边不很准确，因为这个时候德国已经把胶州湾作为了自己的势力范围。

资料来源：*New York Times*, February 16, 1913。

麦考米克充满同情地说，中国已被各国强加给她的各类条约和协议所捆绑，失去了许多主权。中国要想改变这种状况，必须经过自己的努力，因为"中国的命运掌握在中国人自己手中"。[9]

注 释

[1] Henry W. Bunn, "Changing China." *North American Review*, December, 1924.

[2] 本节资料来自郝平:《无奈的结局——司徒雷登与中国》,第2章。

[3] 本节资料来自巴巴拉·塔奇曼:《史迪威与美国在中国的经验,1911—1945》,第2章。

[4] 本节资料来自巴巴拉·塔奇曼:《史迪威与美国在中国的经验,1911—1945》,第2章。

[5] 本节资料来自巴巴拉·塔奇曼:《史迪威与美国在中国的经验,1911—1945》,第2章。

[6] 本节资料皆来自于 "It's Fashionable to Be Pro—American in China Now." *New York Times*, September 1, 1912。

[7] Edward Marshall, "China Not Really a Republic But a New Autocracy." *New York Times*, December 8, 1912.

[8] 《胡适留学日记》上册,第61页。

[9] "China the Greatest of Danger Zones to the Powers." *New York Times*, February 16, 1913.

第 2 章　革命后的中国社会

> 中国如今确实在发生变化，虽然这个变化很慢。但是当我们开始着手做某件事后，便一定能够做成。
>
> ——出席巴拿马太平洋世界博览会的中国代表王景春

> 世界上没有一场伟大的运动不是从梦想开始的。
>
> ——孙中山

民国政府成立以后，西方的观察者也看到中国社会已经发生剧烈的变化，甚至连妇女也开始登上了政治的舞台。同时，许多革命党人都认为革命已经成功，现在可以进行建设了，也就是所谓的实业救国，甚至孙中山也接受了袁世凯所委任的铁路总办的职位，美国成为他仿效的榜样，提出了雄心勃勃的在全国兴建铁路的计划。

"沉睡的女巨人"

国际妇女选举权同盟（International Woman Suffrage Alliance）主席和创办人卡瑞·凯蒂女士（Carrie Chapman Catt），在革命爆发的时候，她正在中国。1911—1912年，她对东亚进行了一年又八个月的考察，在中国的行程就有3000多公里。她此行的目的，是推动妇女的选举权。

她回到美国之后，1912年11月7日《纽约时报》就中国妇女问题，采访了她。凯蒂向记者展示了一面从中国带回的丝织的锦旗，用象征幸福的红色，镶以白边，旗上绣的是白色中文选举的口号："互助同心"（Helping each other; All of one mind）。这面锦旗是在上海一次招待会上，中国妇女团体赠予国际选举同盟的礼物。

按照凯蒂的说法，中国妇女在国内的"每一个城市"都建立了她们的中心。凯蒂说："因为她们的积极参与，清政府才被推翻，共和才能建立。现在她们要求选举权，否则她们将使用武力。"

在中国的时候，凯蒂还听到了妇女帮助革命的故事。推翻满清政府的"秘密会社"，妇女和男人们一样入会，与男人共同奋斗，准备起义，筹集武器弹药，发动革命。许多女学生离开了教会学校，组建女子武装。她们受到了很好的训练，配置正规装备。但是她们没有被允许参战，因为革命党认为，"如果让妇女直接打仗，将是一个耻辱，会被他国耻笑。"

结果，有一些妇女女扮男装走上战场。有一次，女战士坚决要上前线，牺牲了好几个。在南京，女兵爬上山顶，用自制炸弹扔向敌军。民国成立后，妇女们宣称："她们与男人共同战斗，应该得到平等，要求选举权。"

但是,她们得到的回答是,虽然"要求是正当的,但时机还不成熟"。于是,有30个妇女到访了国会,其中有一人砸碎了窗户。孙中山被惊动了,出来做了一些承诺,但他回去继续开会,把承诺完全忘在脑后。一位参加过南京战役的女战士威胁道:"我们知道如何制造炸弹,也知道怎样扔出去。"[1]

1912年12月1日的《纽约时报》还发了另外一篇爱德华·马歇尔(Edward Marshall)采访卡瑞·凯蒂的文章。这位马歇尔,就是前面已经引用过的写《中国不是真共和,而是新专制》的那位记者。

根据凯蒂的观察,毫无疑问,一场影响深远的中国妇女解放运动正在兴起。好几个世纪来,中国一直被称为"沉睡的巨人"(a sleeping giant),但是现在的中国,也可以被称为一个"沉睡的女巨人"(a sleeping giantess)。最近的革命运动令人激动,中国妇女以令人难以置信的力量,颠覆了人们关于中国女性的陈腐观念。这不仅让那些对中国一无所知的外国人感到意外,而且让那些西方的中国通也很震惊。

孙中山先生宣扬革命、创建革命团体之初,就鼓励妇女参加革命。但是外国人对此知之甚少。她们展示了非凡的工作能力,充满激情,全力投入,为起义贡献颇多,外界对她们评价很高。但外界却并没有意识到"这个龙的国度(Dragon Kingdom)正在发生的剧变"。

妇女被组织起来,直接参加了反清的武装斗争。虽然这些妇女后来没有上前线,但是在上海,妇女建了一个炸弹厂,给革命军制造炸弹,"她们也有可能亲自使用这些炸弹"。武昌军械厂暴露,起义提前爆发,"大部分军火是由女革命者暗地隐藏的。"

女革命者参加了武昌起义。在革命激情带动下，估计有三四千名妇女参加了战斗。她们知道战争的残酷，会流血牺牲，但是她们被编成了女队，展现出军人精神。有些在没有命令的情况下，自己冲上了前线，表现得英勇顽强。还有红十字会的女护士，以极大的勇气投入危险的工作之中，带着医疗器械上了战场。在南京，600名中国女性全副武装，驻扎了几个星期。

凯蒂说，当时妇女的进步运动传遍整个东亚，中国特别有趣和令人惊奇。他们很难预测这一趋势将走向何方，但有一点是肯定的，那就是"中国的女性将赢得她们的地位，她们的过去将成为过去。"

凯蒂听过20多位妇女的公开演讲，讲得非常好，她们显得很镇定，没有丝毫羞怯，而且讲话都是观点清晰。在北京，她参加了一个妇女的盛大聚会，有1500多人参加。凯蒂说还从来没有见到过这么多有趣和聪慧的女性。她遇到了一位优秀的女翻译，把所有演讲都翻译给她听，她觉得"演讲都非常雄辩有趣"。

其中一名演讲者非常优秀，凯蒂便详细了解了她的情况。她是一名杰出的军官，训练了大量的女兵。她本人也曾为革命偷运枪械弹药。凯蒂透露了一个有趣的细节：大家问凯蒂是否觉得她是一位美人，她表示没有觉得，虽然认为她的面容确实不错。然而，"这样差的审美招来大家的反对，她们表示中国的男女同胞都觉得她是中国最漂亮的女人之一。"

凯蒂还讲了另外一个故事：当政府开会讨论选举权问题时，"有女性找到了大总统袁世凯，告诉他如果不给予女性选举权，他可能会被暗杀。"袁世凯停顿了一下，踌躇了一下告诉她们，"那就随你们便吧。"她们对总统的态度十分不悦，告诉他："你不要认为我们不知道什么是投票,你要知道谁把你推上了总统宝座。我们制造了炸弹,而你赢得了胜利。"总统并未因此改变主意:"来炸吧。"她们当然没有这样做,而总统也没给她们参政权,但是凯蒂认为,"两者迟早有可能发生"。

凯蒂提到,在上海的革命军总部,陈列着烈士的相片。革命爆发前,有72烈士,"其中一些就是女性"。凯蒂应该是指黄花岗72烈士,但是据考察,那里边没有女性,所以凯蒂应该是误解了。

凯蒂提到,展览中最引人注目的一张女性的照片,她的面容在凯蒂这个外国人眼中"都觉得非同一般",因为看起来是"那么刚毅、镇定、勇敢,而且非常美妙"。照片中的女子穿一件日本和服,看起来就像"中国的圣女贞德"(Joan d'Are)。她是南京一位商人的独生女,父亲留给她所有家产。她决定接受教育,进了学堂。在那里接触到革命党和他们的事业。她开始帮助革命党偷运枪支弹药。她还成了一个成功的宣传者。

她被清政府逮捕。尽管没有找到所谓的犯罪证据,她还是被处决了。临终前,"将全部财产捐给了革命党"。凯蒂提到的这个妇女就是秋瑾,"现在所有热爱自由的中国人都记得她"。凯蒂觉得"这幅照片太美了",便请了一位摄影师复制了一张。《纽约时报》刊登这篇采访的时候,也把凯蒂复制的秋瑾的照片刊登了出来。

女性已经深刻影响到新生的共和国。她们自由地谈论教育问题,甚至讨论义务教育的必要。她们打算派大约20名女青年到欧美受教育。凯蒂说,她遇到的推动中国妇女参政运动的领袖,都把学校作为宣传的基地。她们义务教书,目的就是为了帮助姐妹们为投入将来的参政运动做好准备。还有知识女性开办了一家报馆,也是为了

国际妇女选举权同盟创办人卡瑞·凯蒂女士把秋瑾烈士介绍给美国人。

资料来源：*New York Times*，December 1, 1912。

同样的目的。

  凯蒂说："这是一个激荡的时代"，各国的女性都在争取她们应有的权利，中国的妇女"也正在进入这个行列之中"。[2]

女性服饰的改变

  在上面的《纽约时报》采访中，凯蒂也提到，中国女性参军后，就会剪去长发，不再穿裙装，只穿长裤。这个服饰变化其实并不剧烈，因为她们原来也穿裤子的，只是不再穿套在外面的裙子而已。凯蒂认为，"中国女性的着装非常合理，没有修饰，容易改造，达到最佳

第一部　革命之后，1912—1913

的效果"。[3]

《纽约时报》对妇女服饰的变化,也有专门的报道。按照《纽约时报》记者的观察,中国的妇女的服饰正在发生着"革命性的变化"。这篇报道告诉世界,中国也是有时尚的,指出那些认为中国不存在时尚的观念是不对的,并用事实来证明了这一点。这篇报道欢呼在中国这片土地上,新生事物如雨后春笋般出现。哪怕还有许多顽固的力量在阻挠,然而各种西方潮流已经进入,年轻一代正在接受和适应它们。

虽然女人穿洋装还并不被认可,但是已经走出了第一步。洋装不是为中国妇女量身打造的,东方女人身材小一些,不一定适合西洋女装。但是西洋服饰风格正在对中国女性产生影响,启迪了中国女性的时尚观念。现在商店橱窗展示着时新女装,新式服饰设计表明新元素正被介绍进中国。

"上海堪称远东的纽约"。漫步南京路,犹如在纽约的第五大道,可以发现新旧款鞋一起被展示,柔软光滑、小而尖,是专为裹足女人制作的;而设计优雅的低跟便鞋,则是专为天足妇女设计的。橱窗里开始展示皮鞋,还有高跟鞋,"时尚不比西方时髦女性差"。

其实,中国多年前就使用皮革制鞋,然而直到辛亥革命后,男人才开始穿皮鞋,随后女人也跟进。中国新女性追赶时尚,穿上了西洋鞋。但是女人面临男人的歧视,男人不愿看到女人服饰的改变,厌恶新女性,反感中国妇女着中式衣,穿西洋鞋,大步走路,不再恪守传统的妇道。

这篇报道认为,旗袍可能被淘汰,因为旗袍太紧身,如果旗袍不加大裙摆的宽度,就不能满足她们对现代生活的需求。中国妇女穿上下摆宽松的裙子，才能够大步行走。记者注意到，商店橱窗里展示了许多半土半洋的新式旗袍，裙摆已经变得宽大了。记者还认为，中国黑色裙装是习俗流传下来的，而在西方黑色几乎皆为男性穿着。而粉红色的旗袍只是在婚礼上才穿。

但是，现在上海的服装店正悄悄地抛弃旗袍"葬礼般的黑色"，并在样式上进行改动，诸如添褶皱、装松紧、用花边等。上海商店橱窗内挂出的新裙子，"哪怕对前卫的女性来说，也是离经叛道的，丝毫不亚于一场革命"。

关于中国妇女的上衣，传统上不喜欢色彩对比强烈，一般都是灰绿或灰蓝，用一些小装饰来点缀，一般是把图案编织到绸缎上。中国传统女装做得非常紧身，而西方妇女以穿着舒适为要。中国女人束胸，"患有肺结核可能和这个陋习有关"。宽松的特别是使肺部不受压迫的上衣受到女学生们欢迎。不过，关于中国女性服装束胸会引起肺结核，我认为是没有多少科学依据的，其实在西方女人中，束胸也是常见的。肺结核又称为痨病，是当时中国非常流行的疾病，主要是因为传染和营养不良。

过去，中国妇女头发整齐地梳到头顶，盘成发髻，插入一支发簪固定起来。随着时尚的变化，虽然大多数女性仍然保持旧发型，但也有追求新样式的。她们把头发向后梳成两条辫子，盘在头顶上，还用西洋发卡和发饰来固定和点缀。西方流行的礼帽在中国还不流行，但一种用羊毛编成、精致的西式小帽已经出现在中国了。

在不同季节，中国妇女着装有不同的变化，时间和场合不同，着装要求也不同，估计得有半打以上的不同款式、厚薄的皮毛衣物才能轮换。根据不同季节，为确保体面，避免其他女人的议论，一个体面女人必须有39件衣服，才可能很好地周转。不过，这位记者对中国的社会状况和生活了解应该不深，所以他才会写道："这种规则不仅适用于贵妇，也适用于劳苦人家的女人"，这显然不符合贫困人家的情况。其实，就是按照这位记者所记录的，家境还过得去的人家，如果手里边有点紧的话，"妻子可能将上一季的衣服典当出去，换取下一季穿的衣服。"按照我们对当时中国社会的了解，在那个时候的贫苦人家，有一套像样的衣服，也是比较困难的。

有趣的是，这篇报道居然还提到了中国妇女穿内衣的问题，不过回答也很干脆：中国妇女"根本就没有内衣的概念"，也"没有臀围、胸围、腰围，也就是缺乏形体观"。对于她们来说，衣物就分为上衣和裤子。不过，"时髦的精神不可阻挡"，变革没有发生在内衣上，"但是在袜子上形成了共识"。于是，西式袜开始流行，欧洲和美国的厂家得到了大量订单，新的款式设计出来满足那些三寸金莲。[4]

国歌展示"政治宣言"

1914年7月26日的《纽约时报》把张謇所写的《拟国歌》翻译成了英文，其歌词内容共三节：

　　仰配天之高高兮，首昆仑祖峰。
　　俯江河以经纬地舆兮，环四海而会同。
　　前万国而开化兮，帝庖牺与黄农。
　　巍巍兮尧舜，天下兮为公。
　　贵胄兮君位，揖让兮民从。

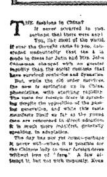

"中国像美国一样追求时髦"。

资料来源：*New York Times*, August 3, 1913。

呜呼尧舜兮，天下为公。

天下为公兮，有而不与。

尧唯舜求兮，舜唯禹顾。

莫或迫之兮，亦莫有恶。

孔述所祖兮，孟称尤著。

重民兮轻君,世进兮民主。

民兮合兮族五,合五族兮固吾圉。

吾有圉兮国谁侮,呜呼!合五族兮固吾圉。

吾圉固,吾国昌。

民气大和兮敦农桑。

民生厚兮劝工通商。

尧勋舜华兮民变德章。

牖民兮在昔,孔孟兮无忘。

民庶几兮有方,昆仑有荣兮江河有光。

呜呼,昆仑其有荣兮,江河其有光。[5]

正如该报所宣称的,读起来非常像一个"政治宣言"(Political Platform)。这首新国歌回顾了中华民族的历史、传统和思想,同时强调了"天下为公""民主""民生""五族"等共和的新主张。张謇不愧为状元,文采飞扬,思绪横溢,虽然歌词形式有点旧,但是其中包含的思想却非常新,让美国人稍微领略了新成立民国的重要理念。

需要说明的是,这首张謇所写的国歌,应该是民国建立以后所征集到的国歌之一,有些应征的国歌在刊物上刊登,张謇写的国歌并没有成为最后的版本。袁世凯在称帝前,即1915年2月直接插手了国歌的制定,"交政事堂礼制馆妥速商拟,呈候核定"。一个月后礼制馆就制定出国歌,名为《中国雄立宇宙间》,并颁行全国。随着袁的称帝和死亡,这个国歌也自然废除了。

国歌最后的选定,是在五四运动之后,1919年11月24日,教育部呈报设立"国歌研究会",邀请文学及音乐专家,共同创作国歌。1920年10月,国歌研究会选定古代名歌——《卿云歌》为国歌,呈报国务总理。不久国务会议决定,自1921年7月1日,以《卿云歌》为国歌。[6]

中国的未来

辛亥革命被当时的人认为是模仿美国革命,所以不少人相信,美国就是中国的未来。所以1912年11月《纽约时报》发表了题为《新中国将会是一个新美国》(The New China Will Be a New United States)的文章,这是该报对王景春(Ching—Chun Wang)的采访。王景春在耶鲁大学获得硕士和博士学位,现任京奉(今天北京—沈阳)铁路局副局长,出席巴拿马太平洋世界博览会(Panama—Pacific International Exposition)的中国代表,上个月又参加了在波士顿召开的第五届国际商会大会(The Fifth International Congress of Chambers of Commerce)。

报道一开始,便引用了王景春的一句话:"我们许多共和的支持者,都毕业于美国的大学,除了在南京参加反对帝制的革命,也像其他美国大学生一样喜欢讨论美式足球。"记者描述他谈起新中国的时候,那种难以掩饰的兴奋之情。他充满激情,让听者也深受感染,虽然他的愿景几乎是"难以置信"。

他深信,"新中国将会是一个新美国",而且举出了许多例子证明这个说法。当然他的重点放在他所在的铁路行业,指出铁路沿线展现了一个"难以想象的有能量的中国",突破了日本的压制,向前发展的中国。他不无乐观地表示："中国在进步，而日本在倒退。"这让西方人很难理解。因为在西方看来，中国是一个落后的国家，而日本是进步的。记者因此问道："难道我们的两眼看不见吗？"这只是"一个梦想吧？"当然不是梦想，对于王博士来说，"新中国就是远东的美国，切切实实的不是梦"。在这位耶鲁毕业生以及无数留美中国学生的眼中，这就是开始，"非常坚实的基础，彰显着美好的未来。"

王景春对中国铁路的未来发展，关于中国人民对外国，特别是对美国的态度，都给出了乐观的看法。他说，"中国的国民性发生了改变"。哪怕只有一半实现，那这个变化也是相当不可思议的。当谈起他做京奉铁路局副局长的经历时，王博士表示，中国是如此快速发展，所以说它是"另一个美国"是恰如其分的。

他告诉记者，作为中国最早的铁路之一，京奉铁路在若干年前就已完工，改变了中国人对铁路的误解。更重要的是，它不过是中国铁路大计划中的一个枢纽。另一个对中国以及东北发展将发挥重大影响的铁路枢纽工程，是从哈尔滨到北京之间的铁路计划。[7]但是日本竭力反对这条铁路的修建，因为这条铁路连接北满至海岸，对东北的发展十分有利。

王景春分析了日本反对修建这条铁路的原因：如果像南满铁路延伸往奉天（即今天沈阳）以北那样发展，那么大连以南240公里的秦皇岛港将作为出海口。但日本人希望满洲的货物通过南满铁路运到大连，然后经海运到中国内地。这样的话，日本控制的南满铁路便可得到从哈尔滨到大连的全部货运费用。如果新线建成，货物运往秦皇岛，日本就会减少收益。

王景春指出，甚至对已经建成的京奉线，日本也不断地进行干扰。奉天以北的一条支线，延伸到南满铁路的范围，是满洲的较为富裕的区域，这条线是中国政府管理的。通过这条支线把货物运到内地，货车必须在奉天从南满铁路转轨到京奉铁路，交换距离不超过1公里，但每吨货日本人竟收取4美元。日本把东北视为其战利品，不允许他人染指。但是王景春认为，随着时间的推移，日本会改变其认识，将不再视满洲为军事区，而是一片需要开拓和发展的区域，他们将会让其他国家，尤其是中国享有同样的机会去开发。从王的这个说法看，他对日本吞并东北的野心并没有一个深刻的认识，当然，日本的野心的暴露，也是经过了一个缓慢的过程。

王景春还介绍了中国其他地区的铁路发展计划。新铁路的修建工程正在全中国范围内进行，没有铁路的地方也在规划之中。其中一些规划是由美国工程师帮助制定的，或者是留美归国学生主持。这些留学生不仅将铁路作为中国的发展路径，而且也是他们谋生的手段。美国培育他们成为工程师，回到祖国后从事这一事业，铁路建设工作必须由他们来完成。曾经有数千名华人到美国学习，现在大约有800名，未来几年将有成千上万的中国学生到美国。毫无疑问，"现在的中国深受美国影响。我们的政府是美国式的，宪法是美国式的，我们中许多人感觉就像是美国人。"

在所有铁路规划中，最重要的是川滇铁路。一旦修筑完成，中国就会拥有一个真正的国家铁路网。现在北方有京汉路和津浦路，京汉路准备从汉口通往广州，更重要的是从汉口直达四川。"四川是中国最大、物产最丰富的省份，每年的生产总值等于日本和朝鲜之和。川西平原可以与法国相比，是名副其实的天府之国。那里矿藏丰富，铜矿和其他有价值的矿物遍布各地。"如何使这些物产进入到市场呢？虽然从汉口往长江上游可以通航，但要到达四川还有非常长的距离，因此修建川汉铁路将非常重要。

对于铁路问题，中国也有一个观念的转变。当中国建筑了第一条铁路时，受到了沿线居民的重重阻碍。如京奉铁路沿线的人们曾用暴力阻止施工，王景春讲了这样一个故事：一次工人在铁道旁竖了几根电线杆，一个农民却将马拴在电杆上。工人解开缰绳将马赶走，当农民发现马不在了，非常愤怒。那个农民回到村里后，召集乡邻讲述了事情经过。于是他们倾巢而出，破坏了好几公里的铁轨，带来巨大的损失。

现在，沿线的人们却对这条铁路赞不绝口，因为他们已经体会到了铁路的好处，沿线居民过去贫穷，现在变得富裕起来。不再被迫将价值五角的商品，由于运不出去而以一角贱卖。"中国如今确实在发生变化，虽然这个变化很慢。但是当我们开始着手做某件事后，便一定能够做成。"

除了铁路，王景春还提到了中国在其他一些方面的改革。如在历法方面，一些"进步人士"建议放弃农历，以与世界接轨，许多人认为这个绝对不行，因为中国已经使用农历数千年了。但后来发生了什么？这个改变两天之内便完成了。同样，中国人剪去了辫子，这在几年前也是不可想象的。

鸦片也是中国长期没法解决的问题。"现在美国吸食鸦片的人超过中国"。过去吸鸦片被看作是地位的象征，但现在是犯罪。"抽鸦片者被社会排斥，无法在政府任职。实际上，在中国已很难买到鸦片。"这些改变的发生都是因为民众的意愿，在过去五年中鸦片买卖得到控制，这比美国人限酒还成功。

中国现在需要的,"是与美国以及其他国家开展贸易,是真正的做生意,而不是与国际政治纠缠在一起的所谓贸易"。王景春批评西方包括美国把商业与政治搅在一起,中国需要外国资本,而不是作为资本附件的"险恶的政治索求"。在谈判商业贷款时,突然转向政治。显然,这里王景春说的是六国贷款,这个问题我后面还会进一步讨论,美国也最终退出了这个贷款行动,因为美国不同意许多干涉中国内政的附加条款。

王景春表示,中国非常希望与美国发展贸易关系,"中国对于美国人民给予的帮助非常感激,从未忘记海约翰(John Hay)国务卿、罗斯福(Theodore Roosevelt)和塔夫脱(William Howard Taft)总统为我们所做的一切。"他相信,美国和中国这两个太平洋地区的"伟大共和国必将实现共同的发展,两个国家都是和平的爱好者,都有成功的潜质"。最后,王景春明确地预言:"美国一定会从一个新生的中国获得极大利益,而对于中国来说,将会变为今天的美国。"[8]

王景春在辛亥革命后还担任过京汉铁路副局长,1914—1916年任交通部铁路会计长兼代邮政司长。1916—1917年任交通部顾问、中日关税会议委员,京汉、京奉铁路局长。1919年作为专门委员出席巴黎和会,1920—1922年任中东路技术管理局中方代表、东省铁路公司理事、交通部路政司长、中东路会办。1925年出席国际电信邮政会议,任邮政电信会议总代表。1928—1930年任中东路理事长,任中国教育代表团团长出访美国。1931年至抗战期间任国民政府派驻伦敦购料委员会委员,1949年后去美国,1956年病逝。

孙中山雄心勃勃的计划

根据《纽约时报》1913年5月24日的报道,孙中山委派了他的全权代表李亚(George Brenson Rea)到伦敦,主要是寻求5亿美元的贷款,以在未来15年内在中国修建1万英里(约1.6万公里)铁路。李亚曾在纽约为多家报纸做记者,后在北京创办《远东时报》(Far East Review)。他对中国铁路修建很有研究,当时正在为孙中山的铁路计划效力。

报道说,孙中山与袁世凯商定,两人经济和政治各司其责。孙中山向李亚提出了建设6万英里(9.6万公里)铁路的计划。但从6万英里缩减到1万英里后,李亚开始筹款。他向《纽约时报》表示,很荣幸得到孙中山先生的任命,这是作为一个在华外国人的最高荣誉。他之所以被选中,除了他对铁路的了解之外,还因为他在中国居住了10年。

在得到孙中山的授权书之后,他首先便计划去美国贷款。摩根财团在华已经时间不短,如果由摩根牵头,5亿美元的贷款应该不成问题。其他国家也可以加入贷款计划,但是在贷款合同中不应有损害中国主权的条款。他希望美国在10年间提供1.25亿美元贷款,其余部分由其他国家提供。

令李亚失望的是,当他到达美国的时候,威尔逊已经宣布不参加六国银行团,所以,他只好转向欧洲寻求支持。不过,他相信威尔逊总统迟早会向美国财团开放向中国的投资,因为美国资本也需要寻找市场投资。不过,他也意识到中国当前的政治环境让美国人十分谨慎,更何况美国本土也有投资机会。

他表示，首先是"代表中国"，虽然他是一个美国人，但不是考虑美国的利益。他意识到其所处位置很复杂，"作为一个美国人，在伦敦求对中国有利的贷款"，但是同时还要为美国资本"保留后来进入的机会"。

李亚说，欧洲各国希望中国保持一个强权的中央政府，而不是代议制。这表现在过去的贷款条文中，这也是中国国会议员反对袁世凯贷款的主要原因，他们担心袁世凯获得资金支持后，凌驾于国会之上，变成一个独裁者。欧洲人特别是英国人因对"君主制的偏好，不待见美国的民主制"，但是他坚信英国将在不远的将来改变想法。

袁世凯无疑是当前中国最有权势的人，其次是孙中山。孙中山是有理想的人，如果袁世凯试图凌驾于议会之上，孙先生无疑会重新出山。虽然他6万英里铁路计划是不切实际的，但是"正是这位年轻的、美国化的中国领袖，完成了不可想象的成功的革命"。孙中山的经历告诉人们，"世界上没有一场伟大的运动不是从梦想开始的"。[9]

巧合的是，当《纽约时报》对李亚进行采访的时候，宋教仁已经被暗杀，孙中山发动了二次革命，但是他只是隐晦地提到，如果袁世凯凌驾于国会之上，那么孙中山就会重返政治舞台，完全没有提到中国国内发生的政治动荡。当然，他离开中国已经有相当一段时间了，可能对国内的情况并不是很了解。其实在这个时候，孙中山基本上已经把他的铁路计划束之高阁了，因为他又踏上了新的漫长的革命征途。

注 释

[1] "China's Suffragists Ready to Use Force." *New York Times*, November 17, 1912.

[2] 以上见 Edward Marshall, "Worldwide Awakening to Woman's Place in Affairs." *New York Times*, December 1, 1912。

[3] Edward Marshall, "Worldwide Awakening to Woman's Place in Affairs." *New York Times*, December 1, 1912.

[4] "The Fashions Change in China Just As They Do Here." *New York Times*, August 3, 1913.

[5] "China's New Anthem," *New York Times*, July 26, 1914.《纽约时报》并没有逐字逐句而是按照大意翻译。中文原文见《张謇全集》编纂委员会编:《张謇全集》第7册,《诗词·联语》第160页。

[6] 冯先知编著:《中国近代历史大事详解——军阀风云》,第149页。

[7] 那个时代,无论是西文还是中文,对东北最常用的词是"满洲"(Manchuria),除非特有所指,在本书中都通称为"东北",不再特别注明。

[8] "The New China Will be a New United States." *New York Times*, November 10, 1912.

[9] "Seeks $500,000,000 Loan for China." *New York Times*, May 24, 1913.

第3章　首先承认民国政府

> 我希望中国的自治会得以保存。我希望她的独立会得到保证。我希望她被平等对待，并且她会平等地对待所有国家。
>
> ——首任驻华公使蒲安臣

辛亥革命之后建立了共和国，但是中国的政局始终处于动荡之中，列强也试图从混乱中攫取更多的利益。中国处在列强环伺的情况下，始终有一个西方大国，在中国问题上，与其他列强采取了不同的态度，这个国家便是美国。进入20世纪以来，美国已经成为世界第一强国，有这样一个第一强国对华采取的态度，无疑对新建立的民国，有着无比重要的作用。

根据顾维钧的观察，长期以来，美国通过在中国进行传教、教育与慈善事业及贸易活动，在中国确立了显著的地位。美国人与中国人的最初接触是由于大量华工到美国修筑铁路，后来有大量留学生到美国，开始建立两国的相互了解。美国意识到中国作为太平洋地区国家的重要性。在一战爆发后，由于英法以全副精力应付战争，"美国就成为能干预并防止日本在东亚的扩张政策的唯一重要国家"。[1]

芮恩施走马上任

美国 1899 和 1900 年两次提出"门户开放"政策，其要旨是保障各国在其势力范围内的平等权益，维护中国的领土完整。1908 年，美国决定退还庚子赔款，随后开办了清华学堂，鼓励中国的青年学生留学美国。美国对新建立的亚洲第一个共和国——中华民国的态度一直是积极的，特别是 1913 年芮恩施（Paul S. Reinsch）担任美国驻华公使之后。[2]

民国政府成立后的一个重要目标，就是争取得到列强承认，但是得到承认的道路不是一帆风顺的，直到 1913 年 3 月威尔逊（Woodrow Wilson）就任美国总统，这个僵局才被打破。美国成为世界上第一个承认中华民国的主要西方国家，带动了其他列强对中国的承认。威尔逊的自由主义外交，主张民族自决，无疑增加了中国改变自己命运的信心。

辛亥革命之后，新生的共和国面临着十分严峻的挑战。在费正清看来，天子一旦从人们心目中消失，中国的政治生活无可避免地乱了套，因为这时国家元首在行使其最终大权时，没有获得通常那种思想意识上的公认权威。人们还不习惯这个新的政体，在没有王位承袭的情况下，一个政府怎么能够算是合法的呢？政党这个概念与皇帝专权传统相违背，皇帝垄断政治机构，通过官员进行统治，而以政党纲领作为组成集团的原则，是一件新事物。[3]

后来，美国的媒体回顾这段时期的历史，称孙中山是"辛亥革命之父"，是民国的第一任总统，但是"为了国家统一而谦让"，他让位给了袁世凯。而袁是一个"偏向有限君主制并保留

美国驻华公使芮恩施。

资料来源：Internet Archive（https：//archive.org）。

满清皇帝的人"。他认为,废除皇位后,"中国数十年内都难以和平"。[4]

外媒也是看好袁世凯的,认为他"远比归国学生更了解中国"。他作为朝廷的一员,是改革中"最重要的赢家"。但是同时,"我们切勿过早下判断",因为"摒弃自古以来的传统并非一蹴而就"。民国是不成熟的,自成立以来,一直处于混乱中,但是"也没人能保证结束这种混乱"。[5]

邹谠在其《美国在中国的失败》一书中,对20世纪初美国的对华政策进行了准确的概述。他在描述了1899年9月和1900年7月美国所发布的两次关于对华门户开放政策的声明后,指出,"美国的理想、感情、利益在这两个原则上完美地汇合为一体"。[6]

这两次声明,要求各国正式保证对在中国的势力范围或租借地内的通商口岸、投资事业、通商关税不得加以干涉,在支付码头税和铁路运输费方面准予各国商人以均等的待遇。义和团运动期间,海约翰重申门户开放政策:一个是中国的领土完整,一个是公正的通商原则。邹谠指出,门户开放政策也有利于美国生活方式的输出。美国生活方式输出,包含着"人道理想主义的福音基督教"。因此,美国在中国积极开展传教、慈善和教育活动。

正如美国首任驻华公使蒲安臣对传教士们所说的那样,中国人口众多,是基督教发展最有潜力的国家。虽然当时中国皈依基督教的人数并不是很多,但是传教士对中国社会和政治的影响是深刻的。美国"希望看到在中国建立繁荣的共和、民主的政体"。[7]

蒲安臣的遗产

蒲安臣是美国共和党创始人之一，美国第一任驻华公使，由林肯总统任命。他1846年毕业于哈佛法学院，在波士顿当律师，并逐步进入美国政界，1850年代成为众议院议员。正值内战前夕，围绕废奴与否争论非常激烈，蒲安臣是坚定的废奴主义者。

蒲安臣作为驻华公使，于1861年10月抵达香港，但在香港逗留了较长的时间，直到第二年7月方才北上进京。蒲安臣的对华态度十分温和，奉行中立原则，不谋求殖民地。他没有像英、法等驻华公使那样，动辄跑去总理衙门进行威胁，而总是用委婉的表达，提出对中国外交的看法。因此，在总理衙门，蒲安臣的口碑比其他驻京公使都要好得多。

蒲安臣把传教士丁韪良（William Alexander Parsons Martin）引荐给了总理衙门，当时丁韪良正在翻译美国法学家亨利·惠顿（Henry Wheaton）于1836年出版的《万国公法》（*Elements of International Law*），蒲安臣觉得中国应该了解国际法，这样便于中国处理国际事务。该书于1864年在北京刊刻印刷，成为中国第一部国际法著作。丁韪良逐渐成为总理衙门的熟客，在同文馆主事和教英文，后来成为京师大学堂的西学总教习。

总理衙门大臣们视蒲安臣为"真正的朋友"，常常拜托蒲安臣在各驻京公使之间斡旋。1865年3月，蒲安臣要回美国一趟，中国方面以为他是任期结束，对他离京很是不舍，恭亲王奕䜣在总理衙门接见了蒲安臣，希望他早日返华。

在蒲安臣回国之前，总理衙门大臣董恂、恒祺和崇纶前往美国公使馆造访蒲安臣。蒲在谈到如何处理外交纠纷的时候,提出了两个建议:第一,在确保中方有理有据的情况下,把整个交涉过程的文书散发给每一个驻京公使,以便他们在自己的国家内刊发,造成舆论压力,保证事情不会变为暴力冲突,或者中国遭受不公平的待遇;第二,向西方派遣外交使团。这两项建议随后都得到了实施。

1867年11月,在蒲安臣回国前,清廷正准备派团出使外国,但无合适的懂外交的人才,恭亲王奕䜣奏请委任蒲安臣担任中国首任全权使节,也就是办理中外交涉事务大臣。蒲安臣将自己定位为世界上最古老的国家的代表,而第一站即是他的祖国、世界上最年轻的国家美国。

1868年2月,蒲安臣一行从上海乘轮船前往美国,开启了欧美外交之旅。6月23日,在纽约的曼哈顿第十四大街和第五大道旁边的著名餐厅"戴摩尼柯"(Delmonico's),蒲安臣发表了一个当时非常有影响力的演讲。在这个演讲中,蒲安臣试图消除西方对中国的偏见,告诉西方人,中国是一个有着很长历史的文明的国度,西方应该平等对待她,而且中国在不断地走向进步。

这里,蒲想告诉美国人,中国刚刚经历了太平天国的动乱,但是他并不想给美国人描述那场悲剧有上千万的人丧失了生命,而是强调了中国的局势已经稳定,并走上了改革的道路,也就是以后所说的洋务运动。他提到的学习近代科学和外语的学校应该是指京师同文馆。

蒲还想告诉美国人,治理中国是多么地困难:"你们必须记住她有多么庞大的人口。你们必须记住在这样一个国家引入如此的改革是多么困难。引进你们的蒸汽船,已经让那里的十万舢板船工失了业。而雇用数百名外国人,也当然地引起了当地老雇员们的愤恨。"

当然,蒲安臣不仅仅认为自己是中国人的朋友,也认为自己是清政府的朋友,他希望美国人对清政府有一个积极乐观的认识。其实,他处在一个两难的境况:一方面,他希望美国人能善待中国,能同情清政府;另一方面,他难以说服美国人去爱一个愚昧、专制残暴的政权。现在他的唯一的卖点,就是告诉美国人,中国在进步,在开始拥抱世界,而且这正是同治中兴、洋务运动的充满前途的时刻。可惜,中国并没有朝着这条道路走下去。

他希望,美国尊重中国的主权和领土完整。这样的态度,其实成为美国对华政策的基石,后来的门户开放以及威尔逊的民族自决,都是在这样的基本框架之下形成的。蒲希望美国人能够把中国纳入到现代文明国家之中,因为她是一个伟大的文明,不是野蛮人,而且是一个世界上人口最多的国家。蒲这里对中华民族给予了最多的赞美,表达了对这个民族保持最友好关系的愿望,哪怕他并不是像后来的美国人,把这个国家和它的统治者进行了明确的划分。

他对中国的文化和教育也给予了极大的肯定,还阐发了民本思想,以及用科举制度选才的可以向上流动的社会。这里,他准确地说明了中国社会的性质,不是一个封建制度。在西方看来,所谓"封建制度",就是一个"农之子,恒为农"的制度,贵族和庶民是不能上下移动的封闭社会。而在中国,秦统一以后,就不再是一个封建社会了。而我们的历史学家,在整个漫长的20世纪,却对这个问题争论不休。

第一部 革命之后,1912—1913

蒲安臣还致力于破除当时西方所流行的白人是优等民族的言论，列举了中华民族的种种美德以及所受到的歧视，西方人应该明白，中国是一个非常成熟和勤劳勇敢的民族，"中国是一个伟大的民族、一个讲礼的民族、一个有耐心的民族、一个温柔的民族、一个勤劳的民族；就是这样一个民族，那些愤恨不平的粗野之人竟要把它从国家联盟中排除出去，要把那些暴君般的因素强加到它的头上。"

蒲安臣也指出了中国人的一些缺陷，虽然真正深层文化的问题，他并没有揭示出来。不过，他的目的不是要对中国人进行一个很平衡的评价，而是要西方对中国有一个公允的认识和公允的对待。不知道他是否真的相信，这里他试图让美国的听众去相信，中国（准确地说是清王朝）已经准备去拥抱世界。

显然，蒲安臣并没有告诉美国人，这个国家的官僚阶层，保守仍然是主流，他们仇视西方，仇视西方宗教，中国要接受世界，还有漫长的道路要走。我想，他应该对中国多少还是了解的，他知道所描述的关于中国的图景，并不是真实的，或者说是按照西方人所希望的中国的样子来描绘的："中国是开放的，你们可以去你想去的地方旅行和贸易。那你还有什么可以抱怨她的呢？"

蒲所描绘的前景，对美国人乃至整个西方还是有吸引力的，这片土地上有巨大数量的人口，这就是巨大的市场。最后，他点出了美国乃至西方应该怎样对待中国，其关键就是"不要打扰她"（Let her alone），让这个国家走自己的道路："让她享有自己的独立；让她利用自己的时间、按照自己的道路发展吧。"[8]

当然，不要打扰她，这最符合清王朝的利益，但是从中国历史的长河来看，近代外力对中国的推动，无疑是不可避免的。按照马克思的说法，这个古老的王朝，犹如密闭在棺材里的木乃伊，一遇到空气，就会土崩瓦解一样。因此，蒲对中国的美化，忽视了一个专制的清王朝对中国乃至中美关系会产生的影响。但是他对中国的这种友好态度，对许多后来的美国到华外交官们，都有很重要的影响。

威尔逊与其他列强分道扬镳

当中国爆发辛亥革命，威尔逊十分振奋："我们这一代最有意义的事件，如果说它不是最重大的事件的话，是正在觉醒的中国人民意识到他们在一个自由的政府下所享有的各种可能。美国人民对此抱有深厚的同情心。"美国欢迎中国推翻帝制，建立共和国，因为那合乎美国的利益。对门户开放政策，美国的商业团体起到了重要的推动作用。尽管美中贸易额并不是很大，但是美国的商人和公众对四亿人的大市场非常有兴趣。"尊重中国的领土与主权的完整的原则首先是门户开放政策的必然结果"，或者说，"只有维护中国的主权完整才能最有效地坚持贸易机会均等的原则"。[9]

西方主要国家是否承认新生的政权，对民国政府来说是十分重要的。辛亥革命后,西方列强和日本不承认民国政府。当时英、日、俄、美、德、意组成六国银行团，与袁世凯政府谈判贷款问题，但是英、日、俄三国提出非常苛刻的条件，企图利用袁政府急于获得贷款和国际承认之机，迫使其承认三国在中国的特殊利益，而当时美国总统塔夫脱（William Howard Taft）与其他列强采取一致行动，对承认中华民国犹豫不决。

1913年3月威尔逊就任美国总统，他决定改变塔夫脱的政策，与其他列强分道扬镳，宣布美国将不再留在银行团，"因为贷款条件损害了中国的独立，可能会导致对中国内政的干涉"。同时还表示了对中国的共和制度的支持。[10]

当时，美国的财团在国务卿菲兰德·诺克斯（Philander Chase Knox）的支持下，摩根（J. P. Mogan & Co.）、第一国民银行（The First National Bank）、花旗银行（The National City Bank of New York）和库恩—洛布公司（Kuhn, Loeb & Co.）合伙，与英、法、德三国财团一同给中国贷款。最初设定为3亿美元，用于中国币制改革、军队和行政的优化。每国各提供1/4款项。

借款谈判经过多次协商，各国之间无法达成共识，中国社会内部也有很强烈的反对之声。后来俄、日两国又要求加入，谈判继续进行。最终各方达成一致，形成了所谓的"六国银行团"。但是，中国方面一直拒绝接受贷款协议，认为银行团无权要求监管中国使用贷款。后来中国向六国银行团提出1.25亿美元的借款请求，中国迫切需要一大笔钱安抚好久未关饷的士兵，担心处理不好可能发生兵变。

根据1913年3月19日《纽约时报》题为《威尔逊总统对华贷款计划不满》（Welson Upsets China Loan Plan）的报道，美国政府认为，对华贷款条件几乎干涉了侵害中国独立的各个方面，强行干涉中国的财政和政治事务，这违背了美国"赖以生存的各项原则"。否决了"六国借款"和"金元外交"的政策，因为总值1.25亿美元贷款的"六国借款"所草拟的条款非常不妥，这将使美国"陷入干涉中华民国的内部事务"的境地。威尔逊表示，借款合同中有要求监督中国财政政策的条款，其中包括六国可任命本国代表去监督中国税务、利息支付、借款的使用，中国必须以合同规定的方式使用借款。这不符合美国的"不介入外国联盟"政策。美国正式宣布退出打算向中国贷巨额资金的"六国银行团"。

美国声明愿意帮助中国的发展，赞同中国建立共和制度。希望以此"向中国表达善意，也希望美国资本能进入这个伟大的国家"。美国应该与其他国家一道，"承担对华在政治方面的责任，加强与中国的经济联系，促进与中国的外交关系的发展"。

威尔逊总统在其声明中承诺政府将推动和支持必要立法，以给予美国企业家、制造商、承包商、银行和其他金融机构必要的便利。根据那个时候的美国银行法，本国银行不能在外国建立分行。威尔逊表示将通过立法，允许美国银行开展在国外的业务。美国企业家认为，通过外国银行的交易活动，很容易泄露他们的商业秘密。威尔逊的这个政策改变，其实即意味着放弃"金元外交"（dollar diplomacy）。所谓"金元外交"，就是美国政府有责任利用一切资源，为本国企业家、制造商、承包商、银行家在世界各国得到商机。[11]

《纽约时报》的另一篇文章报道了威尔逊希望与中国发展贸易。威尔逊反对的只是六国银行团的"强制性条款"，认为对华贸易应对所有美国人敞开大门，退出六国银行团并不是美国将不再参与中国的事务。威尔逊表示，经过仔细研究之后，其对华政策将逐步实施。他认为，"要更好地帮助中国维持主权独立"。美国不参加野心勃勃的多国银行团，要作为对中国公正无私的朋友，赢得中国人民的信任，更好地帮助中国。"如果美国参加了多国贷款，就会被约束在与列强

第一部 革命之后，1912—1913　　　　　　　　　　　　　　　　61

的共同协议之中"。[12]

决定首先承认民国政府

美国在各列强承认中华民国问题上,起到了促进的作用,北京政府也对美国寄予了厚望。1912年5月6日,美国政府就是否承认新政府问题电询驻华公使嘉乐恒(W. J. Calhoun),他主张迅速承认中国政府,有益于中国内政的安定。当时美国国内舆论也多支持承认民国政府。[13]

就是否承认民国政府的问题,美国同时也与其他列强接触。法国大使于1912年8月9日给美国国务卿的公函表示:"感谢美政府邀请法国加入承认中华民国的善意",但是法国认为"承认其为主权独立的国家仍言之过早",因为中国社会尚未稳定,而"临时政府尚未被人民认可"。虽然"国民代表大会已召集,但仍需努力去营造一个有规模的政府"。因此法国政府认为对于"中华民国政府的国际地位仍然维持原来的状况"。[14]其他列强都像法国一样,处于观望的状态。

威尔逊当选总统推动了对民国政府的承认。1913年2月13日,北京政府外交部通知美国驻华公使,中国新政府即将组成临时联合政府,决定把中国派驻美国的外交官员改称为"临时外交代表",他们将继续履行其职责。14日,中国外交总长正式通告美国政府,逊位的皇帝已经将权力交给袁世凯掌握,并授命其建立共和政府。[15]

1913年3月初威尔逊继任总统,半个月之后便宣布退出六国银行团,表明在中国问题上,美国不再采取与其他列强一致的态度和决心,决定率先承认中华民国。[16]美国政府承认中华民国的条件是:国会按照法定人数召集,参众两院组成,并选出议长。

根据1913年4月4日《纽约时报》的报道,美国呼吁各国共同承认中华民国,这是根据前一天国务卿威廉·布瑞安(William Jennings Bryan)向外交使团透露的消息,美国政府准备于4月8日正式承认中华民国,因为这一天中国国会将选举正式的中华民国总统。因为威尔逊政府认为此事继续拖延下去,对中国来说非常不公。[17]

1913年4月初,美国宣布准备承认中华民国,5月2日递交了承认国书,向袁世凯转达了威尔逊总统的信件。[18]袁世凯给美国总统的回复称,承认民国政府:

> 足征贵国互相扶助之美德长存不衰,从此中美两国七十年来之邦交尽生光彩,本大总统以中华民国之名义敬此致谢。共和政体于敝国虽属创举然其精神之美备,而为贵国所代表者,敝国之民已熟知之。以此敝国政府之目的惟维持共和政体,完备行政机关,庶几全国国民得永享其泽。对内则调和法律自由,以增进国家之利、人民之幸福;对外则履行所有之义务以保国际和平列邦之睦谊。[19]

显然,袁世凯知道美国承认其政府的目的,因此也投其所好,表达对共和政体、法律、自由、人民幸福、和平等方面的承诺。不过,后来的历史证明了,袁世凯并不是一个共和主义者。这也证明了前面所讨论的濮兰德对袁世凯的认识是非常准确的,也就是说,他比孙中山更早地认识到了袁世凯的本质。新成立的民国政府对美国的行为给予了高度的赞誉,因为这给处于观望状态的其他西方列强随后承认中华民国起到了一个带头作用,也是新政府十分看重的合法性问题的重要进展。率先承认中华民国,也符合美国自身的利益。

东亚的稳定,是美国从19世纪末实行门户开放政策便一直奉行的准则。承认中华民国,是这个准则的具体体现,也符合中国自己的切身利益。在此后一系列的发生在中国的重点事件中,美国基本上维持这样一个态度。在当时列强环伺的恶劣国际环境中,中国似乎看到了一线光明,在外交问题上,有了一些喘息的空间。

注 释

[1] 顾维钧:《顾维钧回忆录》第1分册,第157页。

[2] 芮恩施奉行美国进步主义(progressivism)的政治思想,关于美国的进步主义与对华政策的研究,见马建标:《"进步主义"在中国:芮恩施与欧美同学会的共享经历》,《复旦学报》2017年第2期,第120—130页。本书经常提到的清华,刚开办时称为"清华学堂",但是于1912年10月改名为清华学校(Tsinghua College),1928年改为清华大学,因此清华在本书所研究的绝大部分时间内都称为"清华学校"。

[3] 费正清:《美国与中国》,第205—206页。

[4] Henry W. Bunn, "Changing China." *North American Review*, December, 1924.

[5] Henry W. Bunn, "Changing China." *North American Review*, December, 1924.

[6] 邹谠:《美国在中国的失败》,第3—4页。

[7] 邹谠:《美国在中国的失败》,第3—5页。关于蒲安臣使华,参见 Guoqi Xu, *Chinese and Americans : A Shared History*, chap. 1。

[8] 关于蒲安臣的这个演讲的完整翻译,见王元崇:《中美相遇——大国外交与晚清兴衰(1784—1911)》,第234—245页。本节资料皆来自王书。

[9] 邹谠:《美国在中国的失败》,第4—5页。

[10] 王立新:《踌躇的霸权——美国崛起后的身份困惑与秩序追求(1913—

1945）》，第 39 页。关于承认中华民国问题的研究另见王立新：《伍德罗·威尔逊政府承认中华民国问题再研究》，《求是学刊》，2004 年第 6 期。

[11] "Welson Upsets China Loan Plan." *New York Times*，March 19, 1913.

[12] "Welson Wants Trade of China as Friend." *New York Times*，March 23, 1913. 尽管没有美国的参加，在当年的 4 月，袁世凯政府与五国银行团签署了贷款 1.25 亿美元的协定。

[13] 侯中军：《中国外交与第一次世界大战》，第 42 页。

[14] 卢雪乡编著：《从美国外交文件看民国诞生》，第 78 页。

[15] 卢雪乡编著：《从美国外交文件看民国诞生》，第 92—93 页。

[16] 卢雪乡编著：《从美国外交文件看民国诞生》，第 78 页。

[17] "Urges All Nations to Recognize China." *New York Times*，April 4, 1913.

[18] 卢雪乡编著：《从美国外交文件看民国诞生》，第 128 页。

[19] 卢雪乡编著：《从美国外交文件看民国诞生》，第 127 页。

第二部

内忧外患，1914—1918

在南宿州居住的时间越长，赛珍珠就越了解那些住在城外村庄里的穷苦农民。"穷人们承受着生活的重压，钱挣得最少，活干得最多。他们活得最真实，最接近土地，最接近生和死，最接近欢笑和泪水。"走访农家成了她了解中国人真实生活的途径。她说："在农民当中，我找到了人类最纯真的感情。"

第 4 章　对《二十一条》的反应

> 人家已经把门砰一声关起来以后，我们才通过门上的钥匙孔悄悄地说几句规劝的话。
>
> ——美国驻华公使芮恩施

1914年秋，日本乘德国陷入欧战之际，占领了青岛。在第二年，又迫使中国签订丧权辱国的《二十一条》。在这个时候，美国的态度是至关重要的。在辛亥革命之后，特别是1913年威尔逊就任总统以后，威尔逊坚持维护中国的内部统一和稳定，不干涉中国内政的原则，但是十分警惕日本的势力在中国的扩张。中国在日本的胁迫下，被迫签订了《二十一条》之后，威尔逊政府向日本发出照会，明确表示不承认日本独霸中国的这个条约。美国驻华公使芮恩施对日本的侵略行为的反应更为强烈，他认为本来美国政府应该早一些阻止这个条约，而不应该在日本提出《二十一条》的早期阶段，只是处于观望的态度。

德国表示交还胶州

在欧战爆发以后，德国在北京的代表和中国外交部举行非正式谈判，表示可以立即将胶州直接交还中国，但是日本这时对中国政府提出了警告,不容许有这种行动。[1]北京政府一方面尽力希望能直接收回青岛,免去日本开战的借口;另一方面亦在准备应对日本可能的军事行动。英、日同盟是日本一战决策的基点之一,而在当时,只有美国能在远东抗衡日本。

在德、美两国驻日大使举行的会晤中,德国提醒美国,日本即将对德作战,德国被挤出远东及把它的属地转交给日本,将有损于美国利益,希望美国牵制住日本。中国政府曾设想,德国把山东权利转交给美国,然后再由美国把山东交还给中国。中国曾请求美国的援助,要求美国海军帮助中国抵制日本侵略,但没有得到美国的支持。此时美国考虑的是维持中国的现状,决定不被牵扯进山东问题之中。

美、英都表明维持中国现状和外交斡旋的态度,在得到日本尊重中国中立及领土完整的保证后,英国同意日本加入对德作战。山东问题是中国中立的核心问题,在对外宣布中立的同时,有人建议对美、英、德、日等主要相关国家,采取秘密外交策略,分别接触,要求各国承认中国之租借地均不作交战地。[2]

1914年10月2日,袁世凯与芮恩施就此问题见面,袁表示了对日本行动的看法,"语气十分激烈"。他坚信日本人有一个"明确而影响深远的计划",即利用欧战,进一步控制中国,试图通过对港口和铁路的占领而控制山东,"远远超过德国人在山东的企图",日本军队"进入中国的心脏地带"。袁世凯请求威尔逊同英国政府会商,进行斡旋,以说服日本按照原来对中国政府的保证,把它在山东的军事行动仅限于攻占青岛,根据他们自己军事的需要,他们"要立刻用强大兵力占领铁路,但铁路的管理权仍将交给中国人,规定列车长由日本人担任"。中国不反对这样的行动,但是显然,日本并没有履行这个保证。中国人对日本在山东的行动,"越来越感到恐慌"。

当时,中国人认为芮恩施是"一个友好国家的使节",中国各地向芮发来大批请愿书和声明,这使他了解到这种担忧是多么普遍。在这些抗议声明中,有一些甚至是血书。可见,当时中国人对美国出来主持正义抱有多大的希望。芮恩施认为,日本的这个政策"严重地影响到美国和其他大国在中国的前途和事业"。由于过去美国对中国"一贯的友好态度,就使中国人认为在中国需要的时候,美国会乐于给予某种援助,他们对美国将做些什么事抱着很大的希望"。

在中国人心里,美国非常富强,会援助中国,维持其领土的完整,主权的独立。芮称,"甚至别的国家对于中国向美国所表示的善意都很嫉妒,它们立即指出美国的友谊犹如肥皂泡,在如像中国的独立被侵犯这样一些具体困难面前就会破灭"。中国人鼓励美国人在中国的活动,他们把这些活动"看做是保护他们自己国家的生命"。中国人确实希望美国人"最低限度会坚持自己的立场"。[3]

其实,这些对美国的指责也并非空穴来风,因为所谓美国的"善意"是以不影响其远东大利益为前提的,美国力图达到某种平衡。可以说,美国在中国危机的时候,并没有挺身而出,主持正义。不过,我们也需要把这个问题放到历史的背景中:日本对于协约国的重要性和贡献,远远大于中国。美国为了协约国的利益,肯定不会与日本撕破脸皮。所以当时中国曾经设想的预案,并没有能够成功。

日本占领青岛

义和团运动之后,德国在青岛和胶州湾地区建立起了贸易殖民地和银行系统,妄图把胶州湾永远纳入其势力范围。欧战爆发初期,还有一个德国铜管乐队到青岛,驻扎在"霍伯肯"(Hoboken)号邮轮上,不时举办音乐会,丰富当地的夜生活,宣传德国的生活方式。[4]

根据《纽约时报》1914年11月7日的报道,德国在青岛进行了长达65天的抵抗。日英联军攻陷了青岛,德国人在谈判之后,最终投降,日本和英国联合占领了青岛。《纽约时报》这篇报道称:青岛这个德国坚守的要塞"几乎反映了欧洲战场的一切特点",不过是规模小一点而已。青岛的失守,使德国人失去了在亚洲的最后一块殖民地和战略据点。

其实,驻守青岛的德军,并非主力,主力皆抽调到欧洲战场去了。在65天的抵抗中,几乎全由德军预备役参加战役。他们战前在中国生活或经商,战事爆发,他们在青岛与日本人和英军在陆地和海上作战。不过所谓英军,其中也有许多是印度人。

1914年8月4日,英国政府请求日本确保英国在远东的航行安全,日本趁此机会提出要求,称只要德国还占领青岛,日本就难以有所帮助,其实就是要英国政府默许日本从德国手中夺下青岛,英国表示了同意。

日本8月23日对德宣战,当天便展开了对青岛的攻势,第二天日本舰队便驶向青岛。日本对德国发出最后通牒,限德国在8月24日前撤离青岛,德国对此未作回复。日本发布宣战文告,称欧洲战事爆发以来,日本关注这场灾难,严守中立,希望维持远东的和平。但是德国凭着胶州湾加紧备战,战舰在海域巡逻,威胁到日本的商业活动。

日本和英国是同盟国,1905年签订、并于1911年续签了《英日协议》。根据这个同盟条约，需要"采取措施以保护共同利益"。日本期望"通过和平方式"实现这一目标，因此向德国政府提出了要求。然而直到最后一天，仍未收到德方的任何回复。

青岛是胶州湾重镇，自辛丑年以来修筑起十来个堡垒，驻有德军三个炮兵和步兵团、三四个骑兵分队，共约5000人，还有飞机三架，四艘小型战舰和一艘巡洋舰。在周密策划之后，日本运送了25000名士兵，派出12艘战舰包围青岛军港，还抢占了中国的一条铁路，以便更迅速地运送军队。中国政府提出了抗议，日本回答称是由于德国拥有铁路所有权，所以日方有权继续投送部队。英国也提供了一支部队和几艘战舰，参与围攻青岛。

9月初，10000名日本士兵登陆山东半岛，同月占领了潍县，这是德国军事前哨，俘获了青岛南部战壕里的50名德军和4挺机关枪，同月月底占据城中高地，并计划在此架设防空炮台。10月初，2艘德国巡洋舰赶到青岛，轰击日本据点。10月7日，日本占领胶州铁路西部终点，两天后又夺取了另外两个军事要塞。

虽然协约国官方从未公布参战的人数，但据说超过了30000人，不过主要是日本军队，英国只有一个分队，由几百名英格兰士兵和400名印度锡克兵组成。10月17日，"高千穗"号巡洋舰被德国鱼雷舰击沉，日本经历了开战后最惨重的损失。

日本军队在青岛外围挖了5000米的战壕。在围攻青岛的后期，协约国甚至从飞机上投掷了炸弹。直到11月6日，轰炸仍然在进行，协约国的飞机向港口投炸弹和扔传单。传单警告居民们不要参与军事行动。军事行动的伤亡名单显示，英军阵亡2名，伤8名；日军阵亡200名，伤878名。德、日双方的伤亡都相当严重。

第二部 内忧外患，1914—1918　　　　　　　　　　　　　　　　73

11月7日，德国军队向日英联军投降。官方消息称，受降从当日午夜开始，日、英两国军队进入德军第一道防线，抓获了200名德军战俘。晨7时，德军举白旗投降。德国人如此快速地投降，出乎人们的意料。[5]

美国官方对《二十一条》的表态

日本在1915年1月18日向中国提出了《二十一条》要求。芮恩施虽然早已得知《二十一条》的提出，但是直到1915年1月22日他才知道日本"提出的条件之苛刻，简直令人吃惊"。芮恩施在回忆录中写道，他曾就这件事见了中国的一位总长，这个总长最后"几乎是含着眼泪向我说，日本提出了极其苛刻的条件。要是接受的话，那将要断送中国的独立,使它沦为附庸"。23日晚上,芮得到了《二十一条》全部要点的确切情报，很快把消息透露给了伦敦《泰晤士报》等报纸的记者。但是英、美的报纸在两个星期之内，都没有透露这个消息，因为日本驻华盛顿大使断然否认这个消息是真的。[6]

芮恩施发电报给威尔逊总统，要他注意日本提出的《二十一条》,因为"这影响到美国人在华权利和合法前途"。威尔逊总统在回信中说，要避免直接对中国进行任何劝告，或者直接干涉目前的谈判,如果这样的话，实际上对中国是"害多利少"。这样做很可能引起日本的嫉妒和敌意，而日本的这种嫉妒和敌意，会首先向中国发泄。威尔逊要芮恩施"密切注视事态的发展"，以便在"明智的时机采取行动"。[7]

按照顾维钧的回忆，这时中国"已赢得华盛顿的同情"和国外新闻界的支持,美国政府已经通过日本驻美大使和美国驻日大使,"将美国的立场通告东京日本政府"。顾维钧也预感到,《二十一条》的签订,"美国大概和中国有同感,即日本会继续推行称霸亚洲的政策,并且千方百计把美国利益排挤出中国大陆"。[8]

美国政府向日本驻华盛顿大使指出,美国政府认为《二十一条》违反了现有的条约规定。在此之前,日本大使曾交给美国政府一份补充备忘录,把日本提出的第5号的各项要求说成是只是要求中国考虑的建议,试图把第5号中的条款轻描淡写,糊弄美国。而芮恩施意识到,这些条款实际上把中国政府管理自己事务的权力"全部剥夺了"。第5号要求中国政府聘用日本人充任政治、财政、军事等顾问,警察要与日本合办,购买的武器中至少日本的要占半数以上,中日合办军械厂,等等。而日本"想要得到这些特许权,唯一的办法就是要使其他国家不能确切知道实际提出的《二十一条》要求的内容,以便使它们不至于认真对待这件事情",同时还要对中国施加压力,迫使接受这些所谓的"建议"。[9]

芮恩施认为第5号的各项要求,"应该全部予以取消",因为这将使中国的对外关系变得更加错综复杂,"而且还会妨碍美国采取任何建设性的行动"。芮向中国外交总长建议,中国政府有理由直接向美国提出自己的态度和政策,这样使美国代表发布关于美国政府的"权威性的声明"。虽然美国不能给中国提供物资援助,但美国政府"至少应该了解中国的自由受到攻击的情况",利用世界舆论特别是美国舆论,来对中国进行声援。外交总长对芮恩施说,中国所希望的是美国和世界能了解中国的情况,并做出判断。[10]

在日本1915年1月提出《二十一条》后,2月,民国政府令其驻美、英、法、俄各国的公使向所驻国政府递交一个备忘录，希望各国协助恢复中国在山东主权。这份备忘录所附的条款，与日本外务省2月9日向美、英、法、俄等国驻日使节提供的版本不一样，也就是说日本隐藏了要害的部分。美国政府指示美驻日大使和驻北京公使，要他们通过非正式渠道，了解中日交涉的内幕。

据1915年2月19日《纽约时报》的报道，美政府拒绝公开评论日本提出的各项要求，国务卿威廉·布赖恩（William Jennings Bryan）宣称，国务院正在考虑这一问题，对此暂时不发表看法。他表示，自中日谈判开始以来，美国与其他各国一样，保持对此事的关注。日本提供的备忘录版本刚被公之于众，在有些分析人士看来，日本要求获得在南满、内蒙古和山东的租界和特权，与美国提出的维护中国主权和"门户开放"的原则并不相悖。但也有报道认为，日本对华的第一条款就已经损害到了整个中国的利益。美国众议院打算通过一项决议，让威尔逊总统全权处理这个问题，完全信赖总统的判断。[11]

次日，即1915年2月20日，《纽约时报》报道，由于担心日本提出的《二十一条》破坏"门户开放"政策，在内阁会议上，讨论了日本政府对华要求，决定向日本递交照会，"对日本违反'门户开放'原则提出交涉"。内阁公布的日本对华要求共有21条，而日本早些时候提供给美、英、法、俄等国的备忘录仅有11条。《纽约时报》公布了全文，揭露了日本要求获得在南满、内蒙古东部和其他地区的特权，远远超出了商业范围，还有干涉中国政治事务的条款。这些不仅违背了"门户开放"，也"侵犯了中国的主权"。[12]

芮恩施在回忆录中，也记录了他处境的尴尬。中国希望美国立即对日本发出不满和抗议，但是美国政府的指示经常来得很迟，所以芮得特别小心措辞,以免与美国政府的指示相矛盾,也不使中国人"抱太大的希望"。芮意识到,在谈判的每一个阶段,美国都要保证自己的重大的利益,中国希望"美国带领英国和法国",采取积极的联合行动,但是当时欧洲的情况十分紧急,当时美国还是协约国一方,日本是盟友,所以对日态度,难免投鼠忌器。芮只能坚决主张,日本对中国提出的要求,只有得到有关各国的一致同意才能答应,但是他也认为,他所处的位置,没有办法"给中国人出谋划策"。但是可以让中国知道,美国对局势的看法。顾维钧始终充当中国外交总长和美国公使之间的联络官。他曾多次和芮恩施一起长时间地讨论,研究外交策略并进行分析。芮恩施说:"我很钦佩他的敏锐的洞察力。"日本公使馆则对顾维钧频繁地访问芮恩施表示不满。[13]

5月7日,日本向中国发出了最后通牒,要中国在48小时内作出回答,即在5月9日下午6点前给予答复。8日内阁开了将近一整天的会,最后决定,鉴于日本的军事威胁,必须接受最后通牒。根据芮恩施的回忆录,美国国务院来电指示他,"劝告中日两国政府忍耐和相互宽容"。芮恩施认为"日本是需要这种劝告的",但是认为国务院的指示来得太迟了,因为日本已经向中国递交了最后通牒,现在传达这个劝告,"等于人家已经把门砰一声关起来以后,我们才通过门上的钥匙孔悄悄地说几句规劝的话"。[14]

看来,芮恩施对美国政府的这个过迟的反应还是颇有微词的。对于美国的这个态度,有研究者分析了后面更深层的因素:美国希望看到一个和平的东亚,不愿中日之间发生战争,便试图说服英、俄共同行动。日本发出最后通牒的第二天,美国建议为避免冲突,维护世界和平,呼吁东京和北京之间继续谈判。但是日方认为,美国发出的调停建议,会被北京解读为外交支持,进而激发中、日两国冲突。对于坚持要干涉的美国政府,日方急向英国求助,劝说美国停止此项行动;如果英国不愿劝说美国,至少也不要与美方采取一致的行动。美国的提议未能获得英、俄两国的支持。[15]

不过,中国人对芮恩施的努力和态度还是心怀感激的,所以顾维钧说,由于芮恩施与中国各界人士的友谊以及他在《二十一条》交涉期间"毫不含糊地同情与支持中国",中国各方面人物都把他看成是"中国真正的朋友"。[16]

在日本提出了关于《二十一条》最后通牒后第4天,美国便对日本提出了抗议,并通告中、日两国政府:

> 此次中日二国磋商事件,早已开始,而犹未告竣,磋商所至,当有议决之件,敝政府不得而知,然有不得不向中日两国政府宣言者,即中日二国政府无论有何同意或企图,凡有害于美国国家及人民在中国所有条约上之利益及中华民国政治上或领土上之完全,或关于中国之国际政策,即所谓开放门户政策者,美国政府一律不能承认。特此宣言。[17]

而日本东京电讯对美国的表态大加指责,称日本"最高当局"认为,这份美国照会"只不过是阴谋制造政治摩擦的又一例证"。而中国的外交总长接到美国的照会后说,美国政府目前"不反对别国提出任何特别的要求",但是反对只给予某一国权利。按照条约的规定,中国根据最惠国条款给予日本人的权利,也同样要给予其他国家,因此应该把有关全部条文通知其他国家。

5月15日,美国国务院来电表示同意这个看法,接着把正式照会交给中国外交总长。按照芮恩施回忆录的说法,"由于美国明确重申坚持美国远东政策的基本原则而使中国政府得到宽慰。"但是他接着评论道，关于《二十一条》的谈判就这样结束了，"日本从不能代表中国人民的北京当局那里获得了某些具有深远影响的特许权，但是中国人民作为一个古老的有组织的社会，比任何政府都强大得多，中国人民始终没有同意日本提出的二十一条要求。"[18]显然，他对北京政府接受《二十一条》是持批评态度的。

舆论谴责《二十一条》

美国媒体报道了日本强迫中国签订《二十一条》的行为，让日本陷入国际舆论的漩涡。据《华盛顿邮报》(*Washington Post*) 1915年2月18日发表的关于《二十一条》的报道，文章引用《中国学生月刊》主编、哥伦比亚大学的研究生邝煦堃在《纽约太阳报》(*New York Sun*)上发表的文章，指出"北京会谈的明显失败表明中日关系面临重大危机。此危机引起了美国的高度关切，因为日本人在挑战美国的'门户开放'政策"。

日本意图的核心以及它"引起美国和中国愤怒"的主要原因，在于它提出中国应该将汉阳兵工厂交予日本管理这一要求。"日本引诱中国把一支日本手枪对准自己的心脏，一旦时机成熟，中国将在日本的唆使下扣动扳机。"文章指出，日本利用欧战的时机，将胶州湾从德国手中夺取时，"称最后将归还中国"，但是就在占领后不久，日本外务大臣加藤高明就声称"日本从未许下过任何诺言"。《二十一条》还要求中国保证在未来不会将福建、山东、满洲、内蒙古东部以及长江流域的铁路及各矿开采权交予除日本外的任何国家。[19]

《华盛顿邮报》这篇文章引用了日本国内发表的一篇题为《中国最终的命运：与朝鲜的比较》的文章，该文称袁世凯总统的"反日政策"，中国选择和美国"建立友谊"，却没有对日本"心存感激"。甚至建议日本占领中国全部重要港口，并在中国全境建立日文学校。这项侵略政策"不仅在新闻界备受鼓吹，连政治家们也十分拥护"，竟然被写入了日本最具影响力政党之一政友会的纲领中，"建议日本与中国缔结一个防御同盟，这个所谓的同盟就是中国"不能自主将政治、经济和其他重要特权交予他国"，将南满洲和内蒙古置于"中日共管之下"，还要聘日本的顾问"参与各个部门的改革事务"。

《邮报》认为这是"东方门罗主义"（Monroe Doctrine for the East），即日本有"在远东建立一种门罗主义的野心"。这当然与美国的利益发生冲突，《邮报》认为日本的"东方门罗主义"在本质上和美国是不一样的，"无法保证达成像美国门罗主义那样伟大的目标"。[20]门罗主义（Monroe Doctrine）由詹姆斯·门罗总统（James Monroe）发布于1823年，宣布欧洲列强不应再殖民美洲或涉足美洲国家主权事务，美国对欧洲各国争端或与其和美洲殖民地之间的战事应保持中立，但是对发生于美洲的战事则视为对美国具敌意的行为。[21]

在顾维钧看来，日本认为中国是日本天然的势力范围，而美国在中国的利益，特别是辛亥革命之后持续的扩展，这"无异是日本的肉中刺"。美国的传教、教育、慈善事业及商业贸易，已经在中国确立了显著的地位。由于英、法以全副精力应付战争，美国就成为能干预并防止日本在东亚的扩张政策的"唯一重要国家"。《二十一条》签订之后，美国和中国都意识到，日本会继续推行"称霸亚洲的政策"，并且千方百计"把美国利益排挤出中国大陆"。[22]所以，美国一方面要依靠日本对协约国的贡献,一方面对其在中国的扩张,始终持警惕和抑制的态度。

越来越多的美国人意识到,媒体可以传播美国政治和外交理念,促进美国在华利益。《密勒氏评论报》(Millard's Review),在其创刊号的社论中,便警告如果日本一意孤行,坚持推行《二十一条》,干涉中国内政,其他列强必然不会坐视不管。其创办人密勒还写了一本《新远东》(The New Far East)的著作,考察中、美、日三国在远东的命运和责任。这本书将中、美两国的命运联系在一起,不断警示日本的危险。[23]

密勒深信,中国可以成为美国产品和资本的重要市场,也是远东的平衡力量,所以他认为保证中国的领土完整十分重要。密勒反复指出,中国受到的威胁主要来自日本和俄国以及一些欧洲列强,竭力鼓吹美国在华的"门户开放"政策,呼吁美国促进中国繁荣和稳定,放弃帝国主义政策。

《密勒氏评论报》的主编鲍威尔(John B. Powell),在他的回忆录中揭示了日本在1917年再次提出关于《二十一条》的第5款的问题,并把这个新闻最早公诸于世。鲍威尔讲了这件事情的来龙去脉:

在北京的时候,马灯旅馆是鲍威尔的落脚处。一天夜半时分,一阵敲门声突然响起,打开门,是一位年轻小伙子。他就想起来,来者叫董显光,是他在密苏里大学时教过的学生。董显光归国之后,去英文报纸《北京日报》(Peking Daily News)担任编辑。察觉到董显光紧张的神情,鲍威尔连忙带他到屋里。

董显光告诉了鲍威尔着急来找他的原因。这天下午,日本驻华公使加藤会见外交总长陆徵祥,威胁倘若中国不做出让步,日本将以武力解决此事。下午,加藤一离开,外交部一个秘书就致电董显光,将发生在当天下午的事情告诉了他,请求他想法与英美记者取得联系,将这些消息传达到海外。

于是,鲍威尔立即写了一篇报道,并打印出来,以备后用,并与董显光相约次日清晨在美国公使馆碰面。次日清早,董见到了芮恩施,并向他讲述了昨天下午发生的事情。芮恩施说道:"倘若中国不把消息公开,日本人极有可能再度把第五项条款拿到台面上谈判,同时会拒不承认最后通牒的事情。为了防止此类事情的发生,中国有必要将那些消息公布于众,这也许是最好的自保办法。"

鲍威尔将他写的报道立即以电报的形式发往上海。当时的美国公共信息委员会(the Committee on Public Information)成立不久,卡尔·克劳(Carl Crow)是其代表。收到电报后,克劳将消息迅速地发往华盛顿。这样一来,那些驻京津地区的报社、通讯社都相继收到总部的公文,要求他们核实日本向中国提出最后通牒的相关事宜。北京的外国记者云集日本使馆,要日本驻华大使加藤解释日本向中国提出最后通牒的行动相关事宜,但是加藤不仅拒不承认,还说这件事子虚乌有,纯属中国人造谣。日本对中国施压被公诸于众,所以这次胁迫没有达到目的,芮恩施所提出的策略达到了目的。[24]

"远东问题专家"为日本辩护

1915年12月19日,《纽约时报》采访了"著名远东事务专家"乔治·拉德(George Trumbull Ladd)教授,主要是就当前中国的一些重要问题发表他的看法。这个所谓"远东事务专家",其实是一个日本问题专家,耶鲁大学的哲学教授,这个时候已经退休。从他的观点来看,至少知识已经陈旧,特别是对中国缺乏了解。

从他的观点看,他应该是当时美国人中少有的"亲日派",他认为美国要认真处理与"果敢、有趣而令人尊敬的"日本的关系,他特别强调了"新日本"(New Japan)的这个说法。他回忆大约在10年前(1906—1907),他第三次访问日本,感到那时日本人"仍然尊敬和热爱美国",感觉日本"较之西方其他国家,对美国的感情更为深厚"。他看到在所有的场合,无论是官方宴会上,还是在授课的讲台,或者普通学校的节日,"美日两国国旗总是并列悬挂",显示了友好。

然而,在当下的日本,"这种亲切的感情有了很大改变"。大部分日本人,不论官方还是非官方,无论是公开还是私下,都有着对"美国的怒气或仇视"。少数受过良好教育的日本人,有美国朋友,才能看到美国的优点。拉德认为,这种危险局面的造成,责任"更多是在美国方面,而非日本方面"。显然,拉德不同意美国一直实施的亲华政策,认为日本是被美国妖魔化了。拉德为日本的侵略行径辩护,提到若干年前日本在朝鲜的行动是被歪曲和夸张了的,而这一手段再次被用在"宣传日本对华行为上",产生了相同的后果。

他为了替日本辩护,甚至否认日本"迫使中国接受苛刻而不公正的条件",而且指责中国政府"对于外国人从来都是持敌视的态度"。他宣称,当其他国家想与中国建立公平、友好关系的时候,中国的反应经常"毫无道理",而且中国人"自负到了荒唐的程度"。当然,历数中国政府过去所做的荒唐事,比如满清统治的历史、义和团运动、慈禧"老佛爷"、太监以及李鸿章等,"从清王朝被耻辱终结的历史,

第二部 内忧外患,1914—1918

就能看到我所有说法的事实依据"。

他还说,中国人"毫无理由地"仇视和不信任外国"侵略者",但是他又自相矛盾地承认中国人的确遭受了外国人的"无数的耻辱"。他还指责中国的外交政策是"傲慢和脆弱、狡猾和愚蠢"的结合。其实,这个时候,像陆徵祥、顾维钧等在西方受过教育的年轻外交官已经逐步主持中国外交,但是他仍然抱着对晚清政府的成见来看现在。而且还指责中国要废除不平等条约的正常诉求,称中国在"列强之间的相互嫉妒乃至冲突中周旋",签订了丧权辱国的条约而"对公众隐瞒"。

当然,他对中国的指责,的确有一定的依据。如果把清政府、北洋政府与明治以后的日本政府相比,的确能看到中国政府的无能和腐败,而日本政府作为现代国家机器,的确显示了强大能量和效率。但问题在于,日本政府治理日本的成功,中国政府的腐败无能,不能成为它可以侵略中国的借口。

虽然他也承认中国的变化,承认中国是真心希望"进行彻底和有希望的改革",但中国内政的现状以及对各国的态度"几乎还没有任何实质上的改善"。显然,他对中国存在极大的偏见,所以他完全意识到,"与主流的观点的不同"。他宣称无意贬低中国,对中国保留着同情心,也看到了中国对世界的兴趣大大增加了,也有迹象表明启蒙思想、基督教的道德观正在中国形成,他对此也"感到欣喜"。但他认为,中国在某些方面甚至比十年前退步了,甚至认为"袁世凯统治下的中国就像慈禧太后时期一样无耻、狡诈和残忍无道"。

他还引证了一位不久前在中国待了三个月的朋友的说法,中国的情况比清朝更糟糕,"政府比原来更为专制,其强盗行径更加猖狂。"他的另一位朋友也刚结束一段中国之旅。他告诉拉德,他所到之处,民众对袁世凯的政府充满了"不满和不信任"。具有讽刺意味的是,当时的许多中国明智的人对袁世凯的看法,也和拉德相差不远。所以拉德的结论是,不管中国称为帝国还是民国,不管中国是在光绪皇帝还是在袁世凯的统治下,"都无法履行国际义务"。只有通过长期努力,在平等相待中国的同时,还需要用"强力及威慑",才有可能将中国"引导进入文明社会"。这种努力不仅是在教育和传教方面,在政治和商业方面也应该这样做。

作为一个耶鲁大学退休教授,拉德应该不是出于无知,而是有意为日本辩护,居然宣称日本"三次卷入战争",都不是"自己情愿",而且"耗费了巨大财力和人民的生命",都是因为满清政府的"软弱和欺骗"。这三次是因朝鲜事务引发的甲午战争(1894)、日俄战争(1903)和日本夺取青岛的战争(1914),这真是信口雌黄了,把日本的扩张、侵略、争霸行径,一股脑都推到了中国身上。

关于《二十一条》,拉德是怎么解释的呢?他说,日本的行为"会被证明是合理的"。他承认日本有激进分子和机会主义者,他们通过恐吓和贿赂来达到目的。然而他又称,日本人中也有"品行高尚的官员和商人",他们对于"亚洲的当前和将来有着更崇高、深远的规划"。他似乎很赞同日本所谓东亚共荣圈的说法,日本不能眼看着西方列强控制中国资源、侵占土地或以武力占领中国的港口来威胁和支配中国,也就是说赞同所谓控制中国是为了把黄种人从白人殖民者的手中解救出来的说辞。[25]

第二部 内忧外患,1914—1918

欧战对中国有利

中国虽然远离欧洲，但是欧战已经无可避免地影响到中国，日本占领青岛就是证明。不过，《纽约时报》也认为，中国可以从欧洲战争中得到好处，这从1915年8月22日发表的采访司瑞尼瓦斯·威格尔（Srinivas R. Wagel）表现出来。威格尔担任上海《字林西报》财经编辑长达5年。他对中国财经事务有许多研究，已经出版了两部专著，即《中国的金融》(*Finance in China*)和《中国的货币和银行》(*Chinese Currency and Banking*)。另外，他的《中国的税收》(*Taxation in China*)也即将出版。他刚从中国到达纽约，打算在美国停留数月，从事经济方面的写作与演讲。

他在采访中表示，从金融方面来看，欧洲战争已经证明对中国有利。长期以来，西方国家向中国人灌输，离开了它们的"指导和金融的支持"，中国就会运转不灵。然而，自从战争爆发，欧洲列强的注意力转移后，中国突然意识到，没有了西方的指导和帮助，中国运转得也并不差。就这样，中国提高了其独立自主，这将对"国民生活和国家的前途产生很积极的影响"。威格尔还很形象地比喻说："中国犹如一个被好几个混混群殴的人，这几个混混突然自己打将起来，放开那个被欺压的人，这个人于是很快站了起来，获得了自由和独立。那么这就是目前中国的境况。"

由于中国在一段时间里，不再被列强所打扰，就有了机会解决自身的问题，例如，在金融财政方面，自从欧战爆发以来，中国从外国无法再获得贷款，所以得向其他途径得到资金。结果，中国自己找到了来源。中国人从他们的储蓄中提供了资金。这些来源主要

CHINA BENEFITED BY THE WAR

Writer on Chinese Finances Believes the Conflict Will Force That Country to Finance Herself

THE war is proving to be a benefit to China. For many years the Chinese have been taught by the Western nations to believe that China could not get along without their financing and their general guidance. But since the war has taken the attention of the European nations, China is discovering that she can get along all right without outside help, and this is bringing to her qualities of self-reliance and independence which are bound to have a highly beneficial effect on her national life and destiny."

So said Mr. Srinivas R. Wagel to a NEW YORK TIMES man last week. Mr. Wagel, who is an East Indian, has just arrived in New York from China, where for five years he has been Financial Editor of the North China Daily News of Shanghai. He is an authority on Chinese financial affairs, and is the author of two books, "Finance in China," and "Chinese Currency and Banking," while a third volume, "Taxation in China," is now in press. He is in the United States for a stay of several months, to write and speak on economic subjects.

"China," continued Mr. Wagel, "has been in the position of a man who was being held down by several other men. Suddenly those men begin to fight among themselves, and release the man who was held. That man quickly finds his feet and his freedom and his independence. So it is with China.

"China will not be pestered by outside powers for a while, and will have a chance to work out some of her problems for herself, gaining in strength as she does so. In the monetary field, for instance, China has been forced to the belief that she couldn't get along at all unless outside financial aid were extended to her. But since the war there are no more Chinese loans, no more Chinese financing in the old way.

"And what has happened? China has found money for herself. The people of China—and this shows how much confidence they have in the strength of the administration which is being given the country by President Yuan Shih-kai—are producing money of their own from hidden hoards.

"This money is chiefly in silver, although some gold has come out. With this money China is financing herself. The money which has thus come out in this time of national need would not be much for the United States, but it is enough for China. The nation now understands that she can manage to get along without foreign loans if she is only let alone by foreign powers.

"Take exports and imports. The war is greatly reducing exports, while the import trade is quite demoralized. China had been taught to believe that she had the people—an infusion that was impossible before because of the retarding influence of foreigners, who are now too busy killing each other to smother China's national spirit any longer. Now that China has to get on alone, she is getting on alone. And thus it is that the war is resulting in a great thing for China—the awakening of the nation.

a war with Japan would mean the overthrow of China. He new that the best interests of China lay in parleying with Japan and trying to abate her demands as much as possible without war.

"Now China has some 50,000 or 60,000 well trained soldiers. This would be an insignificant force against Japan, but it is a formidable force as the upsovereignty on China that there might be a coalition of European powers against her, or that the United States might interpose.

"Not that Japan is afraid of the United States. Her reasons for not wishing to fight this country are economic. The silk and tea which are bought by America support—in consequence of the industries they represent—fully one-quarter of the population of Japan.

"As for China, there are also economic reasons which will deter Japan from pushing the Chinese too far. It is China which keeps the Japanese manufacturing industries alive—the trade with the United States, by the way, to which I referred is in raw, not in manufactured, products. The Japanese do not wish to have the Chinese boycott Japanese goods. It is true that there has been somewhat of a boycott recently as a result of the Japanese demands, but that boycott will neither be extensive nor permanent.

"The idea that Japan wants the Philippines is erroneous—at least it is erroneous to suppose she wants them at the price of war with the United States. What Japan wants is a large area of good but sparsely settled land, where she can send colonists. Manchuria, for instance, suits Japan, and she is sending colonists there in considerable numbers."

In reply to a question by THE TIMES man as to the workings of the Chinese Republic, Mr. Wagel said that China is a republic only in name.

"The republic only came into being in February, 1912," he said, "and there was a rebellion in 1913, so that the republican form of government has not had an opportunity yet to get fully organized. The Government is practically an autocracy.

"The President appoints the Cabinet himself and is not responsible to any one. There is no Parliament, and has not been since 1913. That Parliament was not a legislative body in the Western sense of the word, but was a nest of intrigue, and of such a nature that the body had to be dissolved. Work is now being done to get some definite form of government under which the nation may be conducted, and there are tentative plans for the holding of a Parliament next year."

Turning to the war, Mr. Wagel said that he thought the conflict would have the result of paving the way to a better understanding between the white races and the colored.

"The white races have gone on the theory for many years," he remarked, "that they had a monopoly of the virtues, while the colored races were in possession of all the undesirable traits of humanity.

"But this war appears to have proved to several of the white races that other white races have quite as many and as sinister attributes as any colored race could possibly have. The English, for instance, find that the Germans are particularly base, while the Germans find the English entirely vile.

"But while white races are seeing each

《纽约时报》采访司瑞尼瓦斯·威格尔。

资料来源：*New York Times*, August 22, 1915。

是银元，还有一些金元。虽然金额对美国而言不是很多，但对中国来说已经足够了。中国现在已经知道，其实没有外力的干扰，不需要外国贷款，它也能够生存。

另外，欧战极大地减少了中国的进出口。过去，总有人告诉中国必须依靠进口商品，然而现在外国商品不再顺利地运进来，但中国经济却并没有垮掉，反而还颇有成效。中国过去购买商品并不考虑其"支付能力"，结果使债务越积越多，甚至连支付利息都成为一个严重的问题了。战争中止了进口，这对于中国来说可能并非坏事情，贸易关系的改变，似乎对中国更有利。例如，在面粉和棉纱行业，中国"已受益于战争，扩大了生产"。战前中国的面粉和棉纱的产量，由于进口而受到了压迫，但战后由于外国货竞争的减少，产量因此大大地增加了。

关于欧洲战争对中国金融和经济的影响，威格尔或许是正确的，但是他对中国政治的分析，却好像很离谱。他把欧战爆发后中国的积极的改变，也归功于袁世凯，认为他给中国带来了自鸦片战争以来"最强有力的政府"。而造成这种离谱的原因，就在于许多美国人都把袁世凯看作是一个中国的强人，而中国现在需要一个强人才能对抗西方的列强，这也就是美国著名的政治学家、约翰斯·霍普金斯大学校长古德诺支持袁世凯称帝的主要原因。对于这个问题，下一章我会进一步地讨论。

他认为，袁世凯在与日谈判中，"表现出了果断和坚定，充分证明了他的能力"。列强在与中国打交道中，都想从那里"榨取更多的油水"。他还说，日本在这次谈判中"对待中国的方式，远比任何欧洲列强温和得多",无论是英国、德国还是其他国家,"在条款中提出的要求一定会苛刻很多"。现在,中国人民团结一致,拒绝日本提出的这些要求,哪怕"不惜一战"。这时,袁世凯"展现出了他的政治魄力"。因为他知道,与日本开战"意味着中国的灭亡"。他认为,能够最大限度地保障中国利益的方法,就是与日本谈判,"在避免战争的情况下,尽可能减小接受日本要求的危害"。

他这里所说的与日本的谈判,就是上节所讨论的1915年年初日本所提出的丧权辱国的《二十一条》。他说这番话的时候,是在《二十一条》之后。他说日本在对中国的交涉中,比起欧洲来说要温和得多,似乎他对日本的最后通牒视而不见。《二十一条》对中国所造成的伤害是巨大的,在未来的许多年,国人都在为废除它们做出巨大的努力。从后面我们要讨论的巴黎和会和华盛顿会议上就可以看到这一点。

威格尔还表示,目前中国陆军只有五六万"训练有素"的军队,这个数量不足以抵抗日本,但足够"保卫政府"。袁世凯宣称,"任何对日战争要求的游行都将被镇压"。作为一个中国稳定论者,威格尔相信袁有实力采取这样的强硬立场,认为他"被人民尊重和信任"。中国"能远离战乱",似乎也是拜他所赐。日本有强大的海军,可派遣百万大军进入中国,在两个月内荡平中国,而中国海军则非常弱小,无非几艘巡洋舰和炮艇,无法与日本抗衡。

按照威格尔的说法,中国现在没有陷入战乱,依靠的是袁世凯的左右逢源。袁世凯现在对日本人退让,不是因为他不想反抗,而是认为目前中国抵抗日本的时机还没有成熟。这种论调,和西安事

第二部 内忧外患,1914—1918

变前的蒋介石很相似。或许他们真的是这样想的，问题是这样压制民意的国家机器，只会增加国民对掌权者的不信任。在对袁世凯的认识上，他和老辣的濮兰德相比就差多了，濮兰德才真正地认识到了袁世凯的本质。

《纽约时报》的记者问道：日本向中国提出的那些要求，是否会让"中国变成日本的殖民地？"威格尔回答说，他有足够理由相信中国不会成为日本的殖民地，因为日本并不想和欧美发生冲突，"如果触犯中国主权，就可能引起欧洲列强的联合反对，甚至美国的介入。"但他并不认为日本惧怕美国，不想与美国发生冲突的主要原因是"由于经济方面的考虑"，美国每年从日本购买大量的丝绸和茶叶，"可以养活四分之一的日本人了"。

对于中国，同样是因为经济原因，日本"不敢对中国相逼太甚"。日本的制造业在相当大的程度上依靠中国市场，所以日本害怕中国人抵制日货。在日本提出《二十一条》之后，中国确实掀起了抵制日货的运动，但是威格尔认为"抵制不会维持很久"。

对于民国政府，威格尔认为，"中国的共和国不过是徒有虚名而已"。在这一点上，他和濮兰德倒是有共同的认识。民国在1912年成立，第二年便发生暴乱，"共和制政府并没有机会进行完全的组织建设"，而目前"实质上只是一个独裁政府"。总统亲自任命内阁，不对任何人负责，议会从1913年就没有了。解散前的议会也并非西方意义上的立法机构，不过是一个"互相倾轧、充满阴谋"的地方。

威格尔对白人至上进行了尖锐的批判，指出白种人认为只有他们才是最高尚的，歧视有色人种，然而欧战证明，"白种人和有色人种一样，也可能具有低劣品质和邪恶"。白人彼此也互相不容，互相揭露丑陋嘴脸。不过，战争也让一些人改变了对有色人种的看法，因为他们与英国人、法国人战斗在同一个战壕中，同样具有"勇敢和崇高的精神"。因此，这场欧战"使白种人比有色人种高贵的想法成为过去"，而且也可能会为白种人和有色人种"加深相互理解铺平道路"。

按照威格尔的观点，中国在战争中"上了一堂深刻的课"，走上了不依靠外国而独立的道路。国民精神在政府当局和国民之中传播。这种精神以前难以成长，现在欧洲各国正忙于互斗，"不再花时间遏制中国的独立国民精神"。这就是"战争为中国带来的好处，导致整个民族的觉醒"。[26]也就是说，第一次世界大战实际上给中国带来了新的机会，就看中国是否能把握住这个机会了。

注 释

[1] 芮恩施：《一个美国外交官使华记：1913—1919年美国驻华公使回忆录》，第98页。

[2] 侯中军：《中国外交与第一次世界大战》，第72、73、79页；徐国琦：《中国与大战：寻求新的国家认同与国际化》，第169—170页。

[3] 芮恩施：《一个美国外交官使华记：1913—1919年美国驻华公使回忆录》，第99—102页。

[4] "Japan and China at Odds." *New York Times*, February 16, 1919.

[5] 本节资料皆来自"Last Assault Won a Fort." *New York Times*, November 7, 1914。

[6] 芮恩施：《一个美国外交官使华记：1913—1919年美国驻华公使回忆录》，

第 105 页。另参见侯中军：《中国外交与第一次世界大战》，第 141 页。

［7］芮恩施：《一个美国外交官使华记：1913—1919 年美国驻华公使回忆录》，第 108—109 页。

［8］顾维钧：《顾维钧回忆录》第 1 分册，第 124、157 页。

［9］芮恩施：《一个美国外交官使华记：1913—1919 年美国驻华公使回忆录》，第 109 页。

［10］芮恩施：《一个美国外交官使华记：1913—1919 年美国驻华公使回忆录》，第 110—112 页。

［11］"Free Hand for Wilson." *New York Times*, February 19, 1915.

［12］"Wilson Send a Note to Japan." *New York Times*, February 20, 1915.

［13］芮恩施：《一个美国外交官使华记：1913—1919 年美国驻华公使回忆录》，第 114—115 页。

［14］芮恩施：《一个美国外交官使华记：1913—1919 年美国驻华公使回忆录》，第 117—118 页。

［15］侯中军：《中国外交与第一次世界大战》，第 166 页。

［16］顾维钧：《顾维钧回忆录》第 1 分册，第 153 页。

［17］王芸生编著：《六十年来中国与日本》第 7 卷，第 302 页。

［18］芮恩施：《一个美国外交官使华记：1913—1919 年美国驻华公使回忆录》，第 118 页。关于《二十一条》的交涉，还可以参见唐启华：《"中日密约"与巴黎和会中国外交》，《历史研究》，2015 年第 5 期，第 78 页。

［19］"Menace to the U.S." *Washington Post*, February 18, 1915.

［20］"Menace to the U.S." *Washington Post*, February 18, 1915.

［21］"Menace to the U.S." *Washington Post*, February 18, 1915.

［22］顾维钧：《顾维钧回忆录》第 1 分册，第 157 页。

［23］郑保国：《密勒氏评论报：美国在华专业报人与报格（1917—1953）》，第 23—24 页。

［24］约翰·本杰明·鲍威尔：《我在中国的二十五年》，第 41-42 页。

[25] "Dr. Ladd Defends Japan's Moves with China." *New York Times*, December 19, 1915.

[26] 以上见 "China Benefited by the War." *New York Times*, August 22, 1915。

第 5 章　袁世凯称帝中的众声喧哗

> 由于他害怕有人行刺，就把自己锁在深宫。对一位选举出来的总统而言，如此害怕公众是匪夷所思的。执政的四年中，走出官邸不超过六次。
>
> ——中华民国第一任国务总理唐绍仪

在辛亥革命后，西方媒体普遍看好袁世凯，认为在中国只有他才能稳定局势，称他"是一个伟人，是其时代最伟大的人之一"，但是随后发现，袁实际上是一个独裁者。而民国第一届国会的大多数成员是"不妥协的激进派"，决心限制总统的权力，结果总统与国会造成对立，"这对立的结果对中国来说是灾难性的"。由国会中的数名成员在中部和南部省份"发起的反抗"，"遭到袁世凯严厉镇压"，这即是1913年的"二次革命"。[1]

1915年，袁世凯终于露出了他的真面目，走上了恢复帝制的不归路。从目前可以看到的资料，美国的态度是暧昧的，基本上就是在观望之中。当日本联合英、法、俄三国"劝说"袁世凯取消帝制时，美国也没有参与。从威尔逊总统的理念来讲，他是希望中国建立民主的共和国体制，但是同时他不希望中国的政局动荡。在中国，似乎只有袁世凯才能维持稳定，这甚至是当时许多美国人的共识。那么当袁世凯要称皇帝的时候,他们是如何做出反应的呢?

古德诺的角色

某种程度上来说,威尔逊希望美国为中国宪政发展提供一个范例,他的民主主张与同时期的另一位美国著名政治学家弗兰克·古德诺(Frank J. Goodnow)形成了鲜明对比。古德诺公然赞同袁世凯称帝。事实上,古德诺以及许多其他美国人有一种共同的想法,即中国人实行民主还不成熟,需要一个强人。所以古德诺认为君主制比共和制更适合中国,这一看法被在中国复辟帝制者所利用。[2]

古德诺在1915年发表《共和与君主论》,认为共和制度不适宜中国,为袁世凯的复辟帝制进行鼓吹。而同样是这个人,却是美国行政管理学的奠基者,出版有《比较行政法》(*Comparative Administrative Law*,1893)、《政治与行政》(*Politics and Administration*,1900)、《美国的市政府》(*City Government in the United States*,1905)、《美国行政法原则》(*Principles of the Administrative Laws of the United States*,1905)等美国行政学的开山之作。

古德诺竭力帮助中国制定宪法,这个宪法其实是融合了美国宪法和法国宪法,给了总统极大的权力。古德诺是这样解释的:"在中国历史上这一紧要关头",参与中国制定宪法框架的人,都必须记住两点。首先,"人们心目中所期望的任何一部成功的宪法,必须符合这个国家的自身条件,并且,必须具备从这个国家人民的历史和传统当中演变而来的性质,因为宪法正是针对这一特定族群的行为做出规范。"古德诺指出"根本就不存在什么绝对理想的宪法"。

其次，中国宪法的制定者，其实任何国家的宪法制定者，都必须格外谨慎用词。要避免用词的不准确，特别要注意区别"共和国"（republic）及"共和制政府"（republican government）这两个词，它们在欧洲政治史上有非常不同的含义。

最后，还要记住，这是为"一个亚洲国家而不是欧洲国家"制定的宪法。古德诺的意思是：宪法的制定，必须根据国情，不能照搬西方，"只有这个宪法同它所要对之做出行为规范的人民的能力和愿望相一致，它才是近乎完善的"。

亚洲和欧洲之间还存在显著的差异，"中国属于亚洲而不是欧洲这一事实就会对其宪法产生极大的影响"。按照古氏的看法，亚洲和欧洲的执政观念有不同的侧重点，亚洲倾向于"强调行政权而不是立法权"，而现代欧洲则相反。[3]

1914年5月15日，古德诺在一封信中写道，中国刚刚颁布了一部"新宪法"，这应该是指5月1日颁布的《中华民国约法》。他说，虽然形式上是对《临时约法》的修订，但实际上是一部"迥然不同的宪法"。《临时约法》给予立法机构极大的权力，修订后的宪法则"为了总统控制政府而将大权赋予总统"。古德诺说，他一年以前起草的宪法草案中的许多意见都被采纳了。但是比起古氏的草案，在立法方面"给予了总统更大的独立决定权"。不过，古氏总的来说是赞同新宪法的。

古德诺还为新宪法写了一篇辩护文章，被译成中文刊登。但他并不相信新宪法"能起到多大作用"，因为中国人"不会遵守他们采用的任何宪法"，在他们心目中"没有任何法治的概念"，只有"个人统治"。那些掌权的人则"不能容忍任何关于他们应当怎么做的批评意见"，因为他们"无法区分批评与煽动"的区别。古氏的这些评论，真可谓是入木三分，以后的历史充分证明他的观察是准确的。

古氏还透露，大约一周之前，他与袁世凯有过一次长谈，非常直率地同袁讲了总统"应当遵行的政策方针"，因为现在他已经有了"满意的宪法"去遵循。虽然袁"非常友善，彬彬有礼"，但是当古德诺"请求给予已经受到苛刻条例钳制的报纸更大的出版自由时"，袁回答说中国的情况"与欧美不同"，明显地并不打算"放松已经施行的对言论自由的控制"。然而，古氏提醒他，并没有必要行使"新宪法给予他的所有权力"时，袁对这一条显然没有抵触，表示"他也宁愿自己并未拥有宪法赋予的这么大的权力，他打算尽可能把权力甩给立法院"。[4] 看来，这个独裁者意识到，封口其实比行使权力更为重要。

事情过了多年，1921年当芮恩施问古德诺是否支持修订后的宪法时，古德诺说修订后的宪法草案"从来没有给我看过"。他所做的就是帮忙译成英文。翻译是在有贺长雄和施肇基协助下完成的，所以要回答"是否赞成这个宪法的问题有点困难"。[5]

但根据1914年6月22日《纽约时报》的一篇文章，古德诺对这个宪法规定的总统权力有更明确的解释。他说：在这部宪法之下，总统确实拥有广大的权力，"他实际上握有超出政府决策和行政部门之上的最高权力"。也就是说，"为了促进公共福利，并为了使法令得到执行，他有权在不违法的情况下颁布法令。"而且在紧急情况下，若立法院无法举行会议，"他也有权颁布法令条例，这已经取代了现行法律的规定。"[6]

1914年秋，古德诺赴任约翰斯·霍普金斯大学校长，但直到

第二部 内忧外患，1914—1918

1917年，他仍然担任中国的法律顾问，每个月从中国方面领取500美元的报酬。1914年11月，古德诺在纽约政治学界举行的晚宴上致辞的时候说，民国建立初期颁布的《临时约法》"显然没有怎么考虑到中国的国情"。《临时约法》是建立在"对政治行为的限制作用，而不考虑采用这一宪法的人民的条件和传统"。因此《约法》在制定中，重点更多地放在立法方面，"而非政府的行政统治者一方"。中国人对此很不习惯，因为他们都"对行政者执掌大权习以为常"。[7]

古德诺在1914年11月发表了一篇学术论文，认为中国试图建立共和制度，然而"不同于绝大多数欧洲国家，这样的尝试是在不具备任何议会政府的经验之下做出的"。也就是说，中国在没有议会制度基础的情况下，"便尝试建立共和制度"，就必须在两者之中做出选择："要么是一个临时性的独裁政权，伴之以在政治权力发生改变的条件下的种种邪恶；要么是一个适合她需要的某种形式的代议制政府。"

其实，也就是在下面两方面做出选择：一个就是军事独裁，"从长远来看可能是一个国家所能有的最坏的政府形式"。在这种情况下，"武力因素"起主要作用。另一个就是"某种形式的代议制政府"。古德诺的这个想法代表了绝大多数美国人的意见。虽然美国的确对辛亥革命和共和体制有巨大影响，甚至那场革命有人称为"一场在中国发生的美国革命"。然而美国人不相信中国人具备实行民主的能力，怀疑西方制度是否能用于中国。

显然，古德诺被袁世凯误导了，哪怕他已经意识到袁世凯的野心，但他认为中国需要一个强有力的总统，古德诺很看好袁世凯，认为他是中国的希望。1915年夏，古德诺回中国待了两个月，他为袁世凯准备了一份备忘录，公开宣称君主制更适合中国。筹安会的成员似乎也有了救命稻草，感到欢欣鼓舞，其成立宣言便写道："美国者，世界共和之先达也，美人之大政治学者古德诺博士即言世界国体，君主实较民主为优。而中国则尤不能不用君主国体。"

古德诺的备忘录被公布后，便受到了美国舆论的抨击。《华盛顿邮报》发表《一份奇异的文件》的社评，表示很难相信这位美国著名学者竟然支持君主制，"古德诺教授的历史课看起来是学颠倒了。"《芝加哥每日论坛报》说，虽然古德诺仍然是一个"健全的好美国人"，但是他必须向同胞们做出解释，他为什么认为在中国"皇帝会比总统更能使中国成为一个更加健康、富裕和明智的国家"。[8]

梁士诒称"中国必须回到君主制"

在中国为袁世凯摇旗呐喊的更是不乏其人，梁士诒就是其中的主要人物。《纽约时报》1916年6月4日用了一整版的篇幅，发表了梁士诒的文章《中国必须回到君主制》（Says China Must Be a Monarchy Again）。[9]梁士诒曾任袁世凯总统府的秘书长，1913年5月到9月任财政部次长，现任海关税务司督办。梁士诒对北京政府各个部门都有影响，还控制了银行业和铁路。他被认为是复辟帝制的背后人物。这篇文章是由中国前外长伍廷芳的儿子伍朝枢翻译成英文的，并传给了《纽约时报》的记者。

梁士诒的中心观点是，只有君主制"才能解救中国于内忧外患"。他说，中国有几千年的专制制度，最近20年共和制度才逐渐为人们所知。然而，考虑到中国大众的素质，不能照搬西方的民选模式，

梁士诒宣称，中国必须回到君主制。

资料来源：*New York Times*, June 4, 1916。

只能渐进。中国的大众根本不懂政治，他们效忠君主，对官员恭恭敬敬，如果官府能保护他们的生命财产，就感恩戴德。他认为共和制只是对少数人而言，对于大多数国民，这并非"一个明智的选择"。梁还讲了一个故事：一个官员在巡视时，问一名村夫知道"大总统"的意思否，那村夫问："这是新皇帝的名字吗？"而另一个村夫则问："大总统是哪国人？"

梁论证道，美国实行共和只有140年，而中国的君主制已有5000年，把中国转变为共和制如同把美国变为君主制一样荒唐。而且西方基本都是宗教性国家，从古至今，基督教在政治中极为重要。而在中国，宗教观念很淡漠，而是依靠儒家伦理将人们联系起来。

梁士诒大肆鼓吹忠孝、君臣、父子等道德观，还耸人听闻地称，"忠君是国家政体的基础"，如果没有了忠君思想，"中国的整套传统价值体系就会崩溃"，国家就会陷入危险。他认为民国建立后的混乱，就是因为中国"没有了忠君思想"。这种观点，应该代表了当时一些人的看法，就是中国需要一个强人的威权统治，他们不相信民众，甚至也不相信自己，喜欢把命运交到别人的手中，这应该是几千年奴化教育的结果，甚至连梁士诒这种大学者也不能幸免。

当然，如果我们仔细分析梁士诒的思想，也不再是传统士大夫的那种绝对忠君的政治观，其实是希望君主立宪。他认为共和制有个致命弱点，就是其"不稳定性"。如果中国想要在这个弱肉强食的世界上生存，必须君主立宪。这就是他支持袁世凯复辟帝制的原因。梁士诒透露了立宪计划正在快速进行，两月内可完成。目前有一个十人委员会，正在起草宪法草案，然后呈送参政院，最终由新成立的立法院批准。10名成员中有3名是外国人，即英籍政治顾问莫理循（George Ernest Morrison）、日籍宪法顾问有贺长雄、美籍法律顾问韦罗贝（William Franklin Willoughby）。其余7名中方成员包括：国务卿兼外交总长陆徵祥、税务督办梁士诒、审计署长孙宝琦、内务总长朱启钤、农商总长周自齐、司法总长章宗祥，以及财政次长龚心湛。

这个宪法采取美国的两院制，国会有权通过或驳回预算，国会有权弹劾内阁，国民拥有人权、居住权，以及贸易、结社、宗教信仰、言论等自由。民意机构如议会、国民会议、媒体、商会等都应该受到保护。实行了宪政，中国的政府才能有效地运转，实施国家发展的三大计划，即发展商贸、改革军队和全民教育，最终中国必将立于世界民族之林。[10]

芮恩施对袁称帝的看法

1915年夏，驻华公使芮恩施回美国述职，10月1日回到北京，发现气氛很不对，若干拥护恢复帝制的官员迫切要见他，因为"称帝的呼声太高"，不顺从民意的话，会"激起兵变，甚至天下大乱"。这时日本开始出手，要列强共同行动反对复辟。最后只有美国不动声色，其他列强都进行了"善意的忠告"。

芮恩施描述道，为举行加冕仪式，大殿粉刷一新，铺了崭新的地毯，定制了皇冠。可是，蔡锷在云南宣布护国，反对登基。反对声势越来越大，要求袁世凯立宪，推行改革。袁宣布登基大典延期，并于1916年3月22日，袁世凯被迫宣布取消帝制，不久便撒手人寰。[11]

芮恩施的回忆录中，提供了他关于袁世凯称帝的一些个人经历和看法。参政院于 1915 年 10 月初通过了一项关于就国体问题实行全国公民投票的法律，每个区选一个代表，各省的代表在各省的省会开会，并就这个问题进行无记名投票。10 月 4 日，芮恩施与袁世凯进行了长谈，芮的感觉是，袁世凯表面上看来是超然的态度，实际上企图证明改制是正当的，其理由是为了提高政府的办事效率。[12]

袁世凯原以为日本不会阻挠帝制，但是 10 月底日本政府决定阻止袁的登基，并就此事向美、英、法和俄国发出信件，指出复辟帝制可能引起动乱，危害外国的利益。日本请其他列强一起劝说袁世凯取消复辟计划，但是美国政府没有接受，称因为"不想干涉别国内政"。然而其他几个国家赞成日本的建议，10 月 29 日，日本代办和英、法、俄三国公使拜访了中国外交部，并各自提出了"友好的劝告"。[13]

芮恩施在回忆录中指出，"企图重建帝制是向后倒退"。虽然中国没有选举产生的代议制的经验，但由于中国在地方上也很大程度上实行自治，可以根据经验和传统，用于发展某种形式的省的和全国的代议制。他深信，"由一个国家和一个国家的官员来判定哪一种政体最适合于另一个国家，那无论如何是不恰当的。自治的基本原则是每一个民族提出自己的自治问题，在解决这个问题的过程中，通常要经历许多困难，而且还会出现多次反复退到更不完善的方式上去。"关于是否承认这个新政体，芮恩施给美国国务院的建议是，要看这个政体"是否为人民所接受以及产生的维持秩序者的能力"，这个建议得到了国务院的赞同。[14]

在袁世凯死后许多年以后，即 1921 年底，《纽约时报》采访了芮恩施，他回忆了与袁世凯的交往，似乎仍然对袁怀有好感，把他描述成"一位货真价实的伟大的中国政治家",甚至把他比喻为中国的俾斯麦。这真是非常奇怪的,芮一直想在中国建立健全的民主,但是却对这个复辟帝制者有非常高的评价。我想是否因为他认为袁世凯是了解近代中国的一把钥匙,所以他说如果要知道复杂的远东,就必须研究袁世凯,"弄清楚他的处世之道,以及为什么最后失败"。对于袁世凯从宣布称帝到他的死亡,芮恩施认为是一场预谋、实施、到失败的过程,人们看到了"一幕大戏的结束"。中国人没有预料到复辟会登场,但是这场闹剧促使新生的共和国,"在阵痛中慢慢地学习民主"。[15]

芮恩施对袁世凯有好感,也可能是因为袁对芮的特别礼遇。1913年11月芮恩施到任时,袁世凯派八匹马的豪华车接他到总统官邸,还有一队骑兵护送。到达后,有阵容庞大的仪仗队欢迎,接受芮恩施的检阅。两边30位将军肃立,袁用西式礼节与芮恩施握手,芮感到他是一位"谦和而又威严的老派中国人",留下了非常深刻和良好的印象。

在后来一次面见时,袁世凯为把国民党逐出国会和解散该党进行辩解,称大多数议员都是空谈者,总是"企图干涉政府行为"。他说国会应为民国制定一部永久的宪法,但是他们"并未对此做努力"。在芮的印象中,袁是一个"军事独裁者",绝不允许国会干涉自己的政治权力。袁曾与芮谈到,中华民国不过是一个幼童,得仔细呵护,不能服用"外国医生开出的猛药"。[16]其意思就是,西方的那一套不适合中国,必须有袁这样的军事强人,才能使中国得到稳定。美国政府中,其实许多人都相信这一点,不仅是芮恩施,支持袁称帝的古德诺也是这个论调。

留学生的反复辟运动

留美学生与国内的运动遥相呼应,起来反对袁世凯称帝。1916年2月22日《洛杉矶时报》(*Los Angeles Times*)便报道了留美学生罢课反对帝制的活动。洛杉矶和旧金山的留学生发出呼吁,动员在美的留学生"为了追求民主的秩序",掀起反对恢复帝制的宣传运动。他们中的大多数是用庚子赔款奖学金来到美国留学的,但是因为参与抗议活动而没有上课。在太平洋沿岸的各个城市,"从墨西哥到阿拉斯加,他们与同胞奋战在一起",奔走在美国的各个中国人聚居的地方,宣扬共和,"代表了庚款留学生大多数对袁世凯复辟帝制的反对态度"。

《纽约时报》的记者了解到,反对帝制运动的几位主要参与者正在洛杉矶活动,在过去的两周内召集其他成员举行了几次重要的会议。其中一位叫吴李(音译 Lee Woo)的年轻人,家族背景显赫。辛亥革命爆发时,他正在加州大学伯克利校区就读,便返回中国担任革命运动的财务主管,他的家族与临时大总统孙中山关系密切。民国建立之后,他返回加州大学继续学业,同时仍旧密切联系并支持中国的共和运动。为了推动运动的开展并帮助在美国的中国人,他成为最早一批请假离开学校的人。

当时,滇黔督军唐继尧以及任可澄、刘显世、蔡锷、戴戡发出了反对袁世凯称帝的通电,即《为讨伐袁世凯背叛民国复辟帝制罪行致各省军政长官电》,该通电1915年12月25日发出,在洛杉矶的留学生中广泛流传:

各省将军、巡按使、护军使、都统、镇守使、师长、团长、各道尹公鉴，并请转各报馆鉴：天祸中国，元首谋逆，蔑弃《约法》，背食誓言，拂逆舆情，自为帝制，卒召外侮，警告迭来，干涉之形既成，保护之局将定。尧等忝列司存，与国休戚，不忍艰难缔造之邦，从此沦胥；更惧绳继神明之胄，夷为皂圉。连日致电袁氏，劝戢野心；更要求惩治罪魁，以谢天下。所有原电，迭经通告，想承鉴察。何图彼昏，曾不悔过，狡拒忠告，益煽逆谋。夫总统者，民国之总统也；凡百官守，皆民国之官守也。既为背叛民国之罪人，当然丧失总统之资格。尧等身受国恩，义不从贼，今已严拒伪命，奠定滇、黔诸地，为国婴守，并檄四方，声罪致讨，露布之文，别电尘鉴。更有数言涕泣以陈诸麾下者：阋墙之祸，在家庭为大变；革命之举，在国家为不祥。尧等夙爱和平，岂有乐于兹役？徒以袁氏内罔吾民，外欺列国，召兹干涉，既濒危亡。苟非自今永除帝制，确保共和，则内安外攘，两穷于术。尧等今与军民守此信仰，舍命不渝。所望凡食民国之禄，事民国之事者，咸激发天良，申兹大义。若犹观望，或持异同，则事势所趋，亦略可预测。尧等志同填海，力等戴山，力征经营，固非始愿所在；以一敌八，抑亦智者不为。麾下若忍于旁观，尧等亦何能相强？然量麾下之力，亦未必能摧此土之坚，即原麾下之心，又岂必欲夺匹夫之志。苟长此相持，稍亘日月，则鹬蚌之利，真归于渔人；而萁豆之煎，空悲于铄釜。言念及此，痛哭何云！而尧等则与民国共生死，麾下则犹为独夫作鹰犬，坐此执持，至于亡国，科其罪责，必有所归矣。今若同申义愤，相应鼓枻，所拥护者为固有之民国，匕鬯不惊；

所驱除者为叛国之一夫。天人共庆。造福作孽，在一念之危微；保国覆宗，待举足之轻重。敢布腹心，惟麾下实图利之。唐继尧、蔡锷、任可澄、刘显世、戴戡暨军政全体同叩。[17]

有趣的是，这样一个文言讨袁檄文，《洛杉矶时报》竟然不辞辛苦，不惜篇幅，把全文翻译成英文刊登，虽然已经是这个通电发出的近两个月之后了。不过这个事例，也反映了美国民众对中国局势的关心。该报报道中国留学生的这个浪潮所用的题目就非常有意思：《放下书本反对称帝》(Drop Books to Oppose Crown)。[18]

前总理唐绍仪的表态

1916年5月21日，《纽约时报》刊登了对唐绍仪的长篇采访。他是第三批留美幼童，曾入哥伦比亚大学学习。归国后历任驻朝鲜汉城领事、驻朝鲜总领事、全国铁路总公司督办、税务处会办大臣、邮传部左侍郎、就西藏问题与英国谈判的全权大臣。辛亥革命爆发后，为南北议和的北方代表。袁世凯任总统以后，唐绍仪出任第一任内阁总理。

他与袁的私交很深，甚至可能是"袁世凯维持时间最长的朋友"，他们年纪只相差两岁。1912年6月唐辞去总理职后，便再没有人敢对袁世凯直言批评了。现在袁是众叛亲离，全国上下要袁世凯辞职，因为他背叛了共和，甚至连唐绍仪这个老朋友也毫不隐讳地对他进行了批评。唐绍仪宣称，"哪怕我们再发动一百场革命，共和制度也必须保留。"

唐绍仪以朋友的身份给袁发了一封长电，敦促他尽快辞职，因为他违背了就任总统时的宣誓，无法再获人民的信任。现在这位总

Yuan Shih Kai Denounced by Former Premier

Tang Shao Yi Says That Chinese President Must Resign and That He Built His Government on Advice of Six Opium Smokers

唐绍仪谴责袁世凯。

资料来源：*New York Times*, May 21, 1916。

统走到这一步,沦为"中外笑谈",是十分遗憾的。《纽约时报》的记者问他,在中国应该怎样看待所谓"人民意愿",因为在许多西方人看来,中国老百姓只求生活安定有保障,而"不会在意政府是怎样的"。但是唐不认同这种看法,他认为也许老百姓不关心,但是在中国有许多人非常"关心中国的未来"。在所有国家,政府权力都是"在少数人手中",民主制度的美国也是这样。中国人起来反袁,是因为他要走回头路,而且是由于他"违背了对国家所做出的承诺"。

唐绍仪像其他大多数中国人一样,相信共和制度是对中国"最好的制度"。他甚至认为中国古代从孔孟时代就有"民主精神",中国过去就有自治的传统。他回忆道,在他生长的村里,曾经40年都没有村长。所以从这个意义上看,他觉得中国其实是世界上"最民主的国家"。我想这里他是想证明,中国是能够实施好共和制度,不需要再回到皇权时代。

唐绍仪还评论道,如果袁世凯辞职,副总统黎元洪将接任总统,虽然他并非很聪明,但品行还不错,相信他能维护共和。民国需要几年才能运作正常。按照第一部宪法,总统有五年任期。如果袁下台,副总统接任,有两年半的时间去完成新宪法的制定。

《纽约时报》的记者问,为什么在北京的外国使团都没有人能预见到袁世凯称帝的事态发展呢?唐绍仪回答说,北京使团的情报工作比较差劲,他们没有建立与政府官员的密切关系,外国商人也只和买办交往,甚至经常只是从"自己的中国侍从和下属"那里获得情报。从情报方面来看,日本人是很成功的,他们总是"最早取得关于中国的内幕消息"。因为日本驻华外交官员非常聪明,知道与中国官员搞好关系。如果其他使团也照此办理,情况肯定好得多。唐

第二部 内忧外患,1914—1918　　　　　　　　　　　　　　　109

还趁机讥讽了一下芮恩施和古德诺，认为他们被袁世凯用做了工具。古德诺是一个"杰出的学者和教授"，结果被袁所蒙蔽，因为他并不"了解中国现状"。

记者希望唐评价袁世凯与日本的关系。唐认为日本人"想要推翻"袁世凯，虽然日本还是希望中国有一个"强有力的政府"。许多日本人以经商为幌子，混入中国政府，收集情报。他们甚至比"我们更清楚中国人口和地理状况"。

唐绍仪说，国人给了袁世凯四年时间，而他没有给予人民"任何言论或行动自由"。他解散国会，操纵选举，重用拥戴他称帝的人。袁世凯宣称自己想成为拿破仑第二，但是唐表示，"中国不需要一个拿破仑"，而是需要能领导内阁治理这个国家的人。他认为，袁世凯在任大总统期间，可以说是"一事无成"，税增加了不少，虽然没有中饱私囊，但是"由政府任意浪费"，其中近80%用于军队开支。

唐绍仪批评袁世凯虽然经常提及教育，但从未做任何实事。唐以他的家乡广东作为例子，过去每年会拨出60万两银子用于教育，但袁执政后，每年只有20万两。其他省份也是这样，政府在教育上的投入非常少。唐指出，如果把投入军事方面的钱用于教育，袁世凯也许还能继续掌权。所谓"改革都是形同具文"，雷声大雨点小。

唐绍仪承认袁是一个工作勤勉的人，从不休息，"但他与外界隔绝，对国情很不了解"。袁一直承诺"要引进西式改革"，但他对西方所知甚少。唐还抱怨，与袁共事很难，因为他不信任何人。他的花招不过是以一个政党对抗另一个政党，以达制衡目的。"由于他害怕有人行刺，就把自己锁在深宫。对一位选举出来的总统而言，如此害怕公众是匪夷所思的。执政的四年中，走出官邸不超过六次。"

唐说他应该坐在敞篷车里,"向他的百姓显示信心"。

唐绍仪还强调,中国需要一个道德改革,特别是要有一个具有"崇高道德观念"的总统。不幸的是,袁世凯的私人生活可谓是"国家道德的羞耻"。袁有五房太太,共生了28个子女,外加数名小妾和舞姬,一旦他去世,"所有的子女将会斗得像乌鸡似的"。唐强烈批判了一夫多妻制,称妻妾成群其实是"家族的悲哀"。后人应该明白,"纳妾是一种犯罪"。[19] 我查了一下关于袁世凯家庭的资料,根据坊间的说法,袁世凯有一妻九妾,子女32个,其中17子、15女。在袁死后,虽然有一妾殉情,一妾出轨,但是这个大家族在袁死后也还算平静,其子孙后代不少去了欧美留学,也出了一些人才,包括科学家袁家骝等。

唐对袁世凯大修祖坟也是颇有微词,批评中国传统中过分重视死亡,袁助长了这个恶习。袁花费巨资为自己修墓,在河南的祖坟墓花了10万美元,这是"浪费钱财"。

唐绍仪喜爱收藏文物。采访结束后,唐引导记者参观其房间,展示私人藏品,他有各种宋明时期的古董,都放在博物架上。他特别拿起一只硕大的青花瓷瓶,上面有象征皇权盘绕的龙浮雕,五只金爪抓紧瓶身,说这是他所有藏品里最珍贵的,非常稀少,花了五年时间才寻觅到。在报道中,记者还不忘幽默了一下唐先生:"唐绍仪先生是不憎恶皇帝的用品的。"

这个记者很有意思,不仅仅报道唐的政治观点,还描写了采访时发生的小事。在采访过程中,唐夫人过来掺茶,采访暂时中断。记者说唐夫人是"魅力非凡的女主人"。唐先生还像"慈父一样"劝客人多吃蛋糕,因为这是他的女儿制作的。唐绍仪看起来很为女儿而骄傲，问，"见过我的女儿了吗？"还特别补充她是"公使顾维钧的太太"。他表示希望顾现在能够回国，不要再在袁的政府任职。然后他问客人是否喜欢中国茶，还为没有牛奶而抱歉，但记者表示从不往茶里掺牛奶。唐感到很奇怪，因为他一直以为外国人喝茶时都放牛奶。后来唐还派人送了两盒中国好茶到记者下榻的酒店。[20]

27 岁的顾维钧任驻美公使

当唐绍仪在北京接受《纽约时报》采访的时候，他的女婿顾维钧正在华盛顿行使公使的职责。1915 年 7 月，顾维钧被任命为驻墨西哥公使，8 月乘船先到旧金山，接着去英国。10 月 25 日，顾维钧被任命为中国驻美公使，11 月赴华盛顿上任，那年他 27 岁。顾维钧的回忆录中提到，他以为外交总长陆徵祥这次派他去伦敦，是想叫他了解英国当局对恢复帝制的看法，但顾说"他们向我保证派我去伦敦与这个问题绝无关系，不会要求我去讨论任何这类政治问题，而我也确实不愿意和这种事有任何关系"。[21]

不过，有研究指出，顾维钧出使墨西哥，其实与帝制运动相关，一方面联美制日，另一方面收集欧美舆论对帝制的看法，并在欧美制造舆论。芮恩施的回忆则称 9 月间在旧金山与顾维钧见面，认为他是负有特殊使命，要在欧美为袁世凯称帝制造舆论，并为袁称帝打好基础。[22]顾维钧在其回忆录中，关于美国对袁世凯称帝的态度，也完全没有提到。倒是 1916 年 5 月，顾维钧接受了《纽约时报》的采访，他预计美国对华贸易将会增长百倍。欧战扰乱欧洲工商业，世界贸易发生了新变化,"于是对远东市场的商品供应就主要落在了美国身上。"

顾维钧表示很高兴地看到,"有前瞻的美国银行家和企业家们已经行动起来,利用欧战的机遇"。不过他又补充道:"说一国的灾难是另一国的机遇,会显得缺乏同情心,但事实就是这样。"他看到了美国对亚洲贸易有着越来越多的兴趣,中国有着巨大的市场,中、美两国将在太平洋地区中发挥关键作用,"形成世界上最伟大的商业通道,开启太平洋地区的未来。"顾维钧的"一战是中国的机会"的观点,与前面已经讨论过的威格尔的看法非常相似。

顾指出,没有任何两个国家能像中美那样"有必要进行经济合作"。美国有着庞大的生产能力,利用水电资源,节约劳动力成本,机器大规模生产,非常高的农业和工业产量,因此美国需要庞大的市场,"中国就能给予这样一个市场"。他还说,中国人喜爱西方文化,对美国的产品的需求量越来越大,四亿中国人需要巨大数量的衣服和鞋子、煤油、香烟、化妆品、铁路、电器、机器等等。现在中国人均进口商品不到一美元,人均从美国进口商品仅仅为 8 美分。加拿大每年人均购买美国商品约 90 美元。如果中国能达到加拿大一样的进口,那么美国每年向中国输入的商品将会增长 100 倍。

而中国的茶叶、丝绸、地毯、瓷器和漆器的生产也在增长,需要出口美国。在采矿、农业、自然资源开发等方面,中国也需要和美国合作。随着中国的发展,资源开发,收入增加,购买就会增加,消费更多的商品。顾维钧指出中美贸易往来和经济合作必然能成功,因为双方的目的都是一致的。[23]

27 岁的驻美公使顾维钧。

资料来源：*New York Times*, May 28, 1916。

司徒雷登眼中的袁世凯

1913年秋天，司徒雷登72岁高龄的父亲一病不起，半个月后便在杭州病故了。司徒雷登赶回杭州，为父亲料理后事，把在中国从事了44年传教工作的父亲安葬在四年前因意外事故身亡的弟弟的坟墓旁，将母亲接到南京一起居住。但是接着妻子旧病复发，医生建议最好能回美国，到条件比较好的医院治疗。

这时，司徒雷登离开美国已有十年，于是决定请假陪妻子回国就医，顺便利用这个机会探亲访友，也可让在中国出生的儿子亲眼看看祖国。1914年8月1日，司徒雷登与母亲、妻子和儿子一道，登上了回国的轮船。这是他和妻子去中国当传教士后第一次回国。就在这时，欧洲爆发了第一次世界大战。

在美国休假的司徒雷登，仍然非常关注中国局势的发展。1915年3月，司徒雷登到首都华盛顿第一长老会堂为教徒布道，威尔逊总统也出席了司徒雷登的布道会，并发表了演讲。威尔逊是虔诚的基督教徒，他的身世和家庭背景与司徒雷登有许多相同之处。这些共同点使司徒雷登和威尔逊在对许多问题的看法上非常一致。

那天，司徒雷登的布道给威尔逊总统留下了深刻的印象。在随后发表的讲演中，威尔逊特别对美国传教士在中国的工作给予肯定，认为他们的工作非常有意义，正是他们的不懈努力，才使基督教在中国得以传播。第二天，威尔逊在白宫与司徒雷登见面，向他询问中国的有关情况。

几天后，关于《二十一条》的消息传到了美国。司徒雷登认为

第二部 内忧外患，1914—1918

如果中国接受了日本提出的条件,将从此处于日本的统治之下,对美国的在华利益将造成极大的危害。他希望美国政府能出面支持中国抵制《二十一条》。司徒雷登决定再次面见威尔逊总统,为了更有说服力,他约了另外三名在中国当传教士的朋友一块儿向总统办公室提出晋见申请。司徒雷登于3月24日给威尔逊总统写了一封信,表明他们对中国局势的关注和对日本控制和干涉中国内政的担心。但遗憾的是,他们只见到了国务卿威廉·布赖恩(William J. Bryan)。但那个时候国务卿正在为欧战的事情奔忙,并未表明态度,令司徒雷登非常失望。

1916年新年后,司徒雷登携家人回到金陵神学院,就在从美国返回中国的路上,袁世凯宣布恢复帝制。司徒雷登认为这是袁世凯的一个绝大的错误,惨痛的教训。希望中国恢复共和制,变得更加自由。后来在回忆录中,司徒雷登这样写道:"袁世凯日后在他家人和朋友的劝导下曾经想当皇帝,但没有成功。我认识袁世凯的一个侄女——袁宝琳,她曾把当时上海报纸上登的一些假社论读给我听。这些假的社论主张袁称帝,并使他认为这是'民意'"。

司徒雷登对日本在中国的扩张忧心忡忡。他认为日本是威胁和平的因素,在给美国国内的朋友写信时,反复强调美国对日持强硬政策的重要性。如司徒雷登在1917年12月12日给美国的朋友的回信中说:"在人类未来的和平当中,什么也没有美国对中日关系的态度重要。美国,也只有美国有能力限制日本在华扩张势力的政策。但如果美国动作得太晚,她将失去遏制日本的机会。"[24]

注 释

[1] Henry W. Bunn, "Changing China." *North American Review*, December, 1924.

[2] Hans Schmidt, "Democracy for China: American Propaganda and the May Fourth Movement." *Diplomatic History* vol. 22, no. 3 (Winter 1998), pp. 14-15. 关于古德诺在中国的活动，徐国琦有比较详细的描述，见徐国琦：《中国人与美国人：一部共有的历史》，第 4 章，本节资料也主要来自徐书。

[3] 徐国琦：《中国人与美国人：一部共有的历史》，第 178—179 页。

[4] 徐国琦：《中国人与美国人：一部共有的历史》，第 180—181 页。

[5] 徐国琦：《中国人与美国人：一部共有的历史》，第 182 页。

[6] 徐国琦：《中国人与美国人：一部共有的历史》，第 182—183 页。

[7] 徐国琦：《中国人与美国人：一部共有的历史》，第 183 页。

[8] 以上见徐国琦：《中国人与美国人：一部共有的历史》，第 190—194 页。

[9] "Says China Must Be a Monarchy Again." *New York Times*, June 4, 1916.

[10] "Says China Must Be a Monarchy Again." *New York Times*, June 4, 1916.

[11] "Yuan's Passing." *New York Times*, December 4, 1921.

[12] 芮恩施：《一个美国外交官使华记：1913—1919 年美国驻华公使回忆录》，第 108—109 页。

[13] 芮恩施：《一个美国外交官使华记：1913—1919 年美国驻华公使回忆录》，第 140 页。

[14] 芮恩施：《一个美国外交官使华记：1913—1919 年美国驻华公使回忆录》，第 138 页。

[15] "Yuan's Passing." *New York Times*, December 4, 1921.

[16] "Yuan's Passing." *New York Times*, December 4, 1921.

[17] 云南省地方志编纂委员会总纂，云南省人民政府编撰：《云南省志·卷

47·政府志》，第627—628页。

[18] "Drop Books to Oppose Crown." *Los Angeles Times*, February 22, 1916. 中文原文可以见杜奎昌编:《唐继尧护国讨袁文稿》，第31—41页。

[19] "Yuan Shih Kai Denounced by Former Premier." *New York Times*, May 21, 1916.

[20] "Yuan Shih Kai Denounced by Former Premier." *New York Times*, May 21, 1916.

[21] 顾维钧:《顾维钧回忆录》第1分册，第141页。

[22] 唐启华:《洪宪帝制外交》，第45、49页。

[23] "China's Minister Invites Americans to Trade." *New York Times*, May 28, 1916.

[24] 本节资料见郝平:《无奈的结局——司徒雷登与中国》，第2章。

第 6 章　变化中的中国

> 为了避免英国人和美国人产生冲突,中国人决定把苏州河以北的一大块土地划为美国租界……但是令上海的美国人沮丧的是,美国政府否决了他们的这种做法。因为美国政府认为,美国一贯施行尊重中国领土完整的外交政策,而这些美国人的做法无疑违背了这种政策。
>
> ——《密勒氏评论报》主编鲍威尔

1916年6月袁世凯在全国的声讨中死去,副总统黎元洪继任总统。《北美评论》(North American Review)指出,袁世凯无法跟国会合作这事"对中国来说是灾难性的",造成了督军制度的形成,这是对中国来说的"最坏的结果"。所谓"督军",是袁世凯在每省都设置的军事长官,实际上成为各省的实权人物。在袁世凯的时代,这个系统"运行得很好",督军还听从袁的派遣。

但袁世凯命赴黄泉后,督军便成为"独立的封建首领"。孙中山及其追随者"所承诺的新时代并没有来到",国家陷入了无政府的状态,"有点像春秋战国时代"。这样,"军阀绑架了这个国家,这导致中国分裂"。更糟糕的是,中国的政治和社会道德也受到了威胁,那些督军多半是"彻头彻尾的恶棍,自私贪婪,染指税收,让士兵以掠夺来代替薪水"。在中国,当兵的自古以来就名声不好,但还不至于不如强盗,"但是现在人们却认为兵匪一家了"。[1]

北洋军阀本可以与国民党"激进派"之间达成某种协议,但这被"日本的阴谋"所阻止。日本利用西方势力在一战中无暇东顾的机会,试图控制中国的关键地区。1917年,北方的督军解散了国会。对关心中国局势的一些美国人来说,北京政府完全掌控在军阀手中,或者更准确地说,掌控在"安福俱乐部"手中,按照一位美国评论者所指出的,这些人"为了回报日本人的贿赂,在1919年利用绥靖、秘密协议等方式把中国完全彻底地交由日本控制"。而国会中的激进派,在国会中占大多数,南下建立了南方政府,定都广州,势力范围包括了几个南方省份。[2]因此,中国陷入了分裂,在混乱中的中国,怎能指望得到其他国家的尊重,在外争国权的博弈中赢得胜利呢?

不过,在中国政治纷争的内乱中,西方传教士仍然按部就班地在中国发展他们的事业,他们在教育和医疗方面都取得了不错的成功。在北京建立协和医学院,就是他们在这个时期完成的主要业绩之一。

建立北京协和医学院

在20世纪之前,传教士在中国已经建立了很多学校和医疗服务机构。在一战时期,这类事业进入了一个新阶段,特别是在科学事业、环境卫生、疾病防御和医学研究上的指导。中国医学委员会(The China Medical Commission)获得了每年125万美元的经费,将在

"凝结两国未来友谊中"扮演重要的角色。[3] 中国医学委员会是洛克菲勒基金会（The Rockefeller Foundation）于1914年成立的旨在帮助中国的医学教育、医院发展和公共健康的组织。[4]

1915年，洛克菲勒基金会的美国中华医学基金会（China Medical Board）对中国进行了半年的考察，1916年初回到纽约。考察团由董事会主席、教育董事会秘书长华莱士·布特瑞克（Wallace Buttrick）博士、洛克菲勒研究院（Rockefeller Institute）院长西蒙·弗莱克斯纳（Simon Flexner）博士和约翰斯·霍普金斯大学著名病

美国医疗考察团访问中国。

资料来源：*New York Times*, January 16, 1916。

理学家威廉·威尔奇（William H.Welch）博士组成。考察团于1月24日在纽约举行首次报告会，介绍在中国引进西方医疗系统、医药与现代手术方法等重要问题。中华医学基金会随后提出一项综合的计划，包括在北京和上海创办两所医学院所需的土地购买、房屋修建、设备购买，大约需要150万美元，每年运营费至少30万美元。

布特瑞克博士在位于百老汇大街61号的办公室接受了《纽约时报》记者的采访。他说，在中国的基督教会传教士们在建医院、提供医疗服务方面，成绩非常显著。他们认为有必要在华创办医学院，来培养大量医务人员。基金会访华的目的就是与教会合作创建医学院。"西方世界不可能大量地为中国培养医务人员。中国必须培养自己的优秀医生。"所以才有了在华创办两所最好医学院的打算，开创中国自己的医学教育事业。

中国有许多疑难病症和医学难题，需要中国优秀青年接受医学教育，成为本国医学事业的领军人物，中华医学基金会将在中国通过多年努力，培养人才，而且相信"他们应该能做得比西方人更好"。中华医学基金会希望经过五年或更长时间，将这两所医学院建成"可与世界上任何顶尖的医学院相比"。除了创办这两所医学院外，中华医学基金会还计划在人口稠密的地区，资助几个教会医院。这样，学生完成四年医学院教育后，在第五年便可到教会医院实习，临床一年后，才能拿到毕业证。

洛克菲勒基金会购置了建立北京协和医学院（Union Medical College）的产业。在选址的过程中，了解到这个产业由伦敦传教会（London Missionary Society）所有，它花了20万美元。1914年春天，布特瑞克与伦敦传教会商谈一个合理的价格。当时还没拿到地契，还需要一些时间。

协和医学院将设立董事会，由 6 个传教会代表组成：美国公理会差会（American Board of Commissioners for Foreign Missions）、美国长老会北方教会（American Presbyterian Board, North）、卫斯理公会（Methodist Board）、伦敦传道会、英国圣公会差会（Society for the Propagation of the Gospel in Foreign Parts）和伦敦教会医学会（London Medical Missionary Association）。董事会除 7 名中华医学基金会的成员外，还有另外 3 名美国代表和 3 名英国代表。

第二所医学院准备设在上海，离南京很近，金陵大学（University of Nanking）设有医学院。上海现在有两所医学院，分别是由哈佛和圣约翰大学（St. John's University）创建。1915 年 11 月 4 日，布特瑞克在访华考察期间，各医学院代表一起开会，讨论在上海创办医学院的事宜。

这件事情还得到了民国外交总长和美国驻华公使的协助，袁世凯总统还会见了考察团成员。袁总统非常热情，随后还专门致信询问能否提供帮助。他说将支持中国的年轻人去医学院学习，还附上了一张 1500 元的支票。

他们的考察发现，传统中医没有任何执照的概念，任何人都可宣称自己是医生，给人开处方。很多人家世代行医，依靠世世代代传下来的秘方治病。当然，一些祖传医学知识对行医很有帮助，他们中许多还有家传医书。因此，中医有大量医方可循，中药铺里面也有各种中草药出售。不可否认，中草药是有一定疗效的。中医的诊断在于把脉，医书里记载了 98 种不同的把脉诊断。针灸也是一种普遍的治疗手段。人身上有 700 多处穴位，扎针不会损害人体器官。

第二部　内忧外患，1914—1918

他们的考察发现，现在中医也开始用西药了。

疫苗接种预防天花在中国已经有颇长的时间了。现在疫苗注射很普遍，有关药品在中国销量很好。一些受过西方医学教育的医生在中国行医，他们大都在通商口岸，最多的是日本人，也有一些欧洲人和美国人，内陆城市也有外国医生，只是不知道具体有多少，不过数量不会太大。[5]

考察中国医学教育

布特瑞克博士讲述了被派往中国的来龙去脉。中华医学基金会的这个计划并不是心血来潮，其实在清王朝倒台之前，就已经萌芽了。早在7年前（即1908年），洛克菲勒先生通过芝加哥大学，向中国派出一个教育考察团，带队的是恩尼斯特·伯顿（Ernest Burdon）博士，成员包括托马斯·张伯伦（Thomas Chrowder Chamberlin）博士和他的儿子罗林·张伯伦（Rollin Thomas Chamberlin）。前者是美国地质学家、教育家，于1887年成为美国威斯康星州麦迪逊大学校长，1892年任芝加哥大学地质系主任；后者也担任过芝加哥大学地质系的主任。父子在同一个系当教授和系主任，也可以算学术界的一段佳话吧。

这次教育考察还留下了一个重要的副产品。罗林·张伯伦也是一位非常杰出的摄影师，沿途拍了大量的照片，现在保存下来的有600多幅，记录了在中国旅行考察的行程，拍摄地包括香港、广州、广西、湖北、四川、重庆、江西、上海、河南、河北、北京、沈阳等地，拍摄时间大致从1909年1月至6月。

目前这些照片全部收藏在美国威斯康星州的贝罗依特学院（Beloit College），包括他因为这次旅行所写下的6本详细的日志。那个学院是老张伯伦曾经当过地质学教授的地方。我曾经因为联系版权，和这个学院的有关人员有所接触。这些照片成为我们今天了解晚清的中国社会的非常珍贵的图像资料。

这个考察团回美国以后，写了一份长篇报告，是非常有价值的第一手调查资料。布特瑞克读到时很兴奋。后来，小洛克菲勒邀请布特瑞克等二三十个人开了三天的会，讨论了怎样能为中国的教育提供帮助，随后又开过一些小规模会议，认为要抓紧促进中国医学教育的发展。

于是，又组成了一个考察团，由贾德逊校长（President Judson）任团长，包括哈佛大学医学院的弗兰希斯·皮伯蒂（Francis W. Peabody）博士、美国驻汉口总领事罗杰·格林（Roger S. Greene）和他在日本京都和东京工作的儿子。考察团提出的建议，洛克菲勒基金会基本上接受了，并建立一个新机构对各个细节进行补充，布特瑞克任新机构的主席。

多年来，布特瑞克一直与传教事业保持着密切的关系，在家乡长期担任浸礼会教区长，在家里接待过许多传教士，是许多教会理事会的成员，也是美北浸礼会（Northern Baptist Convention）财务委员会主席。但是对于中国，他还是比较陌生的。不过一年前，他与威尔奇博士（Dr. Welch）和弗莱克斯纳博士（Dr. Flexner）到缅因森林游玩，布特瑞克利用这个机会，与几位医生朋友进行了深入的讨论，求得他们的支持。

他们两位都是美国医学界公认的权威，弗莱克斯纳是洛克菲勒研究所的负责人，威尔奇是霍普金斯医学院的教授。布特瑞克随后建议中华医学基金会邀请这两位博士同去中国。弗莱克斯纳博士说，如果威尔奇医生愿意去，他就去；而威尔奇医生则说，如果古德诺校长同意他去，他就去。当时古德诺也在场，立即批准。所以就有了三位的中国之行。这位古德诺，就是约翰斯·霍普金斯大学的校长，前面已经讨论过他在袁世凯称帝中所扮演的角色及与中国的关系。

由于有美国医学界最有名的人士背书，便"在美国医学界立即得了地位"。这便省去了回答美国医学人士去中国创办医学院的许多责问。基金会还发布消息，宣布威尔奇和弗莱克斯纳都认为在华办学具有重要意义。这样，从上到下都知道此事的意义了。

考察团于1915年夏天从纽约启程，访问日本、韩国、中国东北后，在北京逗留了三周，随后到天津、长沙、济南、上海、广州、香港，最后经旧金山于1月6日返回纽约。

布特瑞克博士说，他有些朋友对中国进行过研究，告诉他要接受中国的现状。中国人口多，增长快，生存压力大。因此，瘟疫蔓延或其他原因造成的人口减少，有时并不见得是坏事。布特瑞克指出"这是毫无人道的"。中华医疗基金会还发现，中国并没有充分重视瘟疫造成的经济影响。他们发现，在中国传播最广也最可怕的疾病是肺结核、钩虫病和梅毒，麻风病也很盛行。

因此，在北京创建一所一流医学院成为大家的共识。北京是最后三个王朝乃至民国时期的首都，学生们会很踊跃地从中国各地来到这里学习，可以通过铁路或海路，从中国北方各省包括满洲、直隶、山东、山西、河南的主要城市到达北京。年轻人会认为在首都的医学院拿到学位，是非常荣耀的事情。

北京协和医学院比中国其他地方由传教士办的学校条件更优越，设施好，资金多，师资强，生源足。而协和医学院也能为在中国提供高水平医疗服务做出贡献。学院选址位于北京的一条要道，位置极佳，现有的房屋也可长期使用。

上海目前尚无医学院，虽然哈佛医学院在华的教育成果不错，和圣约翰大学医学院联合培养的第一批学生1915年已经毕业，而且口碑很好。在上海的外国租界的人口接近70万，其中16000人是外国人，那里有相应的卫生和医疗设施。上海受西方影响明显，街道和市政的管理都非常有章法。

而耶鲁大学则在长沙开展了医学教育。不久前，湖南省省长与耶鲁大学在纽黑文（New Haven）签署了一个合作协议。按照这个协议，湖南政府提供资助，通过湖南绅商协会，与耶鲁共同开办湖南医疗和护士学校。耶鲁将提供人员和一个医院，而绅商协会提供学校和医院的校舍和运营费用。这个协议使中国有可能建立一所由耶鲁大学主导的优秀医学院。耶鲁提供足够的师资，洛克菲勒基金也将为这个合作提供支持。这就是后来的湘雅医学院。

布特瑞克说他想起两年前查尔斯·伊里亚特（Charles W.Eliot）博士代表卡耐基国际和平基金会（Carnegie Endowment for International Peace）发表的演说："任何西方组织如果想与东方国家人民友好交往，最好的途径就是将西方医药、手术和卫生介绍给中国。"布特瑞克最后表示："这项慈善事业前途无量。虽然面临许多障碍，但都将可以克服。这将造福于中国人民。中国人非常聪明，不会只是为了实际的好处，还会寻求精神的资源。"[6]

上海美童公学（American School Shanghai）红十字会。摄于1918年6月20日。

资料来源：American National Red Cross Collection, Library of Congress。

伍廷芳展望后袁时代

在袁世凯刚死的时候，许多人对中国的未来还是相当乐观的，其中就包括伍廷芳。1916年7月9日《纽约时报》发表对他的专访。这篇采访没有提具体的采访时间，但是采访中提到，北京传来消息袁世凯宣布放弃帝制（应该是3月22日），而且还称"春光明媚"，柳树刚吐出"翠绿的新芽"。因此可以推知这个采访是在3月底或者4月初，也即是袁世凯的最后结局并不明朗的时候。

《纽约时报》对伍的介绍是前驻美公使、孙中山临时政府的外交总长、中国现代司法制度的创立者，以及退休的革命党人。伍先生对中国未来的总的看法是，中国面临剧变，必将成功。反袁运动的兴起，给中国带来了希望，上海这个西化的大都市的日常生活回归正常。复辟的失败，让上海人感到喜悦。"革命党人再次获得了言论自由"，而不再担心反对政府而生命受到威胁。

根据记者的介绍，采访是在伍廷芳在上海法租界的家进行的。那里处于法租界最好地段，街区很像纽约的第五大道，周围有绿草地，宅子用铁栅栏围起来，室内摆设堂皇。在那里，可以看见黄浦江上破旧的小船与大轮船穿行，拉洋车的人力车夫和小轿车拥挤在马路上……真是新与旧的交错，现代与传统的并存，似乎是那个时代的一种隐喻。

采访人是两位女记者埃尔西·韦欧（Elsie F. Weil）和格特鲁德·爱默生（Gertrude Emerson）。她们到达后，管家微笑着应门，行鞠躬礼，带领她们到客厅。客厅地上铺着棕色的柔软厚地毯，摆放着黑漆雕花家具，中间是一个小方桌，两边是黑色的小凳。墙上挂着书法条幅。记者行文中都称伍博士。他很快来到客厅，身着中式服装，头戴瓜皮帽。

记者感觉伍的英语非常好。伍问记者来中国多久了，准备参观一些什么地方，在华待多久，何时回美国，等等问题。而记者却问他为何不再访美呢，并告诉他美国人民很喜欢他。他回答现在不准备去，但以后会有机会的。他说要向世界宣称会活到200岁，还幽默地说保证在1959年再去美国。"到时候在美国能见到你们吗？是在纽约、芝加哥，还是在旧金山见面呢？"她们也开玩笑地回答会在旧金山的码头上欢迎他，他显得很高兴。

记者把话题一转：1959年实在太遥远，要等很长的时间，这期间，任何事情都可能在中国发生，"不如现在告诉我们，您对袁世凯宣布放弃称帝有何高见？""你刚才问的什么问题？"他眯着眼睛，将耳朵凑近，"很抱歉，我耳朵有点背。"记者发现，当遇到不想回答的问题时，伍博士的耳朵就不灵了，这样也免得让发问者感到难堪。

两位女记者似乎并不想放弃这个问题，继续大声追问，伍博士知道糊弄不过去，便回答道："现在中国处于过渡时期，其实我并不想谈这些问题，讨论政治并不令人愉快。"他说自己不是预言家，不知道将来会发生什么，但是，他认为中国"必将发生巨变"。中国的进步太慢，"太落后了"。辛亥革命后，我们以为会有大变，没有人会反对新思想，激进者总能利用一切机会去实施他们的想法。

但是，现在的政府不愿去尝试东西，哪怕政府里有许多归国留学生，但他们大多数都"相当保守"，反而是"革新"难以克服的阻力。只有等一二十年后，这些人退出历史舞台，让新人引领"进步政策"。就是说，他对现在的政府当权者非常失望。

伍博士说，"每个城市都有自己的独特性"，像巴黎、纽约、芝加哥等，都有自己的气息。但是在北京，中国人在这个古都生活许多个朝代，这个城市充斥着保守观念，人们不知不觉地变得更加保守，所有的官员"丧失了革新的动力"。

伍博士说，芮恩施博士来看他时，他就警告过芮恩施，要留心北京的"特殊气氛"。所有北京政府的官僚都会不自觉地变得很保守，因为都被北京特殊的政治环境所影响。他还问记者，芮恩施博士现在如何了？是否跟使团其他人一样，"落入了这个陷阱呢？"

他告诉记者，他第一次到美国时，生活了6年。回来时满怀改革的热情。他说美国的一切都是新的,人们"讨论变化和革新",报纸旗帜鲜明地批评和赞扬。他希望将陈旧的东西彻底清除,修订司法制度,传播社会科学知识,启迪民智,选拔人才进入政府,促进管理高效等等。当时他满脑子"都是美国精神",并不断向在北京政府中的官员朋友们阐明想法。

但是,他们的回答却是敷衍的,承诺的兑现是遥遥无期的。六七个月以后,他的热情也就这样"被浇灭了"。当有从西方回来的年轻人充满理想,热衷于改革时,伍就会给他们泼冷水,告诉他们做不到,"不可能发生这样的改变"。伍这才意识到,他自己已经被"北京的政治文化所毒害",并且已经"严重落伍"了。

伍廷芳强调,除非政府成员的大多数都是年轻人,他们对祖国的未来建设有巨大的热情,推动进步,理想崇高,只有依靠他们来进行改革。消除北京的守旧不是一件容易的事,只有将首都迁出北京才有可能。"我们为什么不学习日本呢?"伍博士用严肃的口吻说,日本首都从京都迁往东京,这是日本人"相当聪明"的动作。

在回答对日本的认识时,伍廷芳针对两种观点提出了自己的看法。他说,现在无非有两种对立的观点,一是反对日本,一是中日作为近邻应保持友好关系,伍自己是"处于这两种观点之间"。伍博士表明,"不喜欢日本以《二十一条》来恐吓中国",中国陷于"非常无助"的境地。日本陆军、海军皆很强大,中国难以匹敌,必须面对现实,"与日本做朋友自然好于当敌人"。

记者提到,在北京见过许多年轻人,他们对日本怀有很深的警惕,其中也包括伍廷芳的儿子伍朝枢,和他进行过几次"非常有意思的谈话",印象深刻。提到他儿子,伍博士感到做父亲的骄傲。其实《纽约时报》记者采访伍廷芳,就是伍朝枢牵线的。伍朝枢现供职于外交部,属于中国"当前最优秀的外交官"。据说伍廷芳为了不影响儿子的前程,不愿多发表政见。

伍博士对中国的年轻一代还是有信心的,认为当年轻一代掌权后,"一定能够创造出中国的奇迹"。他们会破除旧思想,给中国带来新东西。那些在国外特别是在美国学习过的年轻人,把各种知识

前驻美公使伍廷芳。

资料来源:*New York Times*, July 9, 1916。

带回来，推动中国的现代化。所以，"未来的全部希望就在年轻人身上"。[7]

就在这个采访的第二年，伍廷芳便追随孙中山南下广州，建立了南方政府，担任外交部长兼财政部长。在这篇采访发表出来的时候，全世界都没有想到他的思想像年轻人一样激进，而且义无反顾地付诸了实践。

孙中山对时局的看法

上海的法租界，是当时政要和精英的理想居住地。1917年的夏天，孙中山先生也住在上海法租界的一栋小楼里，唯一引人注目的是前门有岗哨，坐着一个拿枪的警察。某一天，他家来了一位客人，他就是马思特斯·麦克唐纳（A. Masters MacDonell）。他是一个商人，这次来中国已经待了好几个月了，有机会拜访了孙中山。

回到美国以后，他接受了《纽约时报》的采访，聊了他与孙中山的会面，以及对孙中山的印象。他感觉孙先生为人"谦逊简朴"，按门铃后，孙先生的秘书很快来应门，询问来意后，然后被引到西式风格的客厅。刚落座，孙先生就进来了。他身材中等，着浅咖啡色军服。他注意到孙先生的面部表情与众不同，生动丰富，思维敏捷，语调轻缓，一口流利的美式英语。他觉得"孙先生可与拿破仑相比"，两者皆现实主义兼理想主义者。现实主义是因为当前中国的现实所需，而理想主义则是四万万同胞有不可估量的未来。麦克唐纳认为，虽然孙中山无意当总统，但孙似乎是众望所归，"应该出任总统"，是"最佳人选"。麦克唐纳称孙中山为"中华民国的灵魂"。

他们正聊着，孙夫人走了进来。她举止优雅，身材苗条，穿着当时巴黎最流行的外套。她微笑着用地道的英语向他问好，并打听纽约戏剧的最新消息，对各种新闻非常感兴趣。她毕业于美国卫斯里女子学院，曾长期在美居住和游历。麦克唐纳对第一次见到孙夫人很是兴奋。

据麦克唐纳的观察，中国当前的政治势力分为三派，一派是保守党，其中包括军人、官僚和顽固分子，一派是国民党，还有一派是进步党。麦克唐纳说，半数进步党成员不认同本党，便加入了国民党。实际上形成了保守党与革命党之争。张勋是保守党的领袖人物，而革命党在孙中山的领导下。人们认为革命党代表现代思想，"顺应时代潮流，竭力维护共和"。顽固派当然不会坐以待毙，所以双方的冲突是不可避免的。民众都支持革命党人的主张，革命党相信自己会取得最后的胜利。但保守的军阀张勋率领4万人的辫子军，梦想把自己幼女嫁给早已退位的皇帝溥仪，野心勃勃地想恢复帝制，这注定失败。

麦克唐纳告诉孙先生，这次拜访的主要目的是希望听他对中国时局的看法，返美后会把他的想法传达给美国大众。虽然孙先生很直率，但是他也很仔细地斟酌怎样表达自己的看法。孙先生指出，根深蒂固的保守思想妨碍进步，缓慢地推进改革非常有必要。辛亥革命推翻帝制，为建立共和扫清了道路。革命解救中国人民于水火，将他们团结起来。

孙先生指出，民国政府保留一些前朝官员，也是权宜之计，袁世凯就属于帝国旧人。他大肆举债，其中很多都落入自己腰包，还妄图建立袁氏王朝。黎元洪比袁的思维新一些，他一直试图联合新旧官僚组成政府。然而这犹如油和水相混,不能兼容,结果造成现在的混乱局面。如果不尽快变革,就难免出现混乱局面。

孙先生接着表明,中国正在"打扫屋子"。旧官僚自己无能,就必须交出权力。旧时代的余孽应该遣散佣仆,当普通市民。他们意识到末日即将来临,当新政府决定抛开他们,建立起法律和秩序,他们就会拼命反对。中国必须依照人民的意愿,重建政府,消除歧视,取消治外法权,真正行使主权。中国应该用理性和智慧赢得世界的尊重。

麦克唐纳最后请孙先生谈中国的对外关系。孙先生回答:过去由于政府软弱,没有明智的对外政策,中国不仅割让领土,还失去了铁路权和采矿权以及宝贵的资源。中国不反对外国在中国采矿,但是外国不能控制矿产。[8]

这篇采访发表在1917年7月15日的《纽约时报》。这时,孙中山已经离开了他在上海的小别墅。7月6日,孙中山与廖仲恺、朱执信等追随者南下广州,决定在南方另行召集国会,组织临时政府,维护《中华民国临时约法》,开始了护法运动。这年的9月,孙中山宣布任中华民国海陆军大元帅,显示了革命党与保守党势不两立。保守势力盘踞北方,革命党占据南方各省,中国又陷入了分裂的时代。

美国对上海的影响

1917年2月,那个时候孙中山还没有南下,还住在租界里的小洋房里,一个名叫鲍威尔(John B. Powell)的美国人到达了上海,也住进了上海的租界。他之所以前往上海,是因为托马斯·密勒

《纽约时报》在上海采访孙中山。

资料来源：*New York Times*, July 15, 1917。

（Thomas Franklin Fairfax Millard）给密苏里大学新闻学院的院长威廉（Walter Williams）博士拍了一份电报，表示他想在上海办报，需要聘请一名密大的毕业生前来协助。威廉于是把这次工作机会给了鲍威尔，那时他正在新闻学院做讲师。他没想到的是，这次抵达上海后，竟在此度过了25年的办报生涯。

这个威廉博士，按他名字的发音，应该称"威廉斯"博士，他在中国新闻界有非同小可的影响，本书后面还会提到他。当时中国的媒体都称他为威廉博士，所以我按照约定俗成，在本书中都称他为威廉博士。

托马斯·密勒是第一批到华的专业记者之一，所以有"美国在华新闻业之父"（the founding father of American journalism in China）之称。1900年，密勒作为《纽约先驱报》（*New York Herald*）的记者，第一次来到中国，报道义和团运动，谴责八国联军，萌生了对中国的同情。密勒于1911年在上海创办了《大陆报》（*The China Press*），是第一份美国人在上海开办的英文刊物。

那时的鲍威尔关于中国的知识非常有限。教授们在密大课堂上几乎不会提及中国，只有在历史课上才会稍稍涉及一点儿中国的情形。不过庆幸的是，在密大新闻学院有很多中国留学生，董显光便是其中之一，后来董成了中国的著名记者。其实在前面第4章讲到1917年日本企图再次强迫中国接受《二十一条》的第5号，鲍威尔和董显光的名字都已经提到过了。

鲍威尔1917年2月首次来到上海。那时，黄浦江的两旁布满了仓库和货栈，仓库的通道十分狭窄。这天正逢下雨，地下有很多泥。他拒绝了黄包车夫的好意，坚持步行前往礼查饭店（Astor House

第二部 内忧外患，1914—1918

Hotel)。他曾在日本横滨坐过黄包车,对亚洲的生活习惯并不熟悉,不喜欢坐在人力拉的车上。[9]

他下榻的礼查饭店在上海是相当有名气的,它是由一位美国船长创办的。[10]上海许多名流都去这家饭店,在晚餐席上或休息室进进出出。一次,一位本地人幽默地对鲍威尔说:"这家饭店的休息厅是上海所有骗子和流氓的聚集地,假如你有兴趣待在这里,你就会信以为真。"这家饭店中的职员大多是船员出身,因此饭店的布置像船上一样,油漆的走廊,就像大客轮的通道。住在这里,可以享受到一日三餐和下午茶,鲍威尔付125块银元的月租,折合成美金是60美元。

在这里,鲍威尔和老板密勒见了面。密勒与袁世凯、唐绍仪、伍廷芳等政治精英相当熟悉。密勒创办的《大陆报》,是英国的《字林西报》(North China Daily News)的劲敌,英国人不喜欢《大陆报》这种竞争者的存在。《大陆报》中不仅有中国人的投资,而且还有一些中美合作及中国民族企业融资。在上海,对正在日益增多的美国侨民来说,拥有一份美国报纸是相当有必要的。后来一个英国人买走了《大陆报》的大半股权,出了很高的价钱。密勒先生想要再次办报,创办一份周报,即《密勒氏评论报》。[11]

鲍威尔在他的回忆中,描述了到达上海时的印象。那个时候,码头和栈房错落有致地分布在黄浦江沿岸,蜿蜒数英里。空气中飘荡着美国船员们的歌声,他们在装货、卸货的时候,总是唱歌或者大声喊叫。

在19世纪上半叶,美国的旗昌洋行(Russell & Co.)垄断了广州、上海、马尼拉的贸易,操纵着中国沿海和长江沿线各通商口岸的水运。旗昌洋行最初的栈房位于上海滩沿岸地区，建筑像城堡一样牢固。这些栈房紧邻河岸，几条街之外便是法租界和南市。旗昌洋行总部设在波士顿，1818 年，由康涅狄格州米德镇（Middle Town）的塞缪尔·罗素（Samul Russell）在广州成立。公司的业绩非常好，当时新生的美国刚刚与英国切断了政治经济联系。这家公司对美国做出了相当大的经济贡献。沃伦·德拉诺（Warren Delano, Jr.），即富兰克林·罗斯福总统的外祖父，1830 年起为旗昌洋行的合伙人，参加过对华的鸦片贸易。

1862 年，旗昌洋行的金能亨（Edward Cunningham）开办了中国第一家轮船公司——旗昌轮船公司（Shanghai Steam Navigation Co.），建造上海外滩的十六铺"金利源码头"，开通上海—汉口航道，几乎垄断了长江航运。1867 年又开通上海—天津的海运航线。不过，1870 年代英商太古洋行和中国官督商办的轮船招商局的加入竞争，导致旗昌轮船公司的利润下降。最终在 1877 年，以 220 万两银子的价钱卖给轮船招商局。这个资金后来投资美国修建西部铁路。1878 年旗昌洋行在上海开办旗昌丝厂。1891 年，旗昌洋行停业。丝厂出售给了法国商人。[12]

在 19 世纪中叶，美国驻中国主要通商口岸的领事职位几乎都由旗昌洋行的商人担任，包办美国在华事务，其中包括驻上海领事金能亨。1852 年，金能亨不顾英国领事的愤懑与抗议，公然在英租界上竖起了一面美国星条旗，宣布在这个区域内，美国与英国享有同等的权利。

"为了避免英国人和美国人产生冲突，中国人决定把苏州河以北的一大块土地划为美国租界"。这块土地所属的区域就是虹口，地理位置优越，位于英租界以北。在面积上，虹口与英租界相当。在华的美国人非常高兴，将此情形告知美国政府。"但是令上海的美国人沮丧的是，美国政府否决了他们的这种做法。因为美国政府认为，美国一贯施行尊重中国领土完整的外交政策，而这些美国人的做法无疑违背了这种政策。"[13]

无奈之下，上海的美国人只好去劝说地方当局，要求把虹口地区和英租界合并在一起，这样，所谓的"公共（国际）租界"就形成了。"公共租界"不但包括当时被合并的苏州河以北的虹口区域、苏州河以南的英国租界，还包括后来被列入势力范围的杨树浦。[14]

公共租界的管理与西人社区

公共租界建立之后，苏州河以北地区，一改之前贫民窟的面貌，焕然成为中国最富有的工业区。因为这个区域邻近苏州河和黄浦江，交通运输便利，劳动力质优价廉，所以英国人和日本人先后在这里设立纺织厂。在虹口区，美国人设立了许多现代化的大工厂，其中包括一个现代化的发电厂。

但是1917—1927年间，中国人自己创办的工厂超过了外国人。按照中国历史学家的说法，正是北洋军阀中国资本主义发展10年的黄金时期。因为鲍威尔在新闻行业，所以他比较注意印刷工业，他在回忆录中把商务印书馆作为一个例子。他说商务印书馆是中国人自己建设的工厂的典型，它的工厂设施都毗邻虹口的闸北，不仅规模巨大，设备还相当完备，"堪称是世界印刷企业中的佼佼者"。此外，商务印书馆管理先进，有数千名职工，"不愧是亚洲成长既快又好的一家工厂"。

1917年的上海，是世界为数不多的大海港中的一个，但是对鲍威尔来说，从现代都市建设的角度来看，"它与美国的一个乡镇差别不大"。1917年的上海人口众多，已经达到150万。道路设施却相当落后，竟然没有一条地面平整的道路。

那个时候，美国人收购并管理着上海的电厂和电力公司，并对其进行现代化的改造。鲍威尔为了给办公室接电灯线，到上海市政大厦找电力处帮忙。他看到在电力处的办公室里，一个印度发明的大"潘卡"（punkah）风扇在屋顶悬挂着。这种风扇是竹制的，它的外形是一个长方形的框，框中间蒙着一层薄棉布，下端点缀着缨穗。一条系在竹框边上的绳子穿过墙洞，一直延伸到后院里，那里的苦力拉动绳子扇风。拉绳子的人经常会累得睡着。显然，通过人力扯动"潘卡"风扇，电力处的办公室才得以凉快一点。

在鲍威尔的眼中，这样陈旧的设施与繁荣的上海很不搭调，而且成为外人眼里的笑料。他发现还有观念的问题。有人告诉他，电扇容易使人患肺炎和胃病，不利于健康。为了防止伤风，引起胃痛，即使天气很热，上海人也将兜肚穿在身上，或在腰间系上一条肚带。鲍威尔发现上海人"相当迷信"，保留了不少传统风俗。在上海的欧洲人群体也比较封闭，"与外界的隔绝时间长达数十年，其文化自然与世界文化之间产生了不小的隔阂"。

但是，上海租界的救火队给鲍威尔留下了很深的印象。这是一个志愿者组织，队员没有薪酬，基本上都是欧洲人，仅有少数上海人作为助手。救火队从英国购买了救火车、水喉等救火器具。鲍威尔评论说，"这些器具好像是来自博物馆"，说明在他看来非常陈旧和落后。

虽然装备比较落后，但救火队员都是忠于职守的。鲍威尔到达上海之后不久，一天夜里，一阵火警声响起来，他从梦中惊醒。得知旅馆附近发生火灾，他赶忙穿上衣服，跑向现场。只见救火员们手拉水喉跑着，"一阵夜风吹过，黑色的晚礼服随风飘荡，许多浓烟或脏水的痕迹留在了白衬衫前以及蝴蝶结上。"火灾恰巧发生在英国一个节日的前夕，许多英国人欢聚在上海俱乐部参加晚宴和舞会。当火灾发生时，英国救火员只能穿着晚礼服赶往现场。后来这些服装的损失由公共租界给予了补偿。

有人说，救火队救火是因人而异的。如果火灾发生在小人物的住家，救火员们显得很怠慢，火灾被扑灭后，主人的财产往往所剩无几。美国的保险公司在上海发现了这个商机，劝说公共租界给救火队配备先进的救火器具，当局接受了这个要求。

上海租界还有一个"万国商团"的组织，大约在1200—1500人之间，维持公共租界的秩序。每逢成立纪念日，商团就会举行隆重的庆典。它是一个城市武装，"堪称世界上最早的国际警察组织"。由不同国籍的人构成，包括公共租界的中国人。编制包括连、排、班，有美国连、英国连、苏格兰连、日本连、中国连和葡萄牙连，排则有斯堪的纳维亚排，以及其他较小的欧洲排，另有一些更小的欧洲班。

在上海的外国人中，英国人社区最大。苏格兰志愿兵也包括在英国连内，他们穿着传统的服装苏格兰短裙。美国连由步兵、骑兵、机枪兵共三个队组成，还包括菲律宾队。而上海连的成员则来自各个较大的外国公司。

上海之所以成为一个大港口，是因为有黄浦江，又地处长江口，美国、英国、日本、法国，偶尔也有西班牙、意大利和葡萄牙的军舰经常停靠在黄浦江一带。各国的水兵驻扎在船上，只有发生事变时，才会上岸进行弹压，而后返回船上继续坚守，"通常情况下是很少上岸的"。[15]

鲍威尔家的日常生活

鲍威尔在礼查饭店租了一间小套房，浴室较小。当时租小套房的多是美国的年轻人，他们有的在领事馆工作，有的受雇于美国在沪的公司。

有一天晚上，鲍威尔回家进门，发现一位日本少女，她穿着和服，睡在他床上。他手足无措，赶快把茶房叫来，责问茶房为何许可她在他房间里过夜。那个女孩用洋泾浜英语问他："您是鲍比先生吗？是鲍比先生邀我来这里的。"他告诉她自己不是鲍比先生，于是茶房将她带下楼。后来这件事传到朋友那里，他们就常常拿他开玩笑，叫他"鲍比先生"。

鲍威尔的妻子和小女儿以及他妹妹玛格丽特也来到上海，他妹妹也就读于密苏里大学新闻学院。那时，大量的美国人到上海，拥有现代设施的公寓或住宅都让美国人抢空了。为了满足美国人的需求，修筑了一个美式的住宅区。鲍威尔一家也搬到了这里。

那时的上海，拥有一座电力厂和一家电话公司。电力厂规模小，由上海市政府投资经营。电话公司归私人所有。电话公司的电话机设备既陈旧又笨重，是瑞士生产的。打电话的时候，摇电话机上的曲柄，先连上接线生，才能打通电话，程序非常琐碎麻烦，这给人们带来许多不便。

有一次，一位正在气头上的美国商人，因通话过程中线路被干扰，信号时有时无，最终忍无可忍，一把拉下挂在墙上的电话机，从窗口扔到了大街上，并要求电话公司给他准备一台新电话机。当电话公司的英国经理拒绝了他的请求后，那位美国商人竟然到美国领事馆，说在"门户开放"的政策下，签约国享有一律平等的权利，而英国经理的这一做法剥夺了他的这一项权利。就这样，事情差点闹到美国国务院和英国外交部。多亏了他的朋友的劝解，加之电话公司满足了美国商人的要求，僵局才被打破。

那时，上海的电话机非常笨重，鲍威尔的电话机与邻居的挂在同一堵墙上另一面。有一次，鲍威尔的妻子正在打电话，只听轰隆一声，电话机连同一块泥壁从墙上掉落下来，此时，隔壁的太太也在打电话。于是，借着这个墙洞，他妻子与邻居开始聊天。

这里的居民大多是首次来华的美国年轻夫妻，在这里过得非常舒服。他们在美国时，这些太太既要一个人照顾孩子，又要为家务事操劳。但是来到中国，仆人随时恭候，太太们感觉轻松了许多。

在鲍威尔家，雇佣了五个人，一个厨师，一个打杂，一个工人，两个女仆。一次，一位打杂人的家乡发生动乱，他的几十个亲戚逃到上海，落脚在鲍威尔家的汽车间，直到事态平稳之后才离开。鲍威尔发现中国人的应变能力很强，也可以是反过来的。一次，由于租界突然发生骚动，许多中国人将他们的亲属安顿到了乡村里。

鲍威尔刚到上海的时候，那里的美国人不过几百。后来，大量美国人陆续在中国创设公司，美国人逐渐增多，形成了美国人的社区和社交圈子。美国人设立了两个俱乐部——美国商人俱乐部和美国人乡村俱乐部；前者在市区，后者在市郊。

上海还开办了美国学校，坐落在法租界。各国的家长竞相把孩子送往这个学校,接受美式教育。因为报名的人数太多了,而这所学校容量有限,所以相当一部分申请者无法进入这个学校。

美国人又盖了一所教堂,奉行教徒不分种族、不分贫富、不分派别均可加入的理念,也受到了热烈欢迎。牧师是专门从美国请来的,任期三年,经过严密的筛选。

有一对日本夫妇请求成为教友,并表示他们是虔诚的基督教徒。男人说过去在美国待过几年,因而能讲英语。女人说她出生于美国。这对夫妇显得很真诚,积极参加教堂的各种活动。然而,有一次中日危机爆发,一些美国人来到日本领事馆交涉,发现那个日本男人在那里工作。事后核实他是日本陆军情报员,奉命潜伏在教堂里,以掌握美国人的最新动态。[16]

上海的环境

上海河道纵横交错,退潮时,绿水发出难闻的味道,蚊虫因此滋生。没有蚊帐就不能入睡。如果不点蚊香,那么仆人就得往来于卧室之间,连续地向主人或客人的脚腕上喷煤油。

一位美国朋友来拜访鲍威尔,晚间鲍威尔邀他留宿。因为朋友个头太高,以至于睡觉时两脚伸到蚊帐外边去了。结果他第二天一觉醒来,他的两脚掌心被蚊子咬肿了一大片,甚至无法走路。为了解决蚊虫这个难题,一位传教士发明的蚊袋在当时颇受欢迎,那是一个长方形的纱布袋,使用方法简单,只需把脚伸进袋中,在膝盖上面打结。这样哪怕脚在蚊帐外面也受到了保护。

几年以后,随着市政建设的进步,堵塞了许多渠道和池塘,大大减轻了蚊虫的威胁。再后来,在阴沟里喷洒药液,限制了蚊虫滋生。但是苍蝇仍旧很多,成群结队地在垃圾上飞来飞去。

与租界相比,中国人居住区的环境卫生更差,尤其是贫民窟。正因为如此,各种各样的病菌滋生,伤寒、霍乱、痢疾等疾病很普遍。"即便在这样恶劣的生存条件下,中国人竟然没有减少,外国人对此甚是不解。"鲍威尔听说,是因为中国人喜欢喝热茶和水。其实,如果我们对上海的历史有所了解,很容易回答这样的问题,因为上海是一个移民的城市,源源不断的人口从农村迁移到了上海。

后来,一个宣传环境卫生重要性的传教士团体诞生了。这个团体鼓励上海市民搞好环境卫生,特别指出苍蝇传播各种疾病,危害人体健康。宣传活动采取了许多方式,如绘制图表、张贴宣传画等,用简单明了的方式展示苍蝇的产生缘由、生活习性、如何传播疾病,张贴在墙和布告牌上。"为了凸显苍蝇的危害性,画面里的苍蝇都是经过放大处理的。这些宣传画演示了苍蝇先是在垃圾堆爬行,而后带着肮脏的脚在食物上爬来爬去,最终把肺痨病传染给人类的全过程。"

上海租界最高的建筑物只有五六层,其中仅有一两座有电梯。主要位于外滩,这些建筑物和黄浦江之间有一条林荫大道。每当夏天的夜晚来临时,这是一个好去处。每逢星期六的夜晚,上海的外国人几乎都来听交响乐团的演奏,公园就更加热闹了。

但是,外国人在公园享受音乐的时候,会受到乌鸦的干扰。鲍威尔讲了一件有趣的事情:一群群黑乌鸦常常停靠在公园的枝丫上,发出凄惨沙哑的叫声,打扰人们听交响乐,很是让人烦躁。这些乌鸦还经常把屎拉在衣冠楚楚的外国绅士和小姐的身上或头上,鲍威尔因此幽默地评论道:"对远道的客人貌似显得很无礼","不能不怀疑它们是反洋人主义的信徒"。

工部局不得不采取措施,但是搞笑的是,工部局竟然提出了依据乌鸦头进行悬赏的政策。这样一来,中国小孩儿一起合伙捉乌鸦,并把砍下的乌鸦头成批地交给工部局,领到了许多赏钱。后来工部局还发现,为了领到赏钱,有的人开始饲养大量乌鸦。后来,乌鸦头数不胜数,这成为一笔大的开销,只好下令取消奖赏政策。

当时外滩公园不许中国人入内,木牌上不仅写着游人注意事项,还写着公园的有关规定,例如禁止攀登树木、折损花草、毁坏公物等。在"禁止携带宠物入内"这项规定后面,还列有中国人不许入内,这引发了中国人和外国人的政治纠纷。后来,问题愈演愈烈,这条规定被说成了"华人与狗不得入内"。

"华人与狗不得入内"的这个说法,在后来的反殖反帝的政治斗争中,起到了很重要的宣传的作用,也成为一个学术研究的课题。最近一些年,有关这个问题的研究出了一些成果,总的来说,经过对已有的历史资料仔细地研究和考察,"华人与狗不得入内"招牌是不存在的,是误导的表述。[17] 鲍威尔在这里所讲述的故事,是符合实际情况的。

当时的上海由公共租界、法租界和中国城三个行政区域组成。其中,公共租界包括虹口、杨树浦和沪西,大多数外国人居住在沪西。公共租界设立之时,法国人拒绝参加,于是就设立了法租界,它介于公共租界和旧中国城之间。在1917年,沪西大部分土地还是空荡荡的,只有几个比较孤立的村庄零星分布着,谁也想不到后来会变成灯红酒绿的繁荣景象。

当时,上海的中国人和外国人需要缴纳一定的土地税,这是

第二部 内忧外患,1914—1918

他们需要缴纳的唯一税种。如果土地出租了，那么就需缴纳租金的10%到15%的税款。例如，如果租金是100元/每月，那么每月需要交10元或15元的税款。没有开发的土地，是不征税的。这是按照过去英国国内施行的法令，没有开发的土地，土地税由租用人缴纳，地主无须交税。英租界成立之后，沿用了这个法令。后来，英国国内不再施行此项法令，而上海公共租界却一直按照这个法令行事。

最初，上海铺路材料仅限于碎石块和黏土，方法很简单，道路工人将碎石块砸进地面，把黏土掺水和稀，将稀黏土注入碎石块的缝隙中，待到泥干了，用石磙将其压平，道路就完成了。但大雨会冲走路上的黏土，修路工人不得不重修。承包商乐此不疲，因为在中国黏土很多，劳动力廉价，可以从中牟利。

在外滩的新建筑中，仅有一两座楼装置了下水道、抽水马桶等现代卫生设施。鲍威尔发现，在上海人看来，同窗帘、电风扇一样，抽水马桶也不利于身体健康。而解便则是用马桶。每天清晨，乡下人便进城收集粪便。"仆人往往把瓦盆里的粪便拿来去卖，靠出售粪便增加了不少收入"。在农民看来，庄稼靠粪便才能茁壮地成长。后来，粪便可观的利润引起公共租界的注意，因而租界开始与人签约，批量出售粪便。这些粪便经商人转手，卖给上海市附近的乡下农民。租界每年靠出售粪便获得的额外收入高达十万大洋。[18]

那时，上海的卫生设备还不健全，洗澡设备显得很陈旧，由于产于江苏苏州，因而被称为"苏州浴盆"，其实就是高和直径都是四英尺的瓦缸。威尔逊说用起来极不方便，每天早上，他的家丁要跑无数趟，提无数桶水，才能把它灌满用于主人洗澡。[19]

《密勒氏评论报》

托马斯·密勒、约翰·鲍威尔以及美联社的约翰·莫里斯（John R. Morris）等，于1917年在上海创办了《密勒氏评论报》。虽然杂志自己的中文翻译为"报"，其实是英文政治和财经评论周刊。

根据鲍威尔的回忆，自《密勒氏评论报》创刊以来，其实老板密勒先生在报社工作时间不长。1917年当鲍威尔到达上海以后，密勒便返回纽约，结果就一去不复返。直到1922年，密勒答应在北京政府担任顾问，于是将报社的股权完全抛售给了鲍威尔。这样一来，鲍威尔不但是报社的主笔，还当起了报社的老板。

但是，在这个时候，杂志的投资人撤资，让鲍威尔陷入进退维谷的境地。不过，因为鲍威尔从中国公司争取到了固定广告合同，杂志最终得以幸存。他考虑到《密勒氏评论报》的英文名字 *Millard's Review of the Far East* 过于局限，从字面上看来突出个人，他曾经尝试着换用几个不同的名字。最初使用的是《远东评论周报》(*Weekly Review of the Far East*)，最终决定选用《中国评论周报》(*China Weekly Review*)，从1923年6月开始正式使用这个英文的新名字。

鲍威尔又考虑给报社换个像样的中文称呼，但是费尽周折，最后还是决定保持不变。鲍威尔回忆说，美国俗语说"名字就是一切"，这在中国再恰当不过了。因为在中国，一个名字获得名声后，是轻易不会变换的，甚至字体都不可以变换，更不用说是名字本身了。所以鲍威尔得出结论，"名字的轻微变化或被盗用都会使顾客望而却步，为此公司将蒙受巨大损失，因而外国公司尽心竭力地维护公司的名字。与外国名字相比,中国名字尤其如此。不管是只知晓母语的中国人,还是懂外语的中国人,在看东西时,他们往往习惯先看中文。于是,我们决定不再变更报社期刊的名字,还是延续期刊起初发行时的中文名字——《密勒氏评论报》。"这就是这本杂志英文名字换了若干次,但是中文名始终保持不变的原因。[20]

在他办刊之初,又面临一件头疼的事:印刷厂中的中国员工都不认识英文,那排字怎么能行呢?于是,他找到印刷厂的经理,谈起了这个问题,经理却笑了笑,说道:"如果这些中国人认识英文,他们会把你们写好的文稿改得乱七八糟。"但是后来,还是出了不少让人啼笑皆非的事情。

一次,报纸的"人事动态"栏中出现了要啤酒的内容,经调查才知道,原来是一个记者让身边的职员送字条给酒吧,问啤酒为什么还没有送到,结果阴差阳错地将这张字条的内容发表在报纸上。还有一件更为离谱的事:一次,红灯区的女人们送了一些没有署名的请帖给单身男人,邀请他们参加一个茶会。结果请帖出现在了"社会新闻"栏中。这期报纸发行后,引起了很大的轰动。

鲍威尔做过一个调查,上海的英国人和美国人数量在8000到10000人之间,其中商人和传教士占了很大的比重。除英、美两国人外,还有很多其他国家的人,很多人认识英文,他们迫切希望有一份报纸来传达美国的消息。中国的年轻知识分子在读者中占很大比重,他们大多来自学校。这些人很关心大战下的世界局势,并想通过美国报纸知道美国人对大战的态度。那时,很多中国学生都在学习英文,将《密勒氏评论报》当教科书来研读。由于该报用的是美式英语,编辑部经常收到一些询问英文意思的来信。上海成立了很多研读英文的组织，由此官员和学员们纷纷订购《密勒氏评论报》，其销量自然大增。[21]

《密勒氏评论报》一再提请美国政府注意日本在远东地区的动向。一战时期，《密勒氏评论报》在谈论未来的日美关系时，便指出了日本的危险性，甚至"对美国一战将不可避免"，是很有前瞻性的看法。因此，鲍威尔很早就成为"日本侵华势力的眼中钉"。[22] 也因此，在太平洋战争爆发之后，鲍威尔被日本人抓入狱中，几乎丢失了性命。关于他的故事，我在本书的最后一章还会讲述。

注 释

[1] Henry W. Bunn, "Changing China." *North American Review* vol. CCXX, no. 825（December, 1924）.

[2] Henry W. Bunn, "Changing China." *North American Review* vol. CCXX, no. 825（December, 1924）.

[3] Frank B. Lenz, "The Americanized Chinese Student: What Will He Play in the Future Development of China." *Overland Monthly and Out West Magazine* vol. IXIX, no. 4（April 1917）, pp. 14—21.

[4] 见 "Recommendations of the China Medical Commission of the Rockefeller Foundation."《中华医学杂志》2015年第1期，第16—22页。

[5] 以上均见 "American Medical Training to Be Given China." *New York Times*, January 16, 1916。

[6] 本节资料来自 "American Medical Training to Be Given China." *New York Times*, January 16, 1916。

[7] "Wu Ting-Fang Looks to China's Young Men." *New York Times*, July 9, 1916。

[8] "Prospect of Dr. Sun's Return to Power in China." *New York Times*, July 15, 1917。

[9] 约翰·本杰明·鲍威尔:《我在中国的二十五年》,第1—6页。

[10] 约翰·本杰明·鲍威尔:《我在中国的二十五年》,第7页。中译本翻译为"理查饭店"是错误的。

[11] 约翰·本杰明·鲍威尔:《我在中国的二十五年》,第8—10页。

[12] 约翰·本杰明·鲍威尔:《我在中国的二十五年》,第16—17页。中文本把"旗昌洋行"翻译为"罗素公司",是根据英文字面翻译,这里根据该公司的中文名称改。

[13] 关于这个问题,已有学术的研究可以参考。见叶斌:《上海租界的国际化与殖民地化:〈1854年土地章程〉略论》,《史林》2015年第3期;田肖红:《美国与上海公共租界(1843—1945)》,山东师范大学博士论文,2013年。

[14] 约翰·本杰明·鲍威尔:《我在中国的二十五年》,第17—18页。

[15] 约翰·本杰明·鲍威尔:《我在中国的二十五年》,第19—21页。

[16] 约翰·本杰明·鲍威尔:《我在中国的二十五年》,第47—51页。

[17] 有关研究可以参考吴恒:《"华人与狗"与"'华人'与'狗'"——以公共租界工部局档案为中心重新检视近代上海租界公园歧视华人的史实与传闻》《近代史学刊》2012年;苏智良、赵胜:《民族主义与殖民主义的较量——外滩公园"华人与狗不得入内"文字数据的历史解读》,《甘肃社会科学》,2009年第4期;陈蕴茜:《日常生活中殖民主义与民族主义的冲突——以中国近代公园为中心的考察》,《南京大学学报》2005年第5期;张铨:《关于"华人与狗不得入内"问题》,《史林》1994年第4期;马福龙、徐国梁、虞骁:《"华人与狗不得入内"问题的来龙去脉》,《中共党史研究》1994年第4期。

[18] 约翰·本杰明·鲍威尔:《我在中国的二十五年》,第21—25页。

[19] 约翰·本杰明·鲍威尔:《我在中国的二十五年》,第47页。

[20] 约翰·本杰明·鲍威尔:《我在中国的二十五年》,第77—78页。

[21] 约翰·本杰明·鲍威尔:《我在中国的二十五年》,第12—13页。

[22] 郑保国:《密勒氏评论报:美国在华专业报人与报格(1917—1953)》,第28、35页。

第 7 章　赛珍珠在南宿州

> 中国妇女无论在什么地方都有着比男人更坚强的意志。
>
> ——诺贝尔文学奖得主赛珍珠

著名文学家赛珍珠（Pearl S. Buck）在江苏镇江长大，1917年她结了婚以后，才搬到安徽南宿州。[1]她的丈夫卜凯（John Lossing Buck）是中国早期研究农村的开拓者之一，在长达20多年的时间，进行农村调研考察，根据调研资料，完成了许多重大的研究。如1922年，卜凯在安徽芜湖考察102个农户的经济，发表了《中国安徽芜湖近郊102个农家的社会经济调查》。卜凯指导学生对中国7省17个地区2866个农家的经济状况进行调查，后来出版的《中国农家经济》（Chinese Farm Economy）一书，是最早的研究中国农村经济的专著。在南宿州四年多的时间里，他将主要精力用于农业改良试验和推广工作。而赛珍珠则有很多机会，接触中国社会特别是乡村社会的各种人，她对妇女和家庭的观察特别仔细。在南宿州的生活，为她以后写下那著名的《大地》，打下了坚实的基础。

赛珍珠。摄于 1932 年。

资料来源：Genthe Photograph Collection, Library of Congress。

文学家笔下的华北小城

赛珍珠以前从未到过华北,感觉与江南完全不同,自然景色对她来说很陌生。因为这里不再有宽阔的长江和绿水青山。从窗口望去,高高的堤岸上屹立着威严的城墙。四方形的城墙上,每个拐角处都有一个砖塔,墙下是一条护城河。巨大的木头城门是用铁板加固的,昼开夜闭,以防土匪和散兵游勇。

在城墙和护城河外,是一望无际的原野,上面点缀着村庄,那里的农舍是用泥土垒起的。在冬天,看不到一丝绿色,土地和房子都是一种颜色,甚至所有的人也都是一种颜色,赛珍珠说是"阴郁的暗褐色",好像是永不停息的风,"把微尘刮进了人们的皮肤之中"。

在赛珍珠看来,当地的妇女们好像从不洗脸、洗衣服。后来,她发现她们是有意这样做的,"因为倘若一个妇女打扮得很整洁的话——头发后梳,很光滑地盘起,穿的不是普天一色的沙土色或淡蓝色粗布衣,而是其他什么颜色——那她就会被疑为妓女。"按照赛珍珠的观察,"本分的妇女都以不加修饰为自豪",以示她们不在乎自己在男人眼里的形象,"因此是贞节的"。

甚至从女人的外表看来,对于赛珍珠来说,贫富区别也不是很明显,甚至"要想分辨孰富孰贫也是不容易的",因为富家女子通常把她们的绸缎衣服穿在那灰布里面。所以从表面上看去,她们一点也不比一个普通农家女富有。当赛珍珠看到千人一面时,总觉得懊丧,"这种心情我至今犹记"。她曾抱怨在南宿州散步毫无意义,"因为即使你走出城外十英里,所见到的也都是一样的"。

但是,当春天到来时,所有景物忽然在一夜间变得美丽了,不由地想起孟浩然的《过故人庄》来:"绿树村边合,青山郭外斜。"杨柳吐绿,花儿红白相间,煞是好看。当天气渐暖,空气干燥明亮,目光所及之处,湖光潋滟,山丘起伏,如临仙境。晚上,迷人的月光洒在城墙上,泻进墙外的河水,如梦如幻,不知身在何方。这不就是戴叔伦《兰溪棹歌》中"凉月如眉挂柳湾,越中山色镜中看"的景色吗?

哪怕是在很多年以后,这座小城不断浮现在赛珍珠的脑海里,虚虚实实,美轮美奂。赛珍珠回忆道:"也正是在这个华北小城,我有生以来第一次领略了中国街道夜半时分的奇美。"街道都是很宽的土路,街道两旁排列着低矮的平房,有砖房,也有土屋,商店作坊,铁匠铺和白铁铺,糕点店和茶水店,干货店和糖果店,凡生活所需,应有尽有。"走在这昏暗的街上,透过两旁敞开的院门,我可以看到一家家聚在桌旁吃晚饭,用蜡烛或豆油灯照明。我感到,这是在我童年之后最深入中国百姓的时刻。"[2]

她看到这个小镇的街上,从早到晚,行人川流不息。"一大早就有身穿蓝布褂的农民,有时还有他们打着赤脚的健壮的妻子,肩挑满满两大圆筐带着露珠的鲜菜或是两大捆干柴草来到镇上。一队队踏着碎步的小毛驴,背上驮着长长的大面袋或米袋,嗒嗒地从这儿走过,因承受负担过早过重而脊背凹陷;有时,驴子的鼻孔剧烈地抖动着,为的是能在这残酷的重压下,喘气更快一些。"

她还可以听得见手推车吱吱呀呀一路尖叫,"因为这是推车人为讨吉利而有意让车子发生的欢唱"。推车的基本上都是些壮汉,赤裸着上身，露出一身结实的肌肉，"黑里透红的脊背在上午的骄阳的照射下淌着汗水，一条长长的蓝布车袢横过双肩"。

但是，有的声音就不那么悦耳动听了。有时突然听到"一阵令人毛骨悚然的嚎叫，那是捆在手推车一边的一口大肥猪，它猛劲儿地蹬着腿，愤怒地发出声声凄厉的惨叫"。

人们还经常会看到，车上会坐着一个乡下老太太，她是到镇上买东西，或者走亲戚。"她身下垫着褥子，坐在车的一边，车的另一边是一两只公鸡，一小捆大蒜，一篮子烙饼，一把大油伞，还有一两个孩子。"

总之，一辆手推车什么都可以运载："巡回布道的瘦弱的传教士，以及他的书籍、行李和可以吃上六个星期的食物；或是两篓鸭鹅之类呱呱乱叫的家禽，它们伸着长长的脖子，从编得稀稀疏疏的竹篓里探出头来，兴奋欣赏着路边的景色。"

似乎赛珍珠非常喜欢看街景，好像看电影一般，街上人来人往，就是永不相同的电影镜头："掉了牙的老汉们微笑着从我住的街上蹒跚而过，黑红的脸上布满了皱纹，稀疏的白发编成辫子，再用一根长长的黑头绳扎起。他们互相关切地询问着什么时候吃的饭之类的问题，以此来打发时光——这是在经常闹饥荒的土地上产生的一种现象。"[3]

由于军阀割据，南宿州的平静被打破了，连年混战，人心惶惶。各路军队都声称是在"剿匪"。城中医院总是挤满了伤兵。每当打仗的时候，赛珍珠一家就跑到里屋，躺在墙角，等枪声走远后再出来。"无论如何，窗口是不能站的"。

战斗通常在天黑时结束。如果碰上下暴雨，人们的紧张心情就

第二部 内忧外患，1914—1918　　157

可以稍微放松一些,因为交战双方就会鸣金收兵,各自回营,以免淋湿衣服。一有战事,就会关闭几个主要城门,所有伤兵都是通过边门运进城的。

赛珍珠还观察到,其实军阀并不想全力打仗,他们总是找出各种借口休战。事实上,他们回避全力拼杀,而是用计谋战胜对方,如像鸿门宴一样,在议和宴会上出其不意地将对方干掉,这样战争就能暂告结束。"到后来这种小打小闹成了生活中的一部分,我们都已习以为常,不再害怕,只要谨慎一些就行了。"[4]

贫穷与职业乞丐

南宿州城中有很多乞丐,通常是职业乞丐,他们靠乞讨为生,特别是佛教徒的施舍。让赛珍珠不能忍受的是,那些年轻力壮的乞丐,用这个方式来生存。一天,她在一个胡同口遇到一个乞丐,大约17岁,向她讨钱。

赛珍珠问:"你为什么要当乞丐?"他吃了一惊,低了头,嘴里咕哝着他总得吃饭。"你为什么不去做工?"她又问。"谁会让我做工呢?"他说。她说:"到我家去,我给你一把锄,你可以在我花园中锄草。"她领他到家,看到他不情愿地接过锄,他问:"我要干多长时间才能拿到钱?"她告诉他:"干到中午,给你足足购买两碗面条的钱,干到晚上,我给你一天的工钱,总之多劳多得。"

他一个上午几乎没做什么,赛珍珠给他付了钱,告诉他吃过饭再回来。他没再回来。直到半年后的某一天,赛珍珠在城的另一头的街上碰到了他。他伸手讨钱,当看清是这个外国女人的时候,"一张蜡黄的脸上满是惊恐,一句话没说就走开了"。

赛珍珠还讲了另外一个她亲身经历的故事。一个圣诞节前夜,她听到后门有一个孩子的声音,开门看时,发现一个大约八岁的小男孩正站在台阶上。饿得皮包骨头,只穿一件小夹袄,长得挺可爱,一双又大又黑的眼睛看着她。

"你到这儿干吗?"她问。"他们说你们家里今天请客,我想你会拿些剩饭给我吃的。"他可怜巴巴地说。"你父母呢?""我没有。""你总有个家吧?""我没家。"他说,语调哀婉动人,"爹娘在南下逃荒路上病死了,就剩我一个了。"

小孩看上去也挺诚实,加上发生在圣诞节气氛之中,她更动了恻隐之心。赛珍珠把男孩带进家中,给他洗了澡,换上棉衣,又让他吃了饭。然后,在书房里给他腾出一角,铺上床,让他睡在那里。很快,两个佣人就把这件事传了出去。

第二天,张太太来访,她仔细地观察小孩的一言一行。那小孩也看着张太太,回答着张太太的提问,样子很天真。等小孩离开后,张太太沉思良久。"我不相信这孩子,"她说,如果有人"想从你的善良中捞点便宜。你打算拿他怎么办?""我没想过,"赛珍珠回答,"也许我会收留他,送他去上学或做点别的什么。"张太太摇摇头,"收留他,但不要把他留在这儿。"她建议说,"让他和农场工人住在一起。"

城外有一个小农场,是赛珍珠丈夫选种试验的场地,雇了一个人干活。她就照张太太的话办了,把那小孩送到农场,告诉雇工好好照料他,每天送他去村里的学校念书,也让他学着帮助农场干活。没想到三个月后,孤儿竟不辞而别,一去不复返了,虽然他吃胖了,精神也好了。那雇工说:"那小家伙只会吃饭、睡觉、玩耍,不会干

第二部 内忧外患,1914—1918

活,让他拿扫帚扫一下门槛,他都不干。"雇工和他妻子是个好心人,待那小孩亲如骨肉。赛珍珠想,"小孩一定是回到派他到我家的丐帮或贼伙中去了。"[5]

乡村妇女与家庭

那些年,赛珍珠走遍了穷乡僻壤,丈夫骑车,她坐轿子。当时,女人赶路都坐轿子。轿子三面都挡得严严实实,只有前面挂着一幅厚厚的蓝色布帘。走在旷野时,她把帘子掀起;走近村镇时,她把它放下,以免引来好奇者围观。但还是有一些步行或骑驴的人,在路上看见了赛珍珠和她的丈夫,于是赶在前面到达一个村镇,"在街上或是茶馆中嚷嚷着,说有奇景到来。"

有好几次,当他们来到一个村子或镇子的入口时,许多人早已在那儿等候了,而且总有人出于强烈的好奇心,忍不住揭开帘子往里看。起初,她学着中国女人的样子用力拉紧轿帘,但后来想到"自己毕竟不是中国人,那些人既无半点恶意,还是满足他们的好奇心为好。"她把轿帘拉开让他们看,他们也就簇拥着,一直跟到一家客栈。只有发火的店老板才能将他们轰走。那些人总是去了又回来。当她关上房门时,他们就透过门缝朝里看。如果窗是纸糊的,他们就会舔湿指尖,捅破一个洞看。

随着时间的推移,她到的地方越来越多,朋友也越来越多;她走进外人不曾到过的家庭,访问一直住在僻远城镇的名门望族;坐在女人堆中,听她们聊天,熟悉她们的生活。她喜欢这个小镇古风犹存、毫无现代气息的味道。

镇上有一个李姓人家，最小的儿媳妇和赛珍珠年龄不相上下，她们成了朋友。她对赛珍珠的一切都感兴趣，一天她来找赛珍珠，领着她穿小巷，走小道，显然是要避人耳目，怕人看见她单独和外国女人在一起。最后，到了她夫妇住的小院。家中别无他人，进了常见的老式卧房，闩了门。

"告诉我，"她急切地问，"你真的当着别人的面跟你丈夫说话？""真的。""不怕人笑话？""我们不认为那有什么不好。"她不无羡妒地叹口气，"我只有在夜里，在这儿，才敢跟丈夫说话。在其他时间，如果我和家中其他人正在说话，他走了进来，我就必须离开，不然的话，就要被人耻笑。你猜我结婚几年了？""没几年吧，"赛珍珠笑着说，"你看上去这么年轻。""我到这儿两年了，却从没有跟公公说过一句话。见了面我就对他躬身施礼，然后离开。他从不理我。"

赛珍珠写道，这个小媳妇善于思考，自己想了很多问题，虽然她丈夫也喜欢她，有时也回答她的提问。她唯一感到不满的，就是她跟丈夫待在一起的时间太短了。丈夫要忙田里的活，晚上回到家里还得在父母那儿待几个小时，以尽孝道。他总是很晚才回到卧房，而她又不敢求他跟她说话。她只能跟使女、佣人说话。跟长辈妇女说话，她也不能先开口。如此严格的家规，只在殷实保守的古老家族中才有。穷人当然不大计较了，较开化的家庭中也较随便。

她婆婆去世后，家中内务由大儿媳主持时，小媳妇的地位有所提高。赛珍珠写道，"总有一天，她也会有儿媳的，她也可以成为一家之长。"但是这样等待是难熬的。当赛珍珠跟她讲美国妇女情况时，"她听得简直入了迷。"[6]

赛珍珠还记录了她所观察到的和听到的人们家庭中的许多有趣

的故事。她说日子过得平淡无奇，尽是些生活琐事。但是，"如果你能彻底分享中国人的生活，你就能感到其中充满了乐趣，因为几乎所有中国人天生都有戏剧感，天生爱看热闹。"

她记录了一个徐老先生的故事。他是城中富户，有四个老婆，她们给了他欢乐，也给了他烦恼，整天围着他吵闹。一次他乘火车到蚌埠游玩，只想带他的最宠的四老婆去，那个四老婆只有20多岁，生得俏丽，几个老婆中，她是唯一还能穿紧身上海时装的。但是其他几个老婆又不依不饶，结果只好大家一起出行。为了省钱，他让大老婆和二老婆坐四等车厢，三老婆坐三等车厢，他和四老婆坐二等车厢。但他却一刻也得不到安宁，次等车厢的老婆围着他，要求分享给宠妾买的食品、首饰。"徐老先生的烦恼成了全城的谈笑话题，经本地人添枝加叶后，更让人忍俊不禁。"

赛珍珠还记录了一个叫刘嫂的女人的故事。她身材修长，脸色蜡黄，很为丈夫的事情而苦恼。她常称自己的丈夫为"不中用的"，所谓"不中用"，有可能就是暗示他的性功能不行。她那"不中用的"在欧战中到法国当民工去了。最近刘嫂得知，她那个"不中用的"竟然在与一个法国女人同居。她哭着说："我那个窝囊废竟能捞到一个外国女人！但你说说，她究竟是什么货色？谁都知道我那老东西不中用。去年他从上海回来，说他要去当兵，我还高兴呢！可现在他却得了个外国女人！他要是把她带回家来，那可该怎么办呢？我们拿什么给她吃呢？谁知道法国女人都吃些什么呢？"

赛珍珠发现，在她居住的那一带，女人常把她们的丈夫叫作"不中用的"，以显示她们自己既有德行又能干。赛珍珠认为，这是因为中国的男人们"小时候被宠惯了的缘故"，而女孩子们从小就知道自己不会被娇生惯养，所以必须很能干。不管是何原因，"中国妇女无论在什么地方都有着比男人更坚强的意志。"在赛珍珠看来，中国妇女机智勇敢，善于随机应变。她们虽受到种种限制，却能尽量生活得自由些。"她们还是人类中最讲实际、最少幻想的人，对自己所爱的人一往情深，对自己所恨的人深恶痛绝。"[7]

*   *   *

赛珍珠后来开始了她的写作生涯，最早的作品之一是她在美国《大西洋月刊》（*The Atlantic*）上发表的一篇题为《也说中国》的文章（1922年），实际上就是她对南宿州生活的回忆，对中国人特别是中国妇女有很生动的描述。

小孩是赛珍珠经常描写的对象。她看到"到处是泥里滚、土里爬的胖乎乎的孩子，他们那几乎全部裸露的身体，在暖暖的阳光下晒得油黑发亮，一个个在沙石堆中和污泥里挖着、掏着。这些孩子满脸污垢，不停地吸吮着肮脏的手指，甚至连皮带瓢吞下整个儿的长黄瓜与大萝卜。按他们吞下的脏物的质与量来说，他们早就该活不成了，然而他们却活得很好，还长得很胖"。

有一次，她叫一个孩子"小二"时，他却咧嘴一笑，说他是小三，"小二头年夏天吃西瓜太多死了。一个孩子死了，马上就会有第二个、第三个来补他的空缺。"

小男孩和小女孩从小"在尘土中一起玩耍，但眨眼工夫，几年过去了，男孩穿上了长衫，女孩子穿上了绣花布裤，一头浓密的黑发衬托着一张娴静的脸庞。他们似乎已忘了彼此曾是儿时玩伴儿，

第二部　内忧外患，1914—1918

相互漠视,授受不亲。这是最佳教养。"

小姑娘们非常顺从地深居幽闺,"直到有一天,一顶大红花轿将她们抬到各自的婆家。在婆家,她们由婆婆来管教。男孩子们则根据各自的家境、社会地位,或进学堂读书,或去做学徒。"

虽然赛珍珠感慨这平静而有序的生活,然而,"一种潜在的变化却使我感到了一种无名的困扰"。比如一个叫许宝英的姑娘,在她还是小姑娘时,赛珍珠就认识她,"她长着一张微黑的胖圆脸,一个毫无特色的鼻子,那时,她过节穿的衣裳,也只是一条样子滑稽的红布裤子,配上一件小上衣,一双鞋上绣着并不太像的老虎,帽子像个绣了花边的炸面饼圈,一条小辫儿用桃红色的头绳扎起,从帽顶的圆洞中伸了出来。"

她父母是循规蹈矩的本分人,觉得对于一个女孩子,读书没多大用,只想着怎样给女儿找个好婆家、好丈夫。一位在上海住了五年的老大姐,苦苦说服了宝英的父母,送她去了离家最近的城里的寄宿学校去念书。"宝英去年秋天离家去上学时还是个很听话,很温顺,很乖的小丫头。一想到要离开家就怕得要命。她像每个受过裹脚之痛的中国小女孩一样,一副逆来顺受的神情。"赛珍珠从未见过她先开口说话,总是毕恭毕敬,一种赛珍珠"在年轻人身上看到的讨人喜欢的态度"。

宝英从学校回来,来看赛珍珠。穿着一件做工精细的蓝缎子衣服,"从未见过那样的时髦款式"。裹脚也放开了,"脚上是一双小巧的厚底黑皮鞋,脚后跟打着铁掌,看上去很结实,像粗野的美国小男孩穿的鞋子。她显然很是为之自豪,两只皮鞋十分滑稽地从那精致的锦缎裙下伸了出来。"

寒暄过后,坐下来才喝了一口茶,她就明显地想炫耀她脚上的鞋。赛珍珠自然便夸奖了几句。"这是最新式样的鞋子,"她洋洋自得地说,"你一定知道,在北京、上海这样的大城市,时髦的女孩子已不再裹脚了,寄宿学校的女孩子也一样。所以,我一回到家中,就哭了三天,也不吃饭,为求安宁,他们给我放了脚,我这才穿上了这么漂亮的美国鞋子。我的脚到底还是小了点。不过,我往鞋尖里塞了些棉花。"

的确,这就是变化!赛珍珠显然不适应这样的变化了,"感到很是吃惊"。宝英坐在那里,"身材纤细,姿态优雅,自鸣得意,她已不再是那个谦和的小姑娘了,再没有了谦恭的神情。"赛珍珠因此感到有点沮丧。在谈话中,"就像当代青年一样","她自以为是地讥笑自己那可敬的母亲缺少见识,总是焦急地希望自己体面的父亲也同别人一样抽起香烟,而不再用那种可笑的老式水烟袋。"

姑娘还参加过一次女权会议,赛珍珠对此难以置信。"一年前,她还是个非常害羞的小丫头,一双眼睛总是低垂着,你不问她,她绝不先开口,而且说话声音也很小。而今,这个年轻人却在滔滔不绝地谈论着香烟、学校,谈论着一切!"

赛珍珠问,关于妇女参政的问题,都知道些什么?她急急地答道,"我知道只有在这个国家,妇女才是逆来顺受、听天由命的。唉,我听说外国的妇女想做什么就做什么,她们可以在外面散步,游玩,而且从不裹脚。甚至还有人说,她们还可以跟男人一起散步。"她羞涩地问道:"当然,在美国,女孩子是不跟男孩子一起散步、一起谈话的,对吗?"[8]

在这里,赛珍珠很直白地表露了对女孩从封闭到开放这个变化的看法,袒露了自己的心理路程,似乎她对这种变化并不欢欣鼓舞。

和许多来自美国的旅行者和观察者不同的是,赛珍珠偏爱甚至欣赏中国女人的那种传统的教育和修养,对辛亥革命以后青年妇女所发生的变化,有一种若隐若现的抵触。

溺婴和裹小脚

在南宿州居住的时间越长,她就越了解那些住在城外村庄里的穷苦农民。"穷人们承受着生活的重压,钱挣得最少,活干得最多。他们活得最真实,最接近土地,最接近生和死,最接近欢笑和泪水。"走访农家成了她了解中国人真实生活的途径。她说:"在农民当中,我找到了人类最纯真的感情。"

当然,赛珍珠也认为,他们并非都善良,并非都诚实,"现实生活有时使他们不得不残忍。如果一个妇女想到家里实在不能再添一张嘴,她可能会迫不得已扼死刚出生的女儿。但她是流着泪干的,心中的悲痛是揪心裂肺的。她不单是为自己的行为而悲痛,更为自己被逼到如此地步而悲痛。"

在一次聚会中,到场的女士有穷有富。"谈起溺婴问题,除两人外,她们承认至少溺弃过一个女婴。谈起此事,她们仍然泪流满面,泣不成声。"她们当中,多数人不是自己下手的,她们也的确下不了手。这种事都由她们丈夫或是婆婆叫产婆来干。在孩子出生前,就告诉了产婆,这样,她一看到生下来的是女孩,便立刻下手。

甚至到了1920年,美国演员爱尔希·弗格逊(Elsie Ferguson)到中国访问,还发现溺杀女婴的陋习普遍存在,她说沿河仍有尼姑庵的尼姑们常常会查看河水中木盆里是否有漂流的弃婴,随时将她们救起。但并不能因此得出结论说中国的父母不喜欢他们的小孩,在街边,经常能看到中国的男人们与桌椅旁孩子们一同玩耍。不过,她也批评国外一些胡编乱造的书讲不少离奇的故事,认为在中国五分之二女婴都要被杀掉,"这是完全误导的"。[9]

一些到美国的中国年轻人,否认中国的一些落后现象,赛珍珠对此很不以为然。她说他们"傲气十足",宣称中国"从无此事发生"。但是她自己"亲眼见过,亲耳听过,这些现代青年不知道这种事为什么会发生。如果他们不了解本民族的生活,不了解其中的悲剧性质"。

赛珍珠甚至还常听他们"否认中国妇女在近几十年内裹过脚"。其原因也许是他们"居住在十里洋场的上海、天津或满族影响下的北京",而在她居住的小镇,在铁路沿线,距北京只有几小时的路程,她却看见了"一些缠脚的小女孩,也看到多数城市妇女或乡村妇女缠过脚。"

赛珍珠的朋友张太太裹过脚,尽管她的脚是六寸长,而非传统的三寸,"但她走起路来也像是脚下有钉子似的"。而她的另一个朋友吴太太每次来看赛珍珠时,"总得两个丫环搀扶着,因为她是地道的三寸金莲。"

不过,张、吴两太太的孙女都未裹脚,因为她们要上学。张太太告诉赛珍珠:"我为每一个没有裹脚的女孩子感到高兴,因为刚裹脚时,我整夜地哭啊,哭啊,后来双脚就失去了知觉。然而,不裹脚就要受教育,不然的话她就会找不到丈夫,小脚可以找一个老思想的丈夫,受过教育的大脚可以找个新思想的丈夫。在小脚和上学之间,你必须选择一个。"

第二部 内忧外患,1914—1918

赛珍珠也发现，中国有一些地区的女人从来不裹脚。她在福建旅游时，就看见那里的乡村女子都是大脚板，行走自由，都很健美。而且"那里有一种很好的风俗，城中人家爱娶乡下姑娘，以给家族引来新鲜血液。"这些媳妇一个个都很能干，几乎包揽了所有家务，就像仆人似的。"她们大都比自己的男人还要强壮，家中生活主要依靠她们。"赛珍珠还回忆她童年时的镇江，很少有农家妇女裹脚的，只有城里人才给他们的女儿裹脚。[10]

赛珍珠对民国时期的中国社会有非常仔细的观察，有细腻和生动的描写。许许多多年过去了，中国的乡村已经发生了变化，她所见到的那种政治、经济、文化、日常生活形态已经不复存在，因此她所记录的那个时代的中国小镇和乡村生活以及妇女和家庭，为我们了解当时的社会留下了非常珍贵的记录。

注 释

［1］ 赛珍珠作为一个小说家很善于讲故事，但是她在回忆录里经常没有交代具体的时间。因此,有些时间是笔者根据她的事迹，参考其他资料推导出来的。
［2］ 赛珍珠：《我的中国世界》，第 144—146 页。
［3］ 本节资料主要来自赛珍珠：《我的中国世界》，第 175—179 页。
［4］ 赛珍珠：《我的中国世界》，第 159 页。
［5］ 赛珍珠：《我的中国世界》，第 152—153 页。
［6］ 赛珍珠：《我的中国世界》，第 154—156 页。
［7］ 赛珍珠：《我的中国世界》，第 160—162 页。
［8］ 以上资料皆来自赛珍珠：《我的中国世界》，第 175—179 页。
［9］ Ishbel Ross, "Elsie Ferguson on the Women of China." *New York Times*, January 2, 1921.
［10］ 赛珍珠：《我的中国世界》，第 156—158 页。

第8章　要改变命运，就参战

> 和约必须公开，排除经济障碍，缩减军备，设万国公会，国无大小，互相保护，正式独立，领土完整，志向何等光明正大。这些条款，都是世界人人良心上主张，人人口里讲说的话。这种主张焉有不得最后胜利的道理。
>
> ——代理国务总理钱能训

第一次世界大战开始时，中国作为中立国，很少知道"发生了哪些血战以及绝望的情形"，他们只能从英国和法国在中国的宣传上了解到一些。但是美国参战之后，关于战争的消息开始大量在中国传播。[1]

在回忆录中，顾维钧回顾了美国参战以及中国怎样在美国的影响下参战的一些情况。[2]美国于1917年4月对德宣战，但是在那之前，在北京政府内部，应该是有过参战的讨论。据学者的研究，北京政府在1915年便开始为参战努力。外交次长曹汝霖也在1915年10月向袁世凯建议说，中国遏制日本侵华野心的最好方式就是加入协约国方面。

华工奔赴欧洲前线

中国当局在 1915 年制订了"以工代兵"计划,华工出洋计划在中国加入协约国方面参战的战略中起到关键作用,而且是中国加入国际体系的重要手段。第一次世界大战期间,在法国战区的华工总人数大约为 14 万。最初法、英等国来华招募华工时,民国政府为维持中国的中立身份,刻意避免以国家的名义进行。中国政府派往法国的华工,就是为了补充英、法两国的人力资源。[3]

《纽约时报》1917 年 2 月 25 日发表题为《华工帮助战争中的法国》(China's Man Power Aids France in War) 的报道。成千上万名中国劳工在法国的兵工厂和农场工作,他们都是强壮的劳动力。按照合同,他们可以挣双倍的薪水。一家英国制造和贸易公司驻华代表说,每周至少有 1000 名中国技工或半技术工人经天津前往战争中的法国,同样数量的劳工也从印度支那雇佣。华工乘船到法国,每艘船装有两三千人,他们实际上是被当成货物运输。每名华工在船上的空间还不如"一个白人的坟墓大"。这样大量的华工从天津运往法国,已经持续了一年多,在法国的中国和印度支那劳工的总数"可能早已超过十万"。

在中国招募的合同工的工资非常低廉。在中国的英国工厂工作的中国技术工人每天挣 12.5 美分,而到法国的中国劳工日工资为 20—25 美分。只要招足,一有船马上就运走。合同规定,如果他们死在异乡,法国政府必须负责将他们的遗体运回中国,甚至详细列举了劳工丧葬所需的一切物品:有一身新衣服,提供米饭、烧鹅和猪肉之类的祭品，以供亡灵享用。还要按照葬礼仪式，烧纸钱、纸房子、纸轿子等。

这些华工虽然没有直接参战，但是对保证战时法国的生产意义非凡。他们勤劳，愿意长时间工作，对个人生活的要求很低。因为待遇比国内的工人要高，所以招聘华工出洋非常容易，报道说在天津和附近的英、法两国的招聘人员，很容易就招到他们需要的人。这些经过精心挑选的劳工，"比普通中国工人要更聪明"。在技术要求不高的行业，如弹药制造，每3名华工基本上可以抵2名欧洲工人。而在农业生产方面，他们"甚至比欧洲人生产率更高"。

这些完全符合法国人的标准的"源源不断的劳动力"，被送往法国。运送华工的每艘船上都有若干会讲中文的英国人，也有其他欧洲人。他们也是工头和翻译，传达各种指令。不过《纽约时报》说，这些中国人一旦到了欧洲，"就能非常迅速地掌握外语，就不再需要翻译了"，这未免太乐观。根据一般的经验，留学生都需要几年的语言学习，才能用外语沟通。这些教育程度很低的劳工，不大可能在短时间内就掌握一门欧洲语言。

报道说，几乎可以肯定，华工会在法国甚至可能是所有的欧洲国家，建立起自己的移民群体。远离祖国的中国人最初是希望有朝一日返回故土，不过一旦他们在这里立足，"就会在这片土地扎根，犹如他们在美国那样"。记者甚至预测，等过一段时间生活稳定以后，他们就会回乡娶妻，把女人带到新的土地上，下一代诞生后，随着时间的推移，后代的"东方特征就会慢慢消失"。[4]

虽然中国没有派军队到欧洲，但是美国舆论已经充分强调了华工到欧洲的重要性，认为这个行动显示了中国的强大力量，对协约

第二部　内忧外患，1914—1918

171

国取得胜利"具有重大意义"。按照《纽约时报》在中国宣布参战后的估计，总共20万中国劳工将奔赴法国。[5]

东亚问题专家加德纳·哈定（Gardner L. Harding）的看法是，中国参战具有巨大意义。哈定在亚洲协会（The Asiatic Association）的会刊上发表的文章说，意义表现在五个方面：一、中国的熟练工人为欧洲生产；二、中国的原材料可用于弹药制造；三、中国可以训练出大批士兵；四、中国可以提供粮食支持；五、中国加入协约国有利于远东的稳定。

哈定写道，在向协约国提出任何条件之前，甚至在与德国断交前，中国就已向法国派出了10万劳工。根据负责招聘华工的人说，英国从山东招募了1100名劳工。按照英方与中国政府签署的协议，华工到英国后，每人发两套新衣服、一套被盖、一个帆布包、饭盒、鞋子、雨衣、帽子等，总共大约值10美元，劳工大队还配备有厨师和全部中式厨具。另外，还有1名医生、3名官员和1名领队，他们都能够讲中文，是在中国长期生活过的英国人。但是工头和其他管理人员都是华人。所有人都不穿制服，劳工团完全是非军事化的。中国劳工也获得了保证，不会被送上前线打仗。战争结束后，他们"能够带着不少存款回到家乡"。[6]

北京政府的混乱局面

《纽约时报》1917年6月10日发表题为《中国的叛乱领袖的反应》（China's Rebel Leaders Represent Reaction），对那个时候发生的"府院之争"，进行了一个大致的描绘：袁世凯死后，黎元洪执掌临时政府,他周旋于激进的南方军政府和守旧的北洋军阀之间。当时的人们都是清楚的,亲日的段祺瑞试图倒向日本,而不是要与美国结成联盟。当国会激烈争论参战问题的时候,段祺瑞派军警和流氓包围国会,但国会仍然拒绝了段的参战要求,双方最终分道扬镳,绝大多数议员投票反对参战。

当时中国著名的英文报纸《京报》(Peking Gezette)发表文章,谴责段祺瑞试图"出卖中国给日本"。段逮捕了该报主编陈友仁,陈受过西方教育,是当时中国最独立、最强硬的报人。段祺瑞这样做,就是要宣示其对黎元洪总统权力的蔑视。1917年5月22日,黎元洪免除了段国务总理之职,他要制止段及其党羽"凌驾于宪法之上"的行为。段祺瑞愤然离京去津,并且根据《临时约法》,总统无权撤销总理职务,不承认黎的免职令。因为一方为总统府,一方为国务院,所以它们间的争斗被称为"府院之争"。

黎元洪解除段祺瑞的职务,合乎宪法,并得到了国会与内阁大部分成员的支持。黎元洪对是否参加欧战,态度左右摇摆。虽然北洋军阀的将领们对是否参战犹豫未决,但是他们利用参战问题,要挟北京政府恢复段祺瑞的职务。段祺瑞的同党,实际上在北京发动了一场政变,他们集结了强大的军队对抗黎元洪,把他软禁在总统官邸。他们控制了中国18个省中的11个,切断了北京与外地的5条干道,并控制了华北和中原,实力令人瞩目。

徐世昌出面调解"府院之争"。实际上段祺瑞掌握了北京的权力,由王士珍任国务总理,曹汝霖任外交总长,陆军总长是段祺瑞的弟弟,汤化龙任内务总长。这些保守人物因袁世凯的倒台而失去权力,现在依靠段祺瑞卷土重来。他们都奉行袁世凯的哲学,即不管共和还是君主,"铁腕的领袖就能实现独裁"。

这篇报道指出,此次政变的真正出谋划策者是曹汝霖。曹早年留学日本,专攻法律,曾任国民政府外交总长,是亲日派的首领。1915年日本向中国提出《二十一条》最后通牒,当时他作为外交次长始终参与了这场对日谈判。其中最要命的是"第5号"条款,曹汝霖的政治对手一直宣称,曹向日本人秘密承诺可以就第5号条款进行谈判。由于这个指控,国会一直拒绝段祺瑞让曹汝霖担任外交总长的提名。

这篇文章总结道,辛亥革命以后,军阀混战,中国陷入了以军事力量对抗宪政运动的泥淖,这样使中国仍然处于落后和蒙昧之中。而那些策划政变的领导者,仍然难以驾驭目无法纪的军队。因此,他们的权力必须仰仗军阀的支持。

文章指出,中国的分裂对于南北双方皆是一个巨大的灾难。日本宣称密切关注这次政变。如果与美国站在一起的人下台,亲日派得势,那么美国应该警惕。中国原本是响应美国的呼吁,而与德国断交的,但是如果中国是在"亲日的独裁政权率领下"参战,就未必如此了。而且日本通过与中国签订秘密协议,获得在华的最大利益。文章还提出,美国应充分警惕在中国目前所发生的事件,各国在远东角逐,美国任重道远,很难说"一个动荡的中国是否符合日本之利益",但对于美国是清楚的,"一个稳定的中国有利于美国的利益"。[7]

就在《纽约时报》的这篇报道发表之后的第四天,黎元洪请张勋于6月14日入京调解。哪知道张勋入京后,竟然拥立溥仪复辟。但是为段祺瑞所镇压,黎元洪辞去总统职,改由冯国璋担任。府院之争才告一段落。

Tuan's way would have been rather to go into the war in association with Japan than with America. And it is clear that, in the weeks following his rebuff, this issue was taken up and pressed home bitterly by the liberal politicians in Peking who were working openly for his downfall. The final break came when an all-night session of Parliament refused to go into the war at his bidding, though both houses were surrounded by Tuan's soldiers and were threatened by a distinctly pro-Tuan mob. They voted by an **overwhelming majority** not to go into the

Hsu-Shih-Chang, China's New Dictator.

orderly debate, punctuated with speeches on both sides which would have done credit to the American Congress.

But before the vote was taken clouds were gathering. Tuan Chi-jui had fallen out with practically every one of his liberal Ministers, with Parliament, and with the President.

What silent force was at work so steadily and so powerfully shifting the balance of power during this time? The world has its answer now in the swift and dramatic coup of Tuan Chi-jui's friends, the reactionary party of soldiers and conservative politicians who have come so de-

Tsao Ju-lin, Called "the Brains of the Rebellion."

左：总统徐世昌；右：外长曹汝霖。

资料来源：*New York Times*, June 10, 1917。

美国敦促中国参战

王芸生的《六十年来中国与日本》称,在帝制进行中,"忽有中国参加欧战之传说",此事是由英、法、俄三国提出的,但是北京政府当时并无这个勇气,"日本亦绝对不许中国参战",故当时并没有进一步推动。[8]

1916年12月威尔逊发表和平倡议之后,中国政府是最早做出响应的中立国。在致芮恩施的照会中,外交总长宣称中国不仅对美国的和平主张表示支持,而且本着国家的利益去执行这些和平原则。当美国发出邀请中立国对德宣战的呼吁时,中国积极地响应。[9]

美国的推动,让中国迈出了宣战的关键一步。1917年1月31日德国宣布潜水艇封锁海上相关航线,美国于2月3日宣布与德国断绝外交关系,号召其他中立国家亦对德绝交。1917年2月初,芮恩施建议中国政府和德国断交,因为德国的潜艇战危害了中立国的财产和美国公民生命。这个问题上,"中国的利益与美国的利益完全是一致的"。[10]

2月4日,芮恩施先后约见总统黎元洪和国务总理段祺瑞,说服中国站在美国一边。为了劝说中国与美国一致对德绝交,芮恩施提出中国可以在战后议和桌上取得独立席位。中国政府向芮恩施提出,美国确保中国的武器和军队不受外国的控制,确保中国在和平会议上获得完整的会员资格。

芮恩施告诉北京政府,如果中国与美国一起行动,那么中国必将改善其国际地位。在致中国外交部的照会中,芮恩施表示已向美国政府建议,如果中国政府赞成美国的建议,美国将提供必要的资金,采取步骤将庚子赔款用于中国政府的目的。

其实,芮恩施的这个想法,并没有得到美国政府授权,为此还受到国务卿罗伯特·蓝辛(Robert Lansing)的责难。蓝辛的态度是,美国暂时不应出头领导中立各国,应等待时机。至于芮恩施已经许诺给中国的条件,蓝辛表示会仔细予以考虑。[11]

1917年,中国政府认为要求停付庚子赔款的时机已经成熟。其实,在民国成立之初,就已经与列强在停付庚子赔款问题上进行过谈判。尽管列强不情愿接受中国所有的要求,但是中国的参战政策还是带来了一些直接的结果,中国对德、奥两国的一切债务和庚子赔款在事实上已经被废除或中止。[12]

在中国参战问题上,美国与协约国其他国家的意见经常不一致。芮恩施竭力说服中国,认为维护国际权利和国际和平环境,是对两国国家安全极其重要的保证。经过与美国的联合,中国将开始以"与自己民族生活的一切传统和利益相一致的立场,参加这场斗争。中国的这种立场必将受到朋友,而且还会受到敌人的尊敬"。中国采取这个行动,改善其地位,无论在战争过程中还是战后,别的国家都将必须与中国进行磋商,因此将从外交中得到许多有利的成果。但是中国官员对美国的建议缺乏信心,"同意抗议照会,但是不想与德国断交"。

欧洲盟国也不鼓励中国采取美国提议的行动。但是芮指出:"如果中国采取明确的立场,站在协约国一边,中国将可以得到协约国的善意对待。在这种情况下,以后任何国家要对中国的主权进行任何干涉,必将更加困难。"

由于中国是美国主动要求参与对德抗议的,因此中国要与美国

第二部 内忧外患,1914—1918

的行动协调。中国外交总长在2月7号给芮恩施的正式照会中说，中国政府同意照会中所阐明的原则，"坚决与美国政府采取一致行动"，对德国政府新的封锁措施提出强烈抗议。同一天，中国政府给德国公使递交了一份正式的抗议照会。1917年3月14日，中国正式宣告与德国断交。[13]

参战受到日本的阻挠

在美国参战后，协约国的公使们加紧寻求中国的支持，并且把美国参战当成中国加入协约国一方参战的无可争议的理由。

顾维钧开始"与各位高级官员，以至与一些重要的国会议员交谈中，不难了解到他们都认为中国应当与美国站在一起"。国务卿蓝辛"曾非正式"地指出过这一点，用他们的话说，"这不是为了美国，而主要是为了中国"。[14]顾维钧指出，"同美国站在一边是符合中国利益的"，成为参战的积极支持者。在北京，有"主战派"和"反战派"之分。赞成参加美国一方以总理段祺瑞为首，得到了总统冯国璋及其军事同僚的支持。[15]

段祺瑞支持顾维钧的见解，为解决山东问题，为提高中国的国际地位，"中国必须参加协约国"。顾相信"美国是中国真正的朋友"，从美国高官到中国国会议员，不少人都表达了中美站在一起的愿望。[16]

因为中国宣战首先得经国会批准，两派在国会中一连辩论了好多天。国会以外，各界反战派举行示威游行，召集群众大会，警告政府不要做出支持协约国的决定。斗争持续了几个星期，"直到自美国参战起就强烈主张中国参战的段祺瑞将军获得了多数省区长官的支持为止"。总理段祺瑞于 5 月 8 日亲自向国会呼吁，但国会还是不支持中国参战。直到 8 月 14 日国会解散，迁往南方，北京才宣战。

顾维钧认为，"段将军的决定是很有勇气的，因为他采取的政策曾遭到强烈的反对"。而且这一决定"影响着中国的国际地位，使中国能够在和会上提出自己的要求"。

中国的参战曾"遭到日本的极力反对"。日本既占领了中国的山东，又将德国在太平洋中之殖民地南洋群岛完全占领，要求英、法、俄、意四国承认其非法取得之山东及领有太平洋上的殖民地，作为允许中国对德绝交的交换条件。[17] 直到协约国向日本保证，出于感激日本在战争中的援助，承认日本的利益，日本才不那么反对了。[18]

王芸生的《六十年来中国与日本》，交代了日本这个秘密外交活动的全过程。1917 年，英、法、俄三国不断向日本疏通，要中国对德绝交以至参战，日本则向英、法等国提出"承认山东权利及占有南洋群岛之条件"。

日本政府以此事商请英国，英国驻日大使葛林（Conyngharn Greene）于 1917 年 2 月 16 日照会日本外务大臣本野一郎：关于日本政府希望英国政府保证将来在召开和会时，英国政府"援助日本要求割让德国在山东及在赤道以北各岛屿之领土权利……英国帝国政府欣然允许日本政府之请求"。

19 日，日本外务大臣分别致法、俄国驻日大使，提出同样之要求。3 月 1 日法国大使复日本外务大臣称，"同意援助日本帝国政府割让德国战前在山东及各该岛屿与之领土权"。俄国大使于 20 日以简单公文答复，允于和会上支持日本的要求。同时，日本对于意大利方面亦有同样交涉，意外相对日本驻意大使保证，"对此事决不反对"。[19]

顾维钧的回忆也称，中国参战遭到日本强烈反对，日本认为中国是其势力范围；但是英、法、意向日本保证承认其在华利益，这个许诺，"就连美国也被蒙在鼓里"，直到巴黎和会上才被揭诸于世。[20] 美国没有得到其他列强的配合，也成为中国在巴黎和会上收回山东计划失败的主要原因之一。

那个时候，由于中国的内部政治纷争，北京政府要求威尔逊总统和蓝辛国务卿，为维护中国的代议制政府发表一个声明，随后他们又直接向威尔逊总统发出了呼吁书。但是美国政府更希望中国建立一个稳定的政治秩序，6月5日指示芮恩施向中国政府传达一个声明，"希望中国国内政界和谐一致"。声明说中国的参战问题，与中国政界团结和把党派争端放在一边的问题相比，是次要的。

而美国认为，这是一场"为了民主原则的战争"。美国表示"不论美国多么愿意与中国在战争中合作"，但是都不会"利用政治纷争或无视国会而跟任何派系合作来达到这一目的"。美国政府不希望任何党派把参战的问题"用来拒绝中国政府和人民自由作出决定"。

这种态度，中国人表示赞赏。据芮恩施说，"中国各地对美国政府这样公正、诚恳地对中国说话，都表示感谢和满意。"但是在日本和中国出版的日文报刊，"对美国的行动，立刻进行恶毒的谩骂，说美国应该和日本商量。美国的这种行动，已构成了对中国内政的干涉。"日本驻美国大使还提出了非正式抗议。[21]

孙中山反对参战

在上面已经提到的1917年夏与麦克唐纳的谈话中，孙中山谈到欧战的问题，明确表示他一直反对中国参战，"向北京政府和世界陈述了我的理由"。他说，愿意相信所有交战方的官方声明，宣称这次战争不是征服战争，要维护弱小国家的权利。因此，如果战争要维护比利时、塞尔维亚和波兰的主权，那各国更应"尊重中国的独立和主权完整"。[22]

鲍威尔在他的回忆录中，也讲到孙中山反对参战的事情。1917年鲍威尔刚到上海不久，便采访了孙中山。那时，孙中山和宋庆龄在上海居住，鲍威尔到孙中山的府上拜访，专访了孙先生。孙先生身穿传统服装，由薄料子做成。这时孙中山51岁，"头发稀少，两鬓发灰，显得沧桑"。

一番寒暄之后，孙中山邀鲍威尔谈谈中国之行。鲍威尔讲述了到中国的途中，在火奴鲁鲁（檀香山）逗留过的事情。孙先生对此饶有兴趣，他在火奴鲁鲁读过书。鲍威尔又谈到在长崎逗留时，话题随之转入日本。"就现时日本的状况，我们进行了激烈的讨论"。

他们聊得正酣，忽然孙中山严肃地说："美国不应该纵容日本，应该将其驱逐出朝鲜。"听了孙中山的话，鲍威尔很是惊奇。孙先生忙解释说，美国与朝鲜曾经签过这样一个协议：当朝鲜遭到外国侵犯时，美国应该予以援助，保护朝鲜安全。事实上，当日本进犯朝鲜时，美国没有出动一兵一卒。甚至日本将朝鲜吞并之际，美国也没有支援。孙中山郑重其事地说："倘若美国积极抵御日本的侵犯，日本将很难在亚洲实施其侵略计划，世界局势将不会是现在的状况。"

孙先生谈道，朝鲜的战略位置非常重要，它是亚洲的门户。在被占领前，朝鲜像一把长矛一样插入日本的心脏地带；而在被占领之后，它成了日本与亚洲大陆之间的桥梁，如此加快了日本侵略亚洲的步伐。在孙中山看来，朝鲜这一亚洲门户大开，世界形成混战局势，这在很大程度上与西奥多·罗斯福（Theodore Roosevelt）总统有关，因为罗斯福为了日俄和平问题，置朝鲜于不顾。

后来，鲍威尔又拜访过孙中山，就第一次世界大战时中国参与欧洲战争的问题进行了交流。孙先生与黎元洪总统持一致意见，他们都认为中国不应卷入这场战争。在孙中山看来，第一次世界大战与中国没有多少利益瓜葛，向德国宣战表明自己立场的做法没有任何实际意义。

孙中山进一步讲到，参战会影响到中国内部的稳定，因而国民党不主张中国参战。孙先生说："中国人见识浅薄，可能分不清不同民族的外国人。此外，中国老百姓没经历什么大风大浪，比较淳朴。倘若这些中国人收到歼灭德国人的指令，他们或许会将矛头直指境内所有的白人，疯狂杀戮那些白人。"[23]

国会参战问题上的争论

参战遭到国会中一些派别的强烈反对，"这些派别得到首都和南方大多数国民党人的支持"。顾维钧认为，从中国的国际地位看来，美国让中国参战的建议，"完全是为了中国在世界上的利益"，反对参战是毫无道理的。按照顾维钧的分析，这不过是南北政治斗争的结果。南方反对参战，显然主要不在反对中国站在美国一方，而是担心中国参战会使北方有借口，来取得美国，甚至整个协约国的各种援助，以增强其武装力量，用以进攻和征服南方的反对势力。就是在这样的背景下，顾维钧感觉到，他给政府参战的建议，本来"完全是为了中国作为世界大家族中一员的利益,而在两个对立党派之间,则变成了争夺最高权力的大赌注"。[24]

伍朝枢在1917年7月19日给芮恩施的信中指出,段祺瑞率兵到北京召开不合法的国会,中华民国未来的管理由这个国会掌握,会引起新的纷争。他说,"当一个国家的人力和物力都必须保留作为应付可能发生的内战,中央政府的权力只能实行于全国最多一半的地区的时候,对一个外国强国宣战,该是多么可笑!"所以协约国敦促中国政府参战,"这一步行动对于中国的最高利益是有害的,也违反了美国对中国善意的劝告。"[25]

其实,伍朝枢的这个看法从道理上讲是合乎逻辑的。中国面临内乱,却对外宣战,一个如此不稳定的政府,如何能登上外交舞台?巴黎和会上中国的失败,根子应该也是在这里。不过,历史并不是单线的,就看我们从什么角度来看问题。在1917年一战已经接近尾声、胜负已定的情况下,中国宣战实际上已经没有任何风险,而且使中国在和会上被视为胜利国,而有了席位和一定的发言权。

正如研究者所指出的,中国参战之前的和会筹备,主要以加入和会为目的。中国参加一战,实因山东问题而起,参加和会的种种努力,实际为收回山东而设计。参战标志着中国外交政策从消极回避到积极参与发生了一个重大转变,北京政府后期的积极外交由此发端,为中国提出和解决这些问题提供了可能的机会。一战也是中国人建立世界新秩序观念的重要转折,防止日本侵略,也是中国急于参战的原因之一。中德宣战只是一种形式,因为德国不是中国的敌人,只是中国实现"伟大外交战略蓝图的替罪羊或者说是工具"。[26]

1917年8月2日,国务总理段祺瑞把中国参战的决定告诉了芮恩施。但是这个时候,其实美国政府"主张中国不应被迫宣战",他认为中国对德断交,对战局"已有足够的贡献"。但是日本在法国的支持下,"却在极力敦促中国政府同他们联合起来"。后来中国人才发现,法、英、意与日本订有密约,"保证日本战后在中国要求任何权利"。当时中国并不知道"有这些秘密勾当",认为跟参战的列强联合,会使他们取得一个盟国的地位。[27]顾维钧指出段祺瑞的决定是"很有勇气的",因为遭到强烈的反对。但是这一决定至关重要,影响到中国的国际地位,也让中国能有机会在和会上提出自己的诉求。[28]

至于芮恩施,根据他在回忆录里的说法,要让中国人感觉到,"美国政府希望他们根据自己周密的考虑来决定这一问题,并希望可能找到一种使大战局势符合于公平对待中国的办法。"芮恩施认为,当时的中国政府应该利用准备参战这一有利的形势,要求列强发表一个明确有效的声明,即不在中国发展它们的特权和势力范围,就是要各国政府宣布他们的政策,"赞成中国独立发展,不得单独或联合在中国谋取含有领土权或优惠权性质的权利,不管是地方性的或全国性的。"中国还应该要求各国政府另外发表声明,给予中国充分援助,以帮助中国得到列强在国际关系中一律平等所产生的利益,还应该"允许中国在国际关系中,从当前形势和对一个大国应有的尊重方面得到利益,保证给予友好的支持"。[29]

中国宣布参战

1918年11月6日,国会追认对德奥宣战案,全体赞成通过。

当时钱能训为代总理,说明提案宗旨,他概述了参战的过程:1914年6月,欧洲战事发生,政府因为恐怕"战期蔓延太大,将来难以收拾",所以"特守中立"。1917年1月,德国"藐视公法",以潜水艇封锁海面。美政府认为德国这等举动,蹂躏公法,不能再忍,向德国宣告绝交。驻京美国公使,亦通知中国政府,"同美国为一致行动"。

1917年3月14日,中国宣布同德国断绝外交关系。8月14日,对德国、奥国宣战,废除中德、中奥条约,收回天津、汉口德奥租界,并"尽我力量所能及,帮助协约各国,取得最后的胜利"。钱提到威尔逊的十四条:

> 列举各条,其中如和约必须公开,排除经济障碍,缩减军备,设万国公会,国无大小,互相保护,正式独立,领土完整,志向何等光明正大。这些条款,都是世界人人良心上主张,人人口里讲的话。这种主张焉有不得最后胜利的道理。……我国全体人民,敢说是对于威大总统所主张,没有一个人不赞成的。

对于成立国联的计划,中国也是非常支持,"现在美国威大总统热心主张国际联合组织,希望办得极有力量。这种计划若能成功,一定能保持将来永久的和平。"政府打算在国内传播这种主意,"使全国国民确信此举为保持世界和平独一无二的方法,庶几乎这种办法才能持久"。[30]这样,钱能训对美国在参战中的重要作用,从北洋政府的角度进行了概述。

中国的参战,使中国与美国的关系进入了一个新的阶段,而且得到了美国社会广泛的关注。而且,中国的外交官们在国际的舞台上,进入了一个非常活跃的时期,为即将到来的巴黎和会进行热身活动。

第二部 内忧外患,1914—1918

如中国驻美公使顾维钧在纽约格林伍德公墓举行了一场纪念活动,有数千人参加,他阐述了"中国对于自由事业的贡献"。人们都被他"所展示的东方风采和精神所打动"。

参加活动的中国人,无论男女老少,都穿着中国传统服装,虽然"行为举止是中国式的",但是他们都接受了"美国现代思想的影响"。《纽约时报》说:"公使顾先生学贯中西,是来自东方的使节,在1909年时,他就是哥伦比亚大学的'杰出演说家'"。

人们望着中国国旗冉冉升起后,顾公使说:1917年8月14日中国宣布参战,这是一个郑重的决定,理性的选择。尽管中国不在战场的中心,但一直认为自己对大战负有责任。自1897年起,德国就侵犯中国山东省,这是孔子故里,"是中国的圣地"。1900年,德国军队对中国人民犯下滔天罪行,杀害无辜,伤害妇女儿童。德国人在中国横行霸道,中国人永远都会记住德军的罪恶。

然而,中国参战"并非是由于报复"的目的。中国还有其他的原因,德国入侵和平的比利时,进攻优雅美丽的法国,在公海对中立国发起潜艇战,击沉商船,草菅人命。残酷的事实面前,人道和法律都不足以阻止德国人的暴行。中国人民清楚地知道,德国在战争中获胜,那么这个世界将会是多么地可怕。

顾维钧告诉在场的人们:中国人民明白了,战争已不再是欧洲的斗争,而是人类为庄严神圣而战。因此,当美国宣布与德国断交并号召其他中立国同它一致行动时,中国成为第一个响应的国家。为此,"我们感到自豪"。他要让世界知道:"如同伟大的美国一样,中国参战不是出于私利,也不求物质回报。"日本与中国都是协约国成员,它已"承诺会将德国权利归还给中国"。但是他完全没有想到,收回山东权利的道路，后来竟然是那么艰苦和崎岖。

顾维钧透露，"现在有20万华工在西线为协约国服务"。他还表示，中国不仅可以为欧洲提供船只和劳工，还将"派百万士兵参战"。另外，中国自然资源丰富，可以开采大量矿产，制造武器弹药；中国也是世界上最大的粮仓，可以保障协约国的后勤供应。

最后他说："美国人民致力于为人类的自由事业而奋斗，他们激励了并肩作战的协约国的人民。我想特别指出的是，华人无论是身在美国，或是身在中国，在美国精神的感召下，积极认购美国政府发行的公债。我相信，只要你们继续发行公债，中国人民就一定会继续支持。这是人类史上最大规模的战争，希望永远不要再出现了。"[31]

这时，中国留学生对美国的信任也达到最顶点。一位名叫刘天道（译音 Liu Tien-Tow）的学生给威尔逊总统写了一封信，说他招募到1500位中国人为美国服兵役，这千余人包括中国籍和在美国出生的华裔。据他所言，他已经组织纽约的300名中国人训练了三个月，得到了芝加哥和旧金山同胞的支持，他表示"有能力组织起一个中国独立团与美国海外部队协同作战"。这篇文章称，刘是已故的辛亥革命领袖黄兴的外甥。[32]

关于刘的更具体的信息不多，但是根据美国中国学生同盟（Chinese Students' Alliance in the United States of America）所编印《中国学生名册》称，刘是哥伦比亚大学的学生，湖南人，是否是黄兴的外甥是没法确认了，倒的确是黄兴的老乡。[33]另外，据《亚洲与美洲》（Asia and the Americas）杂志上的信息，美国华人同盟（The Chinese American Citizens—Alliance）在刘天道的

第二部 内忧外患，1914—1918 187

领导下，组织了600人的队伍，在纽约的唐人街进行演习。[34]

而就在中国对德宣战几天之后，即1918年11月19日，孙中山给芮恩施写信，指出现在中国内外交困，中外军阀勾结，"美国总统和人民只有通过您才会知道中国的真实情况。您的责任确实重大，中国究竟是民主政治还是黩武主义获胜，主要取决于阁下对我国无助的人民在现阶段所给予的道义上的支持。"

芮恩施认为，中国人是相信舆论的力量，愿意让中国的局势被国外所了解。芮说，他和孙中山商定了解决统一中国问题的办法。芮很郑重地写了一个报告递交美国政府，并致电总统，说明"中国对和平前途的重大关系"。在报告中，他说忍不住要谴责日本的政策，并概述了使华五年中所积累的证据。

他说，过去他抱着佩服并对日本人友好的心情，来到远东。他对日本人民仍然友好，但是对日本政府"根本缺乏公正观念的帝国主义政治手腕以及极其残忍和卑鄙狡诈的行为，不能熟视无睹。"如果日本继续采用这种方法，"只会带来灾祸"。日本只能抛弃这种政策，才能得到和平和真正的幸福。日本在亚洲的军事政策和方法，"不会给任何人带来好处，日本人尽管暂时或有所得，但终究对他们不会有丝毫好处。这种野心不会永远得逞。"从后来日本所发生的事情，不能不说芮对日本的认识是深刻的。[35]

芮恩施对日本在中国的所作所为，给威尔逊做了比较详细的汇报。他说，日本用尽一切方法"使中国败坏"，例如制造并支持动乱，支持和资助一群贪污、罪恶的督军，雇佣煽动制造动乱的人，保护土匪，输入吗啡和鸦片，"用借款贿赂和威胁等方法使官吏腐败堕落"。还破坏中国的银行钱庄和地方货币，非法输出中国的银元，企图破

中国记事（1912—1928）

坏地方上的盐政管理。又极力阻止中国参战,"利用大战和协约国的自顾不暇情况,使中国落入与它缔结秘密军事同盟的圈套"。[36]

一战爆发后的在华德国人

一战爆发的时候,上海有三个有名的俱乐部:上海英国俱乐部、德国俱乐部和法国俱乐部。其中英国俱乐部和德国俱乐部都在外滩,相隔仅两三条街。而法国俱乐部在法租界,"是上海国际圈子里最有声誉的俱乐部"。每当中午时分,英、德商人都会前往外滩,到各自的俱乐部里用午餐。即便拥挤到摩肩接踵,"英德商人也互不问候"。用餐时,各自俱乐部里的商人谈话的主题都是关于欧战的,双方的俱乐部里都悬挂着大幅局势地图。

1917年3月,中国加入协约国作战,欧战形势发生了变化。中国对德宣战,终止了德国在中国所享有的治外法权。法国人鼓动上海公共租界将德国人遣送回本土,还要求北京政府将在华的德国和奥地利人赶出中国。不过中国官员的办事效率低下,北京政府早已下达了遣送德国人回国的指令,但是地方官根本不听北京政府的指挥,所以迟迟没有执行。但是公共租界则将德国人逐出了,德国人所有的行李搬出了租界,他们在华界开始了"新的生活"。

其实,那时的中国人并不赞成北京政府将德国人赶走的做法,直到一战结束了好久以后,德国人才离开了中国。被赶出中国,德国人很是愤愤不平,德国人在上海创办的刊物和德国本土的报纸杂志,都刊登了许多有关文章。甚至在德国还有几本关于这个主题的畅销书,受到人们的追捧。

按照鲍威尔的描述，中国政府惊奇地发现，对德宣战对中国是好处多多，不仅可以收回德国享有的治外法权，还可以没收德国财产及德国人经营的公司、行号和各种不动产，以及德国的几家金融机构。中国政府接管了外滩的德国俱乐部和银行，分别交给中国银行和中国交通银行管理。

此外，法国人还趁机抢占了德国置办的位于法租界的一大块土地，那块地是德国人准备用来修乡村俱乐部的。在南京路上，还有一家出名的德国药房，但是美国人将其抢来变为了美国公司。美国国旗飘扬在药店门口，但里面的药品依然和原来一样，甚至雇员也是原来的。[37]

日本外相的华盛顿之行

不过，就在敦促中国参战的过程中，美国与日本外交关系的一段插曲，被认为是美国政府对日本的妥协，即蓝辛—石井换文的形成，这引起了芮恩施极大的愤怒。这也显示了在中国问题上，威尔逊与他还是有分歧的。

日本政府与英、法、俄、意四国达成所谓谅解之后，便力图与美国也能形成某种协定，1917年秋派前外相石井菊次郎到华盛顿，与美国政府交换关于中国问题之意见。石井于九月初抵华盛顿，与威尔逊晤谈。威尔逊表示："美国所望者，在对中国诚实施行门户开放、机会均等主义，而事实上，列强在中国各地各自划分所谓势力范围，为此主义（指门户开放、机会均等）之威胁，殊为遗憾。"

在威尔逊看来，日本无须特别强调其势力范围，因为那只是"徒惹国际争议",不如"早日废止"。日本距中国最近,其货物一两天便可运达中国市场,而欧美各国的货物要一两个月方能到达,因此日本已经占有天然的优势,没有必要那么劳神费力去控制中国了。[38]

1917年11月2日,蓝辛—石井换文成立,又叫《蓝辛—石井协定》(Lansing-Ishii Agreement)。蓝辛照会石井:

> 合众国及日本国政府均承认凡领土相接近之国家间有特殊之关系,故合众国承认日本国于中国有特殊之利益,而于日本所属接壤地方,尤为其然。中国之领土主权,当然完全存在。合众国政府以日本国其于地理的位置之结果,有如上之特殊利益,日本并无不利他国之通商与偏颇之待遇,及蔑视条约上中国从来许与他国商业上权利之意。盖日本国政府屡次之保障,全然可以信赖也。合众国及日本国政府声明毫无侵害中国之独立及侵害保全领土之目的。且声明两国政府常于中国维持所谓开放门户又对商工业机会均等之主义。又凡特殊之权利,又特关侵害中国之独立及领土之保全,或有妨碍列国臣民或人民商业上及工业上完全享有均等之机会者,两国政府不问何国政府,有是均得反对,互相声明。本官以贵我两方意见既已一致,明白了解,故对前记各项,希望阁下之确认。[39]

同日,石井照复蓝辛,内容和措辞基本上相同:

> 阁下及本官均以欲一扫近来往往流布有害之风说起见,当将商国政府关于中国之所怀抱之所希望及其意向,再行公然宣言,方为得策。合众国及日本国政府均承认凡领土相接近之国家间有特殊之关系,故合众国承认日本国于中国有特殊之利益,而于日本所属接壤地方尤为其然。中国之领土主权,当然完全

存在。合众国政府以日本国其于地理的位置之结果,有如上之特殊利益,日本并无不利他国之通商与偏颇之待遇,及蔑视条约上中国从来许与他国商业上权利之意。盖日本国政府屡次之保障,全然可以信赖也。合众国及日本国政府声明毫无侵害中国之独立及侵害保全领土之目的。且声明两国政府常于中国维持所谓开放门户又对商工业机会均等之主义。又凡特殊之权利,又特关侵害中国之独立及领土之保全,或有妨碍列国臣民或人民商业上及工业上完全享有均等之机会者,两国政府,不问何国政府,有是均得反对,互相声明。[40]

之所以不惧冗长地把全文录在这里,就是能让我们有机会看看这个文献到底包含了什么样的内容,是否具有像芮恩施所担心的那种危害。

换文发生以后,各方面便有不同的反应。王芸生认为,"蓝辛—石井协定之成立,为日本外交之一胜利"。同时也指出,日美两方对《蓝辛—石井协定》之解释有明显不同。日本将"特殊利益"四字解作"特殊地位",美国则认为只限于经济及商业方面,不涉及政治方面。

这两种不同之见解,从日美两国驻北京公使致中国政府的照会表现出来。日本公使林权助先于11月6日照会中国外交部:"美国正式承认日本在中国之特别地位,因中日二国土地接近之故,尤以彼领土毗连之部分为特甚。唯中国之领土完全与政治独立,仍不损伤。美国政府深信日本屡次之保证,对于他国在华商业不加成待。美日二国重复声明恪遵门户开放主义,反对任何国政府取得影响中国独立之特别权利"。

两天之后,即8日,芮恩施照会中国外交部:

日本使团之在美，发生讨论美日两国在远东利益之机会。日本代表公然宣言，日本之政策，非是一种侵略政策，并言日本并无于商业上或间接利用其地理位置所造成之特别关系。然则为德人所散布之外交疑云，业经扫除。美日两国政府重复声明，彼此恪遵门户开放政策，重复拘束两国政府，维持机会均等主义。任何国之臣民公民，于在华之商工业，一律完全享受之。日本在中国之商工企业，曾因彼两国地理关系之故，显然对于他国臣民公民之同一企业，占有某种利便；今美国政府与日本政府乘此良好机会，交换彼此对华关系意见。此项了解，业经正式交换公文声明，兹特将该项公文录送左右。在此等公文中之陈述，无须加以解释。其中不但重行声明门户开放政策，并且采用不干涉中国主权及领土完全之主文。此种主义，普通适用之，乃为永久国原和平所必要，诚如威尔逊总统所皆明白宣言者也。[41]

这里列出美方、日方和中方关于这个换文和照会的各种文本，需要具体观察各方面的措辞，分析各方面的利益关系。仔细研读美日换文，其实表达了如下几个要点：

其一，美国认可由于日本与中国领土邻近，所以有某种"特殊之关系"和"特殊之利益"；

其二，美国和日本承诺中国的独立和领土完整；

其三，日本不会在其势力范围内阻碍其他国家的通商；

其四，日本尊重最惠国的条款（也就是说，如果中国许与日本任何在华权利，那么同时也适合于其他条约国家）；

其五，坚守门户开放、机会均等立场。

因此，应该说这个换文是明确了日本不能为了自己利益在中国扩张和控制中国,从条款上看不出明显对中国不利的地方。美国要日本重申遵守门户开放政策,美国承认日本离中国近,所以有特殊利益,但只是经济利益。然而,由于这个"特殊利益"并没有具体说明,按照美国的解释,应该只局限在经济利益,并非政治利益。日本保证了对中国领土没有企图,这是美国的目的。

所以一个英国人写道:"我细读原文,知道美国,用一句美国话来说,已使日本受骗了。石井到美国去是想得到美国默认日本在华的优势,又要美国承认日本在太平洋的霸权。但两个目的他都没有达到。相反地,他不得不重申遵守以前的誓约,这些誓约已在日本提出二十一条要求时被摈弃了。"[42]

但是,实际上的结果却并非这个英国人想象的那么乐观。日本利用了和美国的这个换文,有意曲解其中的含意。其实,芮恩施似乎也感觉到换文可能以后会有潜在的麻烦。华盛顿同日本进行的秘密谈判,他并不知情,直到蓝辛—石井换文之后,即1917年11月4日晚上才知道这个消息。

他在回忆录中说,根据这个换文,"美国政府承认日本在中国,特别是在中国之与日本属地接壤的部分,有特殊利益。"芮感觉好像被打了一记"使我昏厥的耳光"。在芮恩施看来,这个换文被中国外交部看作是美国的重要让步,显示了日本外交上的胜利。他并不知道美国签这个协定的动机,为什么美国总统和国务卿会同意这项协定。这个协定在正式签订之前,日本还通知了英、俄、法和意等国的代表。不过芮恩施补充说,所谓日本"特殊地位"的词是模糊的,可能是经济的,并不是政治的性质。他认为,日本不会利用其特殊利益来歧视别国通商。[43]

当然，对这个美日换文，中国保持着足够的警惕。11月9日北京外交部照会美日两国公使，声明中国的立场不受他国交换文书之影响：

> 近今日美两国政府，为息止谣传起见，将对于中国之意旨，在美京互换照会，并由驻北京日本公使将前项照会原文通告中国政府，中国政府为免除误会起见，声明如下：中国政府对于各友邦皆取公平平等之主义，故于各友邦基于条约所得之利益无不一律尊重。即因领土接壤发生国家间特殊关系，亦专以中国条约所已规定者为限。并再声明，嗣后中国政府仍保持向来之主义，中国政府不因他国文书互认，有所拘束。[44]

中国外交部这个声明非常有必要，表明了自己的态度。首先，美日两国关于中国的换文，没有中国的参加，本身就是不尊重中国的主权的行动；其次，厘清了所谓"特殊关系"，只是因为领土邻近而已，就是为了防备日本以后玩弄词语。

芮恩施担心这个换文会影响到中国人对美国的看法。很多中国人表示，"他们被美国出卖了"。芮表示看不出为什么有迫切的理由要签订这个协定，后来他才知道这个协定是由总统和国务卿两人商讨拟定的，并没有与国务院其他人商量。国务卿认为，反对任何国家政府获得任何特殊权利和特权所做的积极肯定的保证，这个协定"比以前任何声明中谈得都更为明确、更为深刻"。[45]

芮恩施对于美国政府对中国问题的重视不够提出了批评："我们在大战中支援中国的建设性力量的行动必然不可能有效，因为别的地方也需要我们的力量去支援。不过，我认为在中国与德国断绝关系时，我们失掉了一个大好的机会。"那个时候，美国"只要稍稍注意一下中国的意见，以及我们方面的资源和努力，则整个情况就会改变。"

他特别不满的是，美国花了大把钱在欧洲，却不愿意投资在中国："当我们给予欧洲那些最不重要的国家千百万元巨款的时候，却没有给中国送来一分钱。我们对中国没有支援，就驱使段祺瑞及其追随者投入亲日派的怀抱。我们给中国的不是资源，而是蓝辛—石井协定。"[46]

按照芮的说法，正因为中国在财政上走投无路了，才给日本钻了空子，利用中国政府中的亲日分子，扩大了在华的影响力。芮恩施指出，从日本人对换文的反应，可以看出这个协定所产生的消极影响："日本报纸无耻地宣称，日本可以依照自己的意思解释'特殊利益'一词，这词的含义是指日本在中国'有至高无上的政治影响而言'"。中国外交部的官员也认为，日本利用这个协定作为宣传的工具，侵犯了中国的主权。[47]

顾维钧从他的角度解释了美国与日本换文的原因。他认为，"在很大程度上是迫于欧洲战事"，特别是其中有英国的推动。美国政府十分清楚，协约国在远东需要日本的支持，"英国政府最急于看到美日之间达成某项协议"。顾指出，在日中关系和日美关系之间，英国所处的地位是"很微妙的"。英国在中国及亚洲有重大利益。日本突然袭击青岛，占据胶州租借地，已经表明日本在亚洲的野心。然而，当时英国的重心是在欧洲，最根本的利益是要打赢战争，为达到这个目的，就要"尽量争取日本的援助"。

如果没有日本与美国的协议，不付出一些代价，英国就"很难指望日本的支持"。后来在巴黎和会中透露出来，英国要求并接受了大量日本援助，如把军队从澳大利亚运往欧洲前线，以及在西太平洋水域巡逻，防备德国潜艇的活动等。当时伦敦与东京达成的关于山东以及日本在华利益的绝密协定，"连美国政府都不知道"，表示出英国"急于取得日本的援助及对战争的支持的迫切程度"。[48]

顾维钧的分析是非常有道理的，英、美为了争取日本对战争的支持，对日本做出了妥协。日本也利用这个机会，实际上是要挟了英、美等西方列强，中国在这里成为牺牲品，而这个沉重的代价在巴黎和会上才充分显现了出来。

美国所扮演的角色

在辛亥革命之后，中国面临一系列的外交危机，并一直是被排斥在国际政治舞台之外。但美国积极引导中国进入一战后的国际秩序，推动中国加入协约国，奠定了巴黎和会上提出收回山东主权要求的基础。中国的参战，加强了中国与美国的联系，也造成美国对于中国的更多的关注。

了解美国与北京政府的关系，无疑对理解1919年巴黎的中国外交以及收回山东权利失败的原因，会有深入的认识。五四运动虽然是因为巴黎和会中国无法收回山东权利，即是因为外部事件引起的，但是其实是辛亥革命后一系列内部危机的总爆发。

当我们审视这期间中、日、美关系以及国际问题上的一系列大事件，可以发现作为第一强国的美国，其实在处理中日关系上，仍然受到英、法、意、俄等国的掣肘。加上中国国内局势的混乱，使中国得到国际社会的承认和争取权益的道路充满变数和艰辛。

从 1913 到 1918 年间，美国不断防止日本过度的扩张。美国意识到，不能让日本在远东一家独大，控制中国，这不符合美国在远东的利益。因此，美国采取了对中华民国友好的态度，这个态度反应在这些年发生的一系列主要事件上，包括承认中华民国，反对《二十一条》，以及推动中国参战。

然而，在这个时期，日本也并没有放松其外交活动，而且可以看到，日本的外交非常有远见，利用协约国在战时有求于它做要挟，为其以后长期霸占胶东半岛积极地做外交准备。

一是，与英、法、俄、意四个主要欧洲列强达成了交易，要求在战后的和会上，支持其对山东权利的要求，这个动作实际上使美国在巴黎和会上支持中国，遇到了最大的阻力。

二是，派外交大臣到华盛顿游说，竟然在美国驻华公使芮恩施毫不知情的情况下，与美国达成了蓝辛—石井的换文。

个人经常在历史的关键时候，扮演重要的角色。可以说，如果不是芮恩施担任美国驻华公使，可能当时的中美关系不会发展得如此紧密。由于芮与威尔逊同持美国进步主义的政治观，在中国问题上，他们有着许多共同点，这也使得芮恩施能够充分发挥他的作用。芮固然代表着美国的利益，但同时他对中国怀有很深的感情，想要主持正义，对日本抱警惕的态度。但是，中、美、日三国关系在那个时候是错综复杂的，往往超出了他所能作为的范围。

美国认为，中国的独立和不受外国控制，符合自己的利益，因此中美两国的利益是一致的。但是问题在于，这并不等于得到了美国的支持，中国国内和国际的问题便迎刃而解了。美国的角色，也就是使中国在对抗日本的过程中，有了一点底气。然而中国内部的分崩离析，使得中国在外交事务中处于十分困难的境地。先是袁世凯称帝，爆发内战；然后是国会分裂，南北分治。各种政治势力，都力图干预北京政府的外交，从参战问题上的南北之争，便可以看到这种混乱。政出多门，只会使中国在外交问题上，陷入更加困难的境地。

注 释

［1］ J. B. Powell, "Boycott of Japanese Goods Is Growing Daily in China." *Chicago Daily Tribune*, July 13, 1919.

［2］ 顾维钧：《顾维钧回忆录》第1分册，第152页。

［3］ 徐国琦：《中国与大战：寻求新的国家认同与国际化》，第103、121、136页；侯中军：《中国外交与第一次世界大战》，第371—372页。关于一战的华工研究，见徐国琦：《一战中的华工》。据有关研究，一战期间在法国战区的英法招募的华工总数大约14万人，加上1916年俄国招募的45000人，共约20万。见刘国良：《参加"一战"的华工数字问题》，《历史教学》2010年第13期，第58—59页。

［4］ "China's Man Power Aids France in War." *New York Times*, February 25, 1917.

［5］ Gardner L. Harding, "China's Strong Arm to Be Felt in War." *New York Times*, October 14, 1917.

［6］ Gardner L. Harding, "China's Strong Arm to Be Felt in War." *New York Times*, October 14, 1917.

［7］ Gardner L. Harding, "China's Rebel Leaders Represent Reaction." *New York Times*, June 10, 1917.

［8］ 王芸生编著：《六十年来中国与日本》第7卷，第16页。

［9］ 徐国琦：《中国与大战：寻求新的国家认同与国际化》，第169—170页。

［10］ 芮恩施：《一个美国外交官使华记：1913—1919年美国驻华公使回忆录》，

第 194 页。

[11] 侯中军:《中国外交与第一次世界大战》,第 220、226 页;徐国琦:《中国与大战:寻求新的国家认同与国际化》,第 172—173 页。

[12] 徐国琦:《中国与大战:寻求新的国家认同与国际化》,第 184 页。

[13] 芮恩施:《一个美国外交官使华记:1913—1919 年美国驻华公使回忆录》,第 199 页。

[14] 顾维钧:《顾维钧回忆录》第 1 分册,第 152 页。

[15] 顾维钧:《顾维钧回忆录》第 1 分册,第 153 页。

[16] 顾维钧:《顾维钧回忆录》第 1 分册,第 152—153 页。

[17] 王芸生编著:《六十年来中国与日本》第 7 卷,第 71 页。

[18] 顾维钧:《顾维钧回忆录》第 1 分册,第 154—155 页。

[19] 王芸生编著:《六十年来中国与日本》第 7 卷,第 71—76 页。

[20] 顾维钧:《顾维钧回忆录》第 1 分册,第 155 页。

[21] 芮恩施:《一个美国外交官使华记:1913—1919 年美国驻华公使回忆录》,第 207—208 页。关于中国参战的复杂过程和各种曲折,见顾维钧:《顾维钧回忆录》第 1 分册,第 147—156 页;王芸生编著:《六十年来中国与日本》第 7 卷,第 75—100 页。有关研究参见侯中军:《中国外交与第一次世界大战》,第 208—278 页;徐国琦:《中国与大战:寻求新的国家认同与国际化》,第 168—215 页;唐启华:《洪宪帝制外交》,第 134—190 页。

[22] "Prospect of Dr. Sun's Return to Power in China." *New York Times*, July 15, 1917.

[23] 约翰·本杰明·鲍威尔:《我在中国的二十五年》,第 30—32 页。

[24] 顾维钧:《顾维钧回忆录》第 1 分册,第 153 页。

[25] 芮恩施:《一个美国外交官使华记:1913—1919 年美国驻华公使回忆录》,第 224 页。

[26] 侯中军:《中国外交与第一次世界大战》,第 371—372 页;徐国琦:《中国与大战:寻求新的国家认同与国际化》,第 11 页。

[27] 芮恩施:《一个美国外交官使华记:1913—1919 年美国驻华公使回忆录》,

第 221 页。

[28] 顾维钧:《顾维钧回忆录》第 1 分册，第 155 页。

[29] 芮恩施:《一个美国外交官使华记：1913—1919 年美国驻华公使回忆录》，第 221—222 页。

[30] 南海胤子:《安福祸国记》，荣孟源，章伯锋主编:《近代稗海》第 4 辑，第 386—388 页。

[31] "Minister Koo Tells Why China Is in War." *New York Times*, October 2, 1918.

[32] "Chinese Would Fight for U.S." *Washington Post*, July, 27, 1917.

[33] 在 Chinese Students' Alliance in the United States of America, *The Chinese Students' Directory*. (Chinese Students' Alliance in U.S.A., 1918) 第 52 页有关于 *Liu Tien—Tow* 非常简略的信息: "Liu, Tien—Tow (B. S., Columbia), Hunan. Columbia. Prov., 13 Hartley Hall, Columbia University, New York City"。

[34] *Asia and the Americas* vol. 17 (August 1918), p. 469.

[35] 芮恩施:《一个美国外交官使华记：1913—1919 年美国驻华公使回忆录》，第 256 页。

[36] 芮恩施:《一个美国外交官使华记：1913—1919 年美国驻华公使回忆录》，第 257 页。

[37] 约翰·本杰明·鲍威尔:《我在中国的二十五年》，第 51—52 页。

[38] 王芸生编著:《六十年来中国与日本》第 7 卷，第 101—102 页。

[39] 王芸生编著:《六十年来中国与日本》第 7 卷，第 104 页。

[40] 王芸生编著:《六十年来中国与日本》第 7 卷，第 104—105 页。

[41] 王芸生编著:《六十年来中国与日本》第 7 卷，第 106—107 页。

[42] 芮恩施:《一个美国外交官使华记：1913—1919 年美国驻华公使回忆录》，第 239 页。

[43] 芮恩施:《一个美国外交官使华记：1913—1919 年美国驻华公使回忆录》，第 235—237 页。

[44] 王芸生编著:《六十年来中国与日本》第 7 卷，第 107 页。

[45] 芮恩施:《一个美国外交官使华记:1913—1919年美国驻华公使回忆录》,第238—239页。

[46] 芮恩施:《一个美国外交官使华记:1913—1919年美国驻华公使回忆录》,第279页。

[47] 芮恩施:《一个美国外交官使华记:1913—1919年美国驻华公使回忆录》,第240—241页。

[48] 顾维钧:《顾维钧回忆录》第1分册,第160页。

第三部
虽败犹荣，1919

无论美国最终是坚持还是放弃支持中国收回山东主权的诉求，中国直接收回山东半岛的可能性几乎不存在。因为一旦要求将日本立即归还胶州半岛写入《凡尔赛和约》，日本将退出和会和拒签合约，那么中国收回山东权利的计划仍然不能实现，因为该和约对日本没有约束力。

第 9 章　准备出征

> "十四项原则"已经不仅是欧洲使馆人员研究思考的严肃课题,而且成为亚洲,尤其是非洲被压迫民族的一线希望。
>
> ——中国驻美公使顾维钧

在巴黎和会召开之前的中美外交接触中,美国反复表明,一定要支持中国从日本手中收回山东半岛。但是后来的结局我们都已经看到了,中国的这个目的没有达到,从而引发了波澜壮阔的五四运动,改变了中国的历史走向。在巴黎和会和五四运动百年以后,回顾这段历史,我们需要把这个事件放到当时国际政治大环境中进行讨论。

改革开放后,学界开始抛弃那种把历史看成是革命与反革命、前进与倒退、爱国与卖国等对立的两分法,认识到历史是一个复杂的过程,外交也是多种因素复杂作用的结果。

关于中国参加巴黎和会的问题,近些年出版了非常深入的研究,证明了北洋政府对参加巴黎和会是进行了充分的外交方面的调研,对德宣战和华工对一战的贡献,为协约国所承认,取得了作为参战国成员参加和会的资格,并使收回德国在山东的特权——包括租借地租界及胶济铁路——具有了可能性。[1]

中国准备参加巴黎和会

在欧战爆发初期，北京政府宣布中立，在外交上比较亲日，日本对中国影响力增大，但1917年春美国对德绝交和宣战后，中国朝野亲美主张逐渐增多。特别是1918年1月威尔逊发布十四点和平原则后，中国与美国频繁接触，支持美国建立国联的设想，中国的参会目标已经十分明确，和会中的主要对手是日本。[2]

中国为参加和会应该是进行了周密的准备。顾维钧先是在华盛顿的中国公使馆内成立了一个小组来收集各种资料，进行研究和分析，以确定中国应采取什么样的政策。这个小组特别研究了关于中国的特殊利益，以便中国政府在适当的时机提出这些问题。自19世纪中叶中西交往以来，中国在对外关系中始终处于不平等的地位，一直受到不平等条约的约束。由于在战争中屡遭失败，被迫割让领土，接受领事裁判权和各种其他特权，主权早已被侵犯。

顾维钧认为现在正是时机，中国应该在即将召开的和会上"向各国鸣此不平，以争回某些失去的权利"。中国所不满的不仅仅是欧洲列强的帝国主义政策，而且还有19世纪后期使中国蒙受苦难的日本侵略，特别是臭名昭著的《二十一条》要求。[3]

从1918年夏天起，顾维钧连续向北京政府发出研究小组的报告书，力劝政府尽早对此加以考虑，"把即将召开的和会视为中国一次非同寻常的机会"，中国可以借此机会"谋求某种程度的公平待遇，并对过去半个世纪以来所遭到的惨痛后果加以改正"。

当时是段祺瑞执政，采纳了顾维钧的建议。外交总长陆徵祥在外交部成立了一个委员会，把顾寄发的各份报告书作为基础，研究中国要向和会提出的问题。顾维钧认为，首先应该准备"那些涉及中国切身利益的问题，并设法将其写入和约"。要将签署的对德和约中写上"归还青岛和胶州租借地，归还义和团'暴乱'时期德军从北京天文台掠去的设备、仪器；德国占领山东之后中国所遭之破坏应向德国索赔，遣返德国侨民之费用应由德国偿付"。

顾维钧确信，中国在和会上提出胶州和青岛问题并谋求解决是无可非议的，无须顾及《二十一条》。而日本一直坚持，有权讨论山东问题的应该是日本而非中国。甚至在中国加入协约国方面参战之后，日本依然不遗余力地对北京施加压力，决意要在山东问题上把中国排除在和会之外。[4]

1918年夏，特别是凡尔登战役之后，人们已经看到了战争即将结束的曙光。10月，奥地利求和，这加速了德国的垮台。1918年11月11日，停战协定签字，战争正式结束。中国驻巴黎公使"出乎意料之快地接到一份通知说：即将召开协约国最高会议，商谈对德国及其盟国停战和平条件"。[5]

在近代的历史上，中国将第一次站在世界历史舞台亮相。这个时候的顾维钧，以及那些已经见过世面的年轻外交官们，怀着志在必得的满腔热血，准备奔赴另一个战场，但是他们完全没有估计到，前面的道路是多么崎岖，有多少艰难险阻。

谁能答应帮助中国？

顾维钧认为，要实现这个目标，必须依靠美国的支持，对英法

顾维钧。摄于巴黎和会。

资料来源：Prints and Photographs Division, Library of Congress.

则不抱太大希望。所以在和会召开之前,顾维钧特别关注美国政策,特别是有关威尔逊的政策和观点,认为威尔逊在和会议决时所发表的意见"将具有决定性意义"。他那著名的"十四项原则",对中国是一个巨大的鼓舞,"成为亚洲,尤其是非洲被压迫民族的一线希望"。顾还从美国国务院明确感觉到,"美国是中国的朋友,美国将尽最大努力促进中国的事业,务必要使中国参加和会。"[6]

在和会之前,顾维钧不断与美秘密接洽。美国对中国的试探响应积极,极力支持中国参加和会。北京政府大受鼓舞,陆徵祥也称要与美国一致行动,要求协助废除《辛丑条约》。1918年11月24日,芮恩施报告国务卿蓝辛,北京政府的愿望是"和会以符合新的友好国际关系新精神之下,会安排有效保障中国之完整与独立,结束列强在华之利益与影响"。[7]正如芮恩施所说的:"对于美国在巴黎和会上的领导地位,可能世界上再没有哪个地方像中国期盼的那样高了。"[8]

一位美国高级官员也表示,美国的终极目标,"那就是把日本赶出中国。"[9]正因为威尔逊反复表达对中国的支持,让中国上下对和会的结果过于乐观。唐启华曾指出,事实上中国对欧战贡献有限,但是拟在和会提案的范围却相当广泛,虽然表达了中国追求平等国际地位的强烈愿望,"但牵涉太多战胜国在华之特权,相当不切实际"。唐启华认为,威尔逊对自己的理想主义外交信念十分坚定,对中国表达过多的善意,"致使北京政府产生不切实际的幻想,以为只要依赖美国的善意与支持,就可以达成愿望"。[10]

这个"不切实际的幻想",也表现在中国希望自己能被视为大国,派出和主要协约及参战国同等数目的代表。但主要协约国却决定:协约及参战各国在和会上将分为三类:

一是五个主要协约国,即美、英、法、意、日,每国五个席位;

二是战争中提供过有效援助的国家,每国三个席位;

三是协约国阵营中的其他成员,每国二个席位。

中国没有想到的是,自己竟被归在第三类,因此仅给两个席位。这一决定使中国大失所望,与中国的初衷相去甚远,认为有损于中国在国内外的声望。[11]在中国席位的问题上,五强之中,只有美国明确支持增加中国的席位。外长陆徵祥让驻英公使施肇基和顾维钧分别与英美代表团就席位问题进行磋商。

美国代表团指出,席位问题"关系到中国利益",但英法反应很消极。法国答称,一个国家在和会上的地位,是要由该国在战争中为协约国所做过的贡献来确定的。中国代表与法国外交部进行争辩,指出巴西有发言权的代表由两席增至三席,那么中国也至少应享有相同待遇。但是法国称中国对协约国方面实际帮助甚少,而巴西海军巡弋南大西洋,保护了协约国运军火的船只,贡献甚大。显然,法国完全无视中国送上欧洲前线的14万劳工的重大贡献和牺牲。结果,"仅有美国将支持中国的要求"。中国的交涉并没有得到预想的结果,作为一种妥协,允许中国派5名代表,可以轮流出席和会。[12]

不过,从美国派出的代表看,对中国也是很有利的。据玛格丽特·麦克米伦所著《缔造和平:1919巴黎和会及其开启的战后世界》的描述,全权代表国务卿蓝辛(Robert Lansing),"在华盛顿开启职业之旅"之前,"早就是中国政府的顾问了";另一名专家卫理(E. T. Williams)是美国国务院远东事务部的主管,"他曾在中国生活过,当过传教士和外交官"。因此,从总体上说,"美国代表团的心态是反日的"。[13]

在巴黎和会的过程中，中国代表团与美国代表的接触非常多。在许多关键问题上，顾维钧都和美国代表团的成员进行了商讨。

代表团组成的一波三折

然而中国代表团的组成，从一开始就内部矛盾重重，所以才有研究者指出："中国代表团本身的分歧就和这个国家的分裂一样严重，成员们彼此怀疑。"[14] 由于中国在巴黎和会上只有两个席位，"不仅在于这有损于中国在国内国外的威望，而且还使政府在任命全权代表时产生困难。"外交总长陆徵祥曾经给顾维钧及其他公使发了电报，希望大家在和会上精诚合作。他还单独给顾发了电报，告诉他"将是全权代表之一"。

但是，后来大家都知道了，同一时期，他至少还对四位其他公使"也表明了同样的意愿"，即"中国外交界老前辈"驻巴黎公使胡惟德、驻伦敦公使施肇基、驻哥本哈根公使颜惠庆、驻布鲁塞尔公使汪荣宝。因为陆没有想到，最后得到的席位只有两个。结果这让陆徵祥陷入了十分尴尬的境地，席位只有两个，选择谁呢？于是，他只得电告各位公使：请他们对全权代表任命一事再行斟酌。但是，陆与诸位公使们未能达成共识，任命之事因此延搁。不过，有一点是肯定的，无论代表团如何组成，陆本人担任团长是毫无疑问的。[15]

到了1919年1月18日下午，也就是和会正式开幕前36小时，陆徵祥召集中国驻欧洲各国使团团长全体到会，他告诉大家，为国家全局利益，鉴于需要美、英、法国的帮助，他建议大总统任命五位代表。和会已经同意，中国虽然仅有两个正式席位，但与会人员可以调换，不限于固定的两人。

陆总长的计划是，南方政府的王正廷任第二代表，驻美公使顾维钧任第三，驻英公使施肇基任第四，驻比利时公使魏宸组任第五。然而北京政府却不愿意让王正廷担任第二代表，将顾与王对调了位置。这样按照大总统的训令，中国代表名次排列如下：陆徵祥、顾维钧、王正廷、施肇基、魏宸组。

北京政府显然考虑到了，陆本人因健康原因不能经常参加会议，自然不愿意让来自南方政府的王正廷来代表中国政府。陆在从北京赴巴黎途中已病倒过两次，特别是在日本那次，由于身体不适，"他只得放弃驻日公使与日本外务省及皇宫为他安排好的全部计划。"

顾维钧预感到，变更排名一事，"必将使代表团成员之间难以相处"。陆陷入为难的境地，他感到"有责任、有义务为王正廷博士保留第二代表的位置"，因为他在纽约时当面对王正廷做过许诺。他劝说王参加代表团，"以便中国南北双方能一致对外出席和会"。陆徵祥也曾对王正廷讲，无论中国分有几席，王也将就任代表，无论三席还是两席，都不会改变，"陆认为自己必须守信"。他这样做，倒并非仅仅出于已经许诺的原因，也是为使中国"能得以统一对外"。[16]

南方政府一直希望"能获得某种正式代表权"，王正廷也是"热切盼望"能作为中国代表团中的南方代表参加和会。王本人甚至借助他个人在美国的关系做了一些疏通，通过芮恩施"劝说中国政府接受这一想法"。芮在和徐世昌总统的一次私人会晤中，还真提出了这件事。而且从1918年春夏开始，王正廷便一直住在纽约，直到与陆徵祥同船前往巴黎。

在陆徵祥离开北京之前，他在政界的一些朋友曾建议，中国在巴黎"需要显示出全国统一对外"。顾维钧回忆说，他也早就从华盛顿发出过电报，作过类似的建议。但是顾后来在回忆录中批评了南方政府的代表，在美国"为反对北京政府而大肆活动"，称北京政府为北方政权，称顾维钧为"北方政权的发言人"。

顾维钧特别提到，比王正廷更为活跃的是广州派出的郭泰祺和陈友仁。他们代表南方发表了许多公开声明，举行过记者招待会。他们坚决支持南方政府，希望看到北京政府的垮台。顾曾经劝告他们，"国内政治之争虽属不幸，然不足为怪；至于家丑外扬，则既无必要，也不明智。"顾指出，他从不认为代表的中华民国不包括南方省份，"政治之争应限于国内"，这样才能保持政府"在国外的威信"。郭、陈两人去巴黎主要不是去参加和会，"而是去监视中国代表团"。

陆徵祥还曾致电在广州的伍朝枢，邀他参加代表团。伍在复函中提出了某些政治条件，其中包括"北京的政治制度应予改革，以便使其更能代表全中国人民"。信虽写得委婉含蓄，但是他清楚表达这样的意思：南方政府反对北京政府，并谴责其政策。伍朝枢最后由南方委派去到巴黎前来观察和会和中国代表团。[17]

南方政府对王正廷擅自接受北京任命赴和会相当不满，1919年1月14日南方政府声明，未经提交本国会依法同意其全权代表资格者，不得代表中华民国出席欧洲和平会议，其所协定之事件，或缔结之条约，一概不予承认。随后南方政府决定派孙中山、伍廷芳赴欧和平会议为全权大使，王正廷、伍朝枢、王宠惠为全权特使。这等于变相追认了对王正廷的任命。[18]

最后，中国参加巴黎和会的代表团正式代表为：外交总长陆徵祥、王正廷、驻美公使顾维钧、驻英公使施肇基、驻比公使魏宸组。魏后来为伍朝枢所接替。

出师不利

巴黎和会组织方催促中国外交总长"尽速到会"。陆徵祥原来拟定1918年12月1日左右启程，但当时欧亚客轮极少，根本买不到船票，"要为陆本人、家眷及其最低数目的随员都搞到船票绝无可能"，于是决定到日本去转赴欧的客轮。这事当然便由中国驻日公使馆办理了，然而，驻日公使馆竭尽全力仍未解决这个难题。就这样，中国外交总长竟然因为船票问题，实际行期比预计的推迟了好几周。最后不得不绕了大半个地球，取道朝鲜、日本、美国，经旧金山、纽约等城市。

正是因为这样一绕道，却闹出了一个不大不小的风波来。按照顾维钧的说法，这个风波就是陆徵祥"非出本愿地会见了日本外相"。事情是这样的：陆徵祥那段时间实际上一直在患病之中，因此他需要在经美赴法的这样一个长途旅行之前，在日本横滨多休息几天。既然总长要来日本，驻日公使陆宗舆，一个当时和后来都被人们视为"亲日派"的外交官，根据日本外务省的要求，不仅安排陆徵祥与日本外相会晤，还安排了日本天皇的私人接见，以及与日本首相的午宴。

显然，日本希望笼络陆总长，使中国在和会上不要"制造困难"。当然，陆徵祥估计到了这个时候与日本的接触，会引发诸多猜想，他便在赴日本的船上给陆宗舆发了一封电报，表示不能按照这个安排行事。

似乎陆总长的回复让陆公使难堪，要不就是闹了情绪，使得他决定先告病假，"作为逃避值守的借口"，然后再提出辞呈。不过，总统和总理给他多次发电，请他不要辞职，"同时也劝说陆总长访问东京，并尽量按照原来为他安排的计划行事"。因此，才有了陆徵祥与日本官员的晤谈，不过谢绝了天皇的接见和与首相的午餐。[19]

在中国代表团赴巴黎途中，还发生了一件匪夷所思的事情。从外交部带来的资料，存放在一个公文箱内，居然遗失了。有关山东问题的资料，包括许多与日本签订的密约，特别是各种借款协定，以及其他关于满、鲁、蒙、藏问题等绝密文件。可悲的是，这个箱子在哪个地方遗失的，也不知道。

由于代表团乘船经由日本、美国，才到巴黎。根据顾维钧的分析，因为在旧金山或纽约都没有人再见到这个箱子。因此，"在日本失落的可能性最大"，而且"它是被日本情报部门蓄意窃去的，因为大木箱内装的文件只有日本才深感兴趣，其他人是不会觊觎它的"。

这些重要文件的丢失，对中国代表团在巴黎的工作非常不利。在外交谈判上，每一个细节都是非常重要的，而在许多重要的问题上，中国代表团缺乏文本的依据。在不得已的情况下，代表团只好给北京的外交部去电，要求将过去几个月中日缔结的协定和换文通过电报发来。可以想见这个工作的难度，有些协定非常长，电报又要译码，会出现不清楚或遗漏，还需要另外与北京沟通才能弄清楚内容，而且有些文件始终都没有到达。[20]

尽管中国内部的政治纷争在组成中国代表团时已呈现出来，以及外交文件的丢失，都不可避免地影响到中国代表团在和会的相互协调和工作成效。但是应该看到,中国代表团在和会上有着不凡的表现,为了中国的利益,进行了艰苦卓绝的努力,不惜忍辱负重,并正确地利用和会中唯一支持中国的强国——美国的帮助,做出了明智的决策,应该受到后世的实事求是的评价和敬仰。

顾维钧受命于危难之际

1917和1918年,对顾维钧的个人生活来说,是十分艰难的两年。他的父亲因为跌了一跤,卧床了好几个星期。1917年6月初,顾维钧突然收到弟弟从上海发来的父亲去世的电报,当时他正穿戴整齐,准备去参加美国政府举行的盛大宴会。当时他考虑不去参加宴会,但是担心友好国的国家盛大活动,如果中国公使缺席的话,会立即引起注意或者猜测。所以在考虑了几分钟之后,他还是决定赴会。

随后的问题摆在他的面前,是继续留在华盛顿还是回家奔丧呢?他向北京政府提出辞职,好丁忧回家尽孝。但是北京回电,说中国处于关键时期,华盛顿使馆不能交由临时代办负责,希望他以国家为重,"先尽忠,后尽孝"。正在犹豫之时,顾的弟弟也从上海发电,说他父亲在病重的时候,便叫家人不要写信让顾维钧回国探望,父亲说留在华盛顿处理两国的关系事务,比回家探望重要得多,叫他不要挂念。根据父亲的遗愿,叫他不要请假回去参加葬礼。

父亲的话让顾维钧非常感动,因此他决定留下来。后来的事实证明,他留在华盛顿是非常必要的,其间不但有中国宣布参战,而且英国军事代表团和法国军事代表团相继来访。随后,日本外相石井也带领一帮日本外交官来到华盛顿,以影响美国的对华政策。因此,中国公使此时的外交活动,就非常重要了。[21]

真是屋漏又遭连夜雨。1918年10月,顾维钧的妻子又因为西班牙流感在华盛顿去世,留下了一个一岁、一个两岁的孩子。据顾描述,那次流感相当恐怖,公使馆三秘的夫人和二秘的儿子也在10天内死去,当时甚至为死者寻找棺木,也成了困难的事情。这个打击,让顾维钧再次萌生辞职的想法,而且提出了辞呈,但是北京政府劝他要更多地考虑国家利益,当时正值需要他为之出力之时。最终他还是选择了受命于危难之际。[22]

1918年年底,顾维钧离开华盛顿赴巴黎参会。离开华盛顿之前,为了弄清美国对中国要求所持态度,顾维钧向美方提出了面见威尔逊总统的要求。在此之前,顾已经通过国务卿蓝辛向威尔逊递交了一份备忘录,表达了中国对和会的希望,并请美国给予支持。备忘录的要点如下:

一、中国和其他国家的关系应建立在平等原则基础上;

二、中国的主权与独立应受到签约国之尊重;

三、《辛丑条约》即使不完全废除,也应予以修正;

四、撤走北京外国使馆卫队和北京至山海关沿线外国驻军。

威尔逊在白宫接见了顾维钧,"他的回答进一步证实了美国的同情态度"。他反复申述"十四项"中论述过的原则,如果要世界永久和平,必须有一个新秩序。不应再用过去的外交方式来解决战争问题,战胜国不应要求割地赔款,应该废除秘密外交,应该通过建立维护世界和平的组织来创立新秩序。他明确表示,希望中国在和会上支持建立国际联盟,这得到了北京政府的响应。根据顾维钧的回忆,威尔逊的态度非常友好，甚至邀请顾维钧同船赴欧洲。[23]

到达巴黎后，顾维钧立即草拟了七点中国的诉求：

一、《二十一条》和山东问题；

二、归还租借地；

三、取消在华领事裁判权；

四、归还在华各地租界；

五、撤走外国驻军；

六、取消外国在华设立的邮电机构；

七、恢复中国关税自主。

几个主要驻外公使分别对这些问题进行准备。顾承担了一、二、三、七项，施肇基准备五、六两项，第四项由严鹤龄（中国代表团专门委员）负责。[24]

就这样，中国代表团前期的准备工作，一直都在磕磕碰碰的情况下进行，并不是很顺利。可想而知，代表团面临的形势是非常严峻的。但是，至少他们从主观上还是决定要拼命一搏，有志在必得的决心。当然，他们对于前面可能面临的困难和斗争的复杂性，显然是准备不足的。

注 释

[1] 重要的研究有徐国琦：《中国与大战：寻求新的国家认同与国际化》；唐启华：《巴黎和会与中国外交》；邓野：《巴黎和会与北京政府的内外博弈：1919年中国的外交争执与政派利益》；侯中军：《中国外交与第一次世界大战》。

[2] 侯中军：《中国外交与第一次世界大战》，第206页；唐启华：《巴黎和会与中国外交》，第96—97页。

[3] 顾维钧：《顾维钧回忆录》第1分册，第162—163页。

[4] 顾维钧:《顾维钧回忆录》第 1 分册，第 164 页。

[5] 顾维钧:《顾维钧回忆录》第 1 分册，第 165 页。

[6] 顾维钧:《顾维钧回忆录》第 1 分册，第 166 页。

[7] 唐启华:《巴黎和会与中国外交》，第 142—143 页。另见邓野:《巴黎和会与北京政府的内外博弈 : 1919 年中国的外交争执与政派利益》，第 3 章。

[8] Hans Schmidt, "Democracy for China : American Propaganda and the May Fourth Movement." *Diplomatic History*, vol. 22, no. 1 (Winter 1998), p. 18.

[9] 玛格丽特·麦克米伦:《缔造和平 : 1919 巴黎和会及其开启的战后世界》，第 24 章。

[10] 唐启华:《巴黎和会与中国外交》，第 142—143 页。

[11] 顾维钧:《顾维钧回忆录》第 1 分册，第 166—167 页。

[12] 顾维钧:《顾维钧回忆录》第 1 分册，第 167、173 页。

[13] 玛格丽特·麦克米伦:《缔造和平 : 1919 巴黎和会及其开启的战后世界》，第 24 章。

[14] 玛格丽特·麦克米伦:《缔造和平 : 1919 巴黎和会及其开启的战后世界》，第 24 章。

[15] 顾维钧:《顾维钧回忆录》第 1 分册，第 166—167 页。

[16] 顾维钧:《顾维钧回忆录》第 1 分册，第 173—177 页。

[17] 顾维钧:《顾维钧回忆录》第 1 分册，第 177—179 页。

[18] 顾维钧:《顾维钧回忆录》第 1 分册,第 175、178 页 ; 周策纵:《五四运动史:现代中国的知识革命》，第 88 页 ; 侯中军:《中国外交与第一次世界大战》，第 18—19 页 ; 唐启华:《巴黎和会与中国外交》，第 159 页 ; 邓野:《巴黎和会与北京政府的内外博弈 : 1919 年中国的外交争执与政派利益》，第 2 章。

[19] 顾维钧:《顾维钧回忆录》第 1 分册，第 167—168 页。

[20] 顾维钧:《顾维钧回忆录》第 1 分册，第 187—189 页。

[21] 顾维钧:《顾维钧回忆录》第 1 分册，第 150—151 页。

[22] 顾维钧:《顾维钧回忆录》第1分册,第165—166页。
[23] 顾维钧:《顾维钧回忆录》第1分册,第169—171页;另见玛格丽特·麦克米伦:《缔造和平:1919巴黎和会及其开启的战后世界》,第24章。
[24] 顾维钧:《顾维钧回忆录》第1分册,第170—171页。

第 10 章　巴黎和会上的挫折

> 从一开始，威尔逊就处于不利位置，他对日本和协约国作出的让步从根本上破坏了《凡尔赛和约》的合法性。
>
> ——美国历史学家亚当·图兹

尽管在巴黎的这些外交官竭尽全力，但是在这样一个内外交困的情况下，要让日本把到口的肥肉吐出来，有点太天真了。当时，大批中国政界人物到巴黎观察和会，如国民党的汪精卫、张静江、李石曾等，有与国民党对立而与北京政府合作的研究系领袖梁启超，有交通系的领导人，还有中国青年党首领曾琦和左舜生等。

说当时中国上下对中国诉求的结果过于乐观，真不是言过其实。"这些政党领袖们看来大都认为中国将在此案中获胜"，国内对山东问题的解决充满着信心。[1]他们并不知道中国代表团在和会上所面临的严峻局势，对代表团内部的混乱状况，也知之甚少。

艰难的交涉

和会开始便对中国非常不利。中国代表团原来是期待在会议过程中，"中国能有机会被邀为自己辩护"，但是没料到机会竟然来得非常快,可以说是很突然。1月27日午饭时分,美国国务院远东事务司司长、美国代表团顾问威廉士"出于友谊",给中国代表团"预先通报",中国将被邀出席下午的"十人会"。他透露,日本已在上午的会上阐述了自己的立场,它要保留德国在山东的租借地。"威廉士非常希望中国代表团能为论辩作好准备"。[2]

巴黎和会上,美、英、法、意四巨头。

资料来源:Prints and Photographs Division, Library of Congress。

所谓"十人会议"(Council of Ten),是由美、英、法、意、日"五强"各派两名全权代表参加,包括美总统威尔逊、国务卿蓝辛(Robert Lansing),法总理克里孟梭(Georges Clemenceau)、外长毕勋(Stephen Pichon),英首相劳合·乔治(David Lloyd George)、外长白尔福(Arthur James Balfour),意首相奥龙特(Vittorio Emanuele Orlando)、外长纪特尼(Sidney Sonnino),以及日本次席大使牧野伸显(首席是西园寺公望)和日驻法大使松井庆四郎。中国代表顾维钧、王正廷被请列席。

牧野首先提出日本政府的态度:"要求德国政府无条件让与(一)胶州湾租借地以及铁路并德人在山东所有他种权利;(二)所有德国领有之太平洋中赤道以北各岛并其上各种权利财产。"日本宣称为铲除德国势力,"牺牲不少",因此日本的要求,"实为正当而又公平"。

日本还公布了与英、法、俄、意四国"关于上述两问题之秘密谅解",这无异于在会上扔出了一个重磅炸弹,这是中美两国始料不及的。中美两国代表到此时才知道"有五国谅解之存在,颇为惊愕"。中国代表顾维钧当即声明,关于胶州问题,应由中国陈说理由后,再行讨论。[3]

由于日本有了其他主要列强的秘密保证,支持中国诉求的美国也变得"孤立无助"。而且日本进一步透露和北京政府另外还有秘密的协定,这引起美国反复询问中国代表团,"济胶铁路与日本有无成议"?美国认为,"二十一条之签字,为强力所迫,世界共知。"但是中国参战之后,"胶济铁路之成议,出于中国自愿,势难更改"。

当天,陆徵祥便给北京政府发密电,建议由政府将此合约提交议会,"与议员接洽,令勿通过,以民意为政府后盾,将来争辩时或易于措辞,即某国帮忙亦较易为力。"这个"某国"就是指美国。[4]这么重大的外交漏洞,陆徵祥提出的这种补救办法,无非就是为了给美国一个交代,但是于中国的实际问题的解决于事无补。

中国代表团对日本的观点进行了严厉的反驳。1月28日继续开"十人会",中国代表顾维钧、王正廷仍然被邀参加。此次会议讨论德国太平洋上殖民地问题,还有其他国家受邀参加。会议接近尾声时,顾维钧发表了他那篇著名的辩驳发言:仅关数百万人之太平洋属岛问题,各国非常尽力,但是山东半岛问题,"关系四万万国民之重大问题,本全权之责任亦极重,今于兹试述其大纲原则。"这个原则便是:胶州租借地、胶州铁路及其他一切权利,应直接交还中国;青岛完全为中国领土,当不容有丝毫损失;山东"不容他国之侵入殖民,固无讨论之余地"。按照和会所承认的"民族领土完整原则",胶州交还中国,"为中国当有之要求权利"。顾维钧接着指出:

> 日本曾向中国及世界声明不欲据为己有,我中国已深信不疑,今复闻牧野男爵在议席上之重言声明,本全权尤为欣悦。但归还手续,我中国愿取直接办法,盖此事为一步所能达,自较分为二步为直捷。日本代表所提出之约定办法,想系指一九一五年二十一款要求所发生之条约及换文而言。当时情形,谅诸君尚能记忆,中国所处地位极为困难,此项条约换文,经日本送达最后通牒,中国始不得已而允之。即舍当时成立之情形而言,此项约章既为战事所发生之问题,在中国视之至多亦不过为临时暂行之办法,仍须由平和会议为最后之审查解决。[5]

顾维钧进一步辩驳道,当时中国被迫允许日本接收德国在山东各项权利,但此项条件不能阻止"中国向德国要求将中国固有之权利直接交还中国也"。中国对德宣战文已经声明"中德间一切约章,全数因宣战地位而消灭"。既然中德之间的约章已经取消,那么德国在山东所享胶州租借地暨他项权利,"于法律上已经早归中国"。退一步讲,当时与德国的租借之约,哪怕不因中国对德宣战而废止,那么该约也有"不准转交他国"的明文规定,则德国无转交给日本的权利。这次交锋,"顾维钧大露头角,中国阵势为之一振"。[6]、

顾维钧的回忆录也记录了这次成功的辩驳:"没用讲稿,谈了半个多小时"。刚一讲完,中国代表团就鼓起掌来,威尔逊走过来向他"表示祝贺"。随后,劳合·乔治、贝尔福、蓝辛也都来向顾祝贺。"威尔逊总统和劳合·乔治都说,这一发言是对中国观点的卓越论述"。[7]

的确,顾维钧的这篇讲话逻辑严密,击中了问题的要害:

首先,日本从德国手中接收胶州湾权利的时候,明确表示要归还给中国;

其次,日本占领胶州湾没有法律的依据,因为中国向德国宣战的时候,已经明确废止了中德之间的一切条约,所以日本从德国手中接收青岛是不合法的;

最后,哪怕退一步讲,就是说中德之间的条约仍然有效,但是中德条约中有不得把权利转给第三国的条款,根据这个条款,日本也不应该继续控制胶州湾。

"十人会"的内容虽说是秘密的,但是各主要协约国及参战国都有自己的新闻发布官,他们在会议结束后接见报界代表。所以,当天的会议新闻到晚上就在当地报纸上刊印出来。就这样,顾的发言便立即传播开来,受到了"各大国代表的一致赞扬"。消息也传到中国、

日本和其他国家。在几天内，代表团收到了许多贺电，"称中国的论辩是杰作"。这些贺电，有中国大总统、总理、外交部和其他政府首脑发来的，还有各省当局和山东省公职人员、学生联合会等发来的。

有关报道在国内和巴黎的友好人士中间唤起巨大的希望，人们认为中国将会获胜，代表团内的许多人也同样乐观，顾本人"颇受鼓舞，对于辩论受到欢迎亦觉快慰"。[8]但绝大多数中国人都没有预料到，艰难历程还在后面。'

日本的陷阱

对于顾维钧的辩驳，日本方面声称，"日本占领胶州湾后，迄至今日，事实上已为领属"；而且中日两国间，"已有交换胶州湾交还之约，并关于铁路亦有成约"。表示胶州湾善后处理办法，中日两国间"业已商定完毕"。[9]在这里，日本方面"业已商定完毕"，便是指1918年9月24日中日之间的换文。日本外务大臣后藤新平照会中国驻日公使章宗祥，提出七条协议：

第一，胶济铁路沿线的日本军队，"除济南留一部队外，全部均调集于青岛"；

第二，胶济铁路的警备，"可由中国政府组成巡警队任之"；

第三，巡警队的经费，由胶济铁路"提供相当之金额充之"；

第四，巡警队"本部及枢要并巡警养成所内，应聘用日本国人"；

第五，胶济铁路从业人员中"应采用中国人"；

第六，胶济铁路所属确定以后，"归中日两国合办经营"；

第七，"现在施行之民政撤废之"。

JAPAN AND CHINA AT ODDS

Conditions of Kiao-Chau's Return Are Causing Concern at the Peace Conference in Paris

By JOHN WALKER HARRINGTON.

KIAO-CHAU is the key block in the Chinese puzzle which soon must be solved on the green baize at the Peace Conference. It is a puzzle as complex as any under discussion in Paris and is probably less understood in the Western world than all the other debated questions growing out of the war.

Japan has the Kiao-Chau block—once a German stronghold and its environs—and she says she is ready and willing, under certain conditions, to give it back to China, from which it was wrested by the Kaiser. Ardent champions of Cathay have linked Kiao-Chau with that much overworked word, camouflage. Kiao-Chau, they say, does not mean what it seems to signify. It is Tsing-tao in disguise. The use of the same they regard as a bit of political dazzle.

Germany, just after the Boxer troubles, obtained from China the cession of the fortress of Tsing-tao. She established there a great mercantile colony and a banking system. Everything was done to make the place a Teuton stronghold. Thence came to this country in the early stages of the war a certain brass band composed of of German musicians who made themselves comfortable on one of the big liners at the Hoboken water front and varied the monotony of their life by giving concerts, and thus extensively advertised the place.

Tsing-tao, citadel of Kultur in the Far East, was captured by the Japanese shortly after the declaration of war. It then had a population of 58,000 Chinese and 250 Japanese residents. It now has 26,000 colonists from Nippon, and is getting more of them every day.

The Germans had certain concessions there, and to these the Japanese declared themselves to be the heritors. China, according to the point of view of Tokio, was a laggard in war. The Elder Statesmen of Japan think she came into the struggle far too late to be a factor in the final decision. For this reason the Japanese view is that there was no reason for handing back to her that vantage point across the Yellow Sea.

China bewails, not so much the inch, Tsing-tao, but the ell, Kiao-Chau, which Japan now has in her grasp. Far beyond the City of Tsing-tao, and held as part of it, is the leased territory of Kiao-Chau, consisting of several hundred square miles, and from it stretches that broad harbor, the Bay of Kiao-Chau. All this land and the inlets and mud flats are a part of the rich Province of Shantung, containing valuable iron mines and having splendid mineral resources which have been scarcely touched. From the Province of Shantung the Japanese are now proposing to build railroads, which are likely, according to the Chinese view, to compete with existing lines.

Since east is east and west is west, as Kipling puts it, it is difficult to express this situation in Occidental terms. There is a suggestion of it, however, if we accept a partisan Chinese view in what might have happened in this hemisphere during the civil war. Suppose that the Island of Cuba and the West Indies had been constituted a kingdom and their people had developed a wonderful energy and a desire for expansion. Whereupon imagine that an armed force from Cuba, while the North and South were engaged in strife, seized the port of New Orleans, established a sphere of influence over the bayous of Louisiana, and neighboring territory and penetrated far into the interior and obtained certain railroad concessions. Imagine also that Cuba had proclaimed herself the natural guardian of the disturbed American Republic and served notice upon the world to that effect.

In the light of this extreme interpretation of Japan's attitude toward China, we examine the terms under which the Mikado proposes to restore Kiao-Chau to China:

If, upon the conclusion of the present war, Japan is given an absolutely free hand in disposing of Kiao-Chau, she will return the leased territory to China, subject to these conditions:
1. Opening of Kiao-Chau as a commercial port.
2. Establishment of a Japanese settlement.
3. Establishment, if desired by the powers, of an international settlement.
4. Arrangements to be made, before the return of Kiao-Chau, as to the disposal of German public establishments and properties.

There is also in existence a treaty between China and Japan which contains the following pregnant clause:

China agrees to give full assent to the agreement Japan may make with Germany regarding the disposition of all rights, interests, and concessions heretofore enjoyed by the latter in Sha^tung; that in case a railway connecting Cheefoo or Lungkow with the Kiao-Chau-Tsinan railway be constructed, Japanese capitalists shall be consulted for financing the undertaking; that a number of new marts in the province shall be opened for the residence and trade of foreigners; and that, finally, China shall never lease or alienate to any foreign power any territory within the province or any island along its coast.

Japan maintains certain special interests in China and some of her leaders are deploring what they believe to be an Anglo-American propaganda in the interests of China. They regard China as America's spoiled child, and detect a sentimentalism toward the Chinese on the part of Americans. This, they say, warps the vision of the people of the United States.

The opinion of certain Americans living in China is revealed in a communication addressed last December by the American Chamber of Commerce of China to the American Minister to China. Several members of this organization have interests in the City of Tsing-tao. The President of the chamber is J. Harold Dollar of the shipping firm of the Robert Dollar Company; the Vice President, W. C. Sprague of the Standard Oil Company. J. W. Gallagher of the United States Steel Products Company is the Treasurer, and J. B. Powell of Millard's Review Secretary. The communication has been widely circulated by the Far Eastern Bureau of New York, of which Dr. Jeremiah W. Jenks is the director.

"We submit that, in view of actual developments," to quote from the letter, "these terms would amount in reality to the absolute control of Tsing-tao and its hinterland by the Japanese, and would in effect be equivalent, from a business point of view, to outright annexation of the port and to virtual annexation of the province by the Japanese Government. For the concession which the Japanese intend to demand is that part of Tsing-tao in which the commerce of the port is inevitably centred, namely, the districts surrounding the harbor, the Custom House, and the proposed new railway goods station. The part of the town left

Tsing-tao, the City Dominated by the Kiao-Chau Forts—Taken from China by the Germans in 1897. Captured by Anglo-Japanese Forces in November, 1914.

《纽约时报》关于日本强占胶州湾的报道。

资料来源：*New York Times*, February 16, 1919。

同日，章宗祥照复后藤："贵国政府顾念贵我两国间所存善邻之谊，本和衷协调之意旨起见，提议关于山东省诸问题……中国政府对于日本政府上列之提议，欣然同意。"[10]

在芮恩施的回忆录中，对这个换文是这样记载的：山东协定是受日本控制的交通总长（即曹汝霖）出面运作的。中国驻日公使（即章宗祥）在东京签署这个协定时，并没有和中国外交部磋商，这个协定也没有得到中国政府的批准，中国仅把它看成一个草案。如果要取消这个协定，那么政客们则必须将"通过这个协定得到的钱退还日本"。中国政府发电报给出席巴黎和会的代表，令其不要把秘密条约公布，中国政府并不认为这些秘密条约有效，如果公布反倒承认有效了。后来政府又去电，说一切听代表们自己斟酌办理。[11]

王芸生编著的《六十年来中国与日本》第7卷对此事也有记载。1918年，中国方面要求日本将胶济铁路沿线的日兵，撤至青岛；以为交换，中国同意与日方就山东问题换文。王芸生认为，"此项换文在当时言之，比较于中国有利"。[12]当时中国的考虑是，欧战大势已定，作为参战国之一，山东问题留待和会便可以解决。但是没有估计到的是，正是中日间的这个换文，被日本在巴黎和会上所利用，动摇了美国支持中国的信心。

仔细研读上列这七项条款，可以发现，其实完全构不成日本对山东半岛继续占领的依据。日本不断强调所谓1918年的换文，应该是有意把水搅浑，这也就是为什么日本不愿意让中国公布这个秘密条款的根本原因，其所要达到的效果，就是企图给美国一个印象，好像中国承认了日本对山东的控制。这个换文在后来成为威尔逊的一个很大的困惑，在本章后面还会回到这个问题上来。

而顾维钧很可能是意识到了公布这个秘密条款对中国并没有什么不利,所以才透露了中日这个密约的存在。日本指责中国未经得其同意便公布了关于山东问题秘密文件。2月2日,日本驻华公使小幡酉吉至外交部见外交次长陈篆(其时外交总长陆徵祥正参加巴黎和会),"质问此事"。小幡称:"关于山东之各项问题,中日两方面所订之秘密文件,无论何时,可以发表。查外交惯例,两国所订之秘密文件,如需发表,必须得两方面之同意。顾氏此举,是漠视日本之体面,且违反外交之惯例。"

根据小幡和陈篆之间的对话,可以得知秘密文件披露的一些细节问题,1月28日会议席上威尔逊和法总理询问中国代表,"是否可以发表前项秘密文件",中国代表的回答是"中国方面并不反对发表"。日本代表不赞成发表,"谓须请示政府"。当会议结束的时候,顾维钧"忽向新闻记者言及此事"。[13] 小幡还指责"顾氏欲假外国之势力以抑压日本,殊予日本以不快之感。且又未与日本代表接洽,任言可以发表秘密文件,殊属漠视日本之关系"。[14] 这里所称的"外国之势力",显然就是指美国。

《纽约时报》的报道

《纽约时报》对中日在巴黎和会上针锋相对十分关注,1919年2月16日便发表了约翰·哈宁顿(John Walker Harrington)文章《中日争端》(Japan and China at Odds)。这个报道透露:"日本人已经表示,做好了准备,愿意在一定条件下,把这块从德国人手中夺取的地方归还中国。"的确,日本不断地这样表示,但是却不愿把这个所谓的"许诺"付诸实践。

日本的政客认为,中国对德宣战太晚,对取得胜利所起的作用有限,因此觉得没有将他们抢夺到的利益拱手交中国的义务。青岛被日本攻占后,日本人逐渐增多。当青岛落入日本之手时,有58000名中国人和250名日本居民,而现在日本人已达到26000人,而且每天都有日本人到来。

然而,中国人所担忧的不仅仅是青岛,还有胶州湾这块战略要地。整个胶州湾被日本人控制。这个地区从青岛市往外延伸,延绵数百公里,有着亚洲最好的港口。这些土地、港口和海滩,还有尚未开发的矿产资源,都是山东的富庶区域。日本人计划从青岛修建通往山东各地的铁路,以利于进一步对这个区域的利用。

哈宁顿分析了日本提出的归还胶州湾的各项条件:一、开放胶州湾作为商埠;二、建立一个日本租界;三、可以按照列强所希望的建立一个国际租界;四、在归还胶州湾之前制订处理德国财产的协议。关于最后的那个条款,要由日本修建把烟台或龙口与胶济铁路连接的铁路,由日本人作为修建该铁路的财政顾问。山东还要开放新区域供外人居住和经商,中国保证不再让渡山东省内任何土地给列强。

这就是说,日本要在华保持特殊的权益。日本官方对美国关于保护中国权利的表态表示不满,认为中国是"被美国宠坏的孩子",美国人对中国是"感情用事"。但是在中国的美国人也的确感到了日本在山东扩张权利的危机,如美中商会揭露日本控制青岛乃至山东全省的野心。去年12月,美中商会便向美国驻华公使发函,阐发了在中国的美国商人的态度,他们许多在青岛都有经济利益,包括轮船公司、标准石油公司、美国钢铁公司等。

他们在信函中说，担心这些条款实际上将青岛及其周边地区置于日本的统治之下，日本便从商业上达到了完全吞并青岛并在事实上控制山东全省的目的。日本准备划成租界的地区是青岛的商业中心和铁路货运枢纽，是青岛的精华地区。而且他们已经开始在那里投资商店、银行、学校、住宅等，控制了这里的码头、铁路和海关。这显然和美国主张门户开放的利益相冲突。因此，美中商会认为，不能让日本决定租界地址的选择，所有码头、铁路和海关"都不应完全置于日本的控制之下"。

美国远东事务处主任助理、纽约大学东亚问题专家查理·霍奇斯（Charles Hodges）说，按照汉口的先例，日本人非常善于利用对华签约的便利，他们在汉口修建了一所学校。完工后，便有军队进驻。当中国当局询问其用意时，日本人回答称这是一所军事学院。在这个"所谓的学校里"，还安置了无线电台，发送出的强大电波不仅干扰了中国所有无线电台，甚至连海上电波都受到影响。

日本不断强调其在战争中的贡献，轻视中国提出的收回山东权利的要求。面对国际上特别是美国的压力，日本反复表示"无意以任何方式在华获得特权"，还指责对日本干预中国事务的指控是"因为偏见或感情用事"。参加巴黎和会的日本代表牧野伸显坚决否认日本"用任何方式剥夺了中国在和谈中发言的权利"。日本还宣称，"当俄国人气势汹汹地扑向东亚时，日本以高达10亿美元的经济损失，30万人牺牲的代价，保全了中国，使其逃脱了沙俄的奴役。"

一位日本作家写道，当欧洲与德国鏖战时，日本承担了亚洲战场最艰苦的任务，打垮了德国势力。德国本来计划以胶州湾为根据地，逐步蚕食中国。现在大战结束了,"而中国一直是被动地在行动,没有做出重要贡献,那么它还有什么资格提出谈判条件呢?"[15]日本把它与俄国和德国在中国的争霸行动,打扮成了中国的救世主。这个论调,中国坚决不认可,各国也鲜有赞同的。

代表团的内部矛盾

在中国争取自己权利的关键时期,可以说每一天都至关重要。2月初,代表团团长陆徵祥竟然不辞而别,消失了一个月。其中固然有他健康的问题,一直在接受治疗,但是还有一个重要原因,就是因为南北之争。在顾维钧看来,来自南方政府的王正廷完全藐视陆的权威。

从顾维钧所描写的一个细节来看,陆、王之间的矛盾已经非常之深:2月初,代表团召开一次会议。通知是十时开会,顾维钧提前二三分钟到会,当时除秘书长和一二名秘书外,还没有人来。通常在长桌上首给会议主席陆留有一个座位,但这次顾看到那儿放着两把椅子,便问新任秘书长这是什么意思,谁叫这么做的?

秘书长说,这是王正廷博士的赵秘书让这样做的。顾维钧问这是为什么,被告之王代表南方,"如同陆总长代表北方一样,既然地位相当,就应像联合主席那样并排就座。"大家到来之后,王正廷"竟无所顾忌地宣布开会,并且要求听取汇报"。会议进行中,"王正廷得寸进尺地把肘部向左侧挤去,每挤一次,陆总长便不得不挪让一次,直至最后离开桌子,坐到我这一边来了。"

会议依旧继续,顾"当时一言未发,一直按捺着未作汇报"。直到最后，顾提请大家注意这种座位的变化，指出，"陆总长是外交总长、代表团团长……我们必须先澄清这种局面后再开会。"那次会议的内容倒并不重要，除了秘书长的例行汇报之外，别无其他。第二天，陆便"称病未到会"。不久，"便离开巴黎，去向不明。"北京得知"陆托词休息已撇下代表团从巴黎转赴瑞士后，大为吃惊"。[16]

当然，这只是顾维钧的一家之言，可能事件本身与顾的细节描述有出入，但是陆、王的矛盾是毫无疑问的。直到3月上旬陆徵祥才回来。那时，由于北京内阁改组，他已被重新任命为外交总长。他在瑞士时和北京商议提高团长权力，以便处理代表团内部问题。他重返巴黎时，"带着代表团总裁的头衔，同时拥有必要时可不经其他四名全权代表同意自己决定任何问题的权力"。[17]

国内的政治纷争不可避免地也表现在代表团内部。顾维钧回忆，矛盾经常是很隐蔽的，在偶尔"暴露对立之时"，矛头所指更多的却是他。在5月的一个早晨，顾维钧收到一封上海友人的来电，说《字林西报》发表了两个整版的文章，爆料说顾"为求与北京亲日派建立友谊，已和曹汝霖之女订婚"。当时曹汝霖被认为是亲日派首领，所以文章对此评论道，"中国何其悲哉，值此危急之秋，适逢国际间胜利在望，而国家赖之共济时艰的最卓越外交家之一，却与亲日派联盟，与曹小姐订婚，转而反对国家之利益。"

这一报道对顾维钧来讲，"恰似晴天霹雳"。他无法相信竟会有人在这个关键时刻"编造如此毫无根据的谣言"。他虽然认识曹汝霖，并与其在外交部共过事，始终感到曹是一位能干的外交家，"是拥护国家利益的"。

他当即复电请朋友查明谣言来源，上海很快便复电称，谣言出自广州,系由通讯社发往上海。于是顾猜测此事或与巴黎情况有关,于是决心找出源头。不久,在一次由顾维钧出面招待政界元老李石曾先生的午宴上,王正廷坐于顾的右侧。午宴快结束之时,顾对王正廷说:"我有一事不明。近日收到上海来电,大意说我已和曹小姐订婚。但此事绝无可能。因为我虽丧偶,但却从未想过续弦之事。"

顾又说:"这消息是从巴黎传至广州,又由广州传出去的",所以特来向他请教,"不知他是否知道此事,抑或发出这消息的就是他本人"。这时王正廷"满面通红"地答道:"是的。"顾问:"你相信此事是真的吗?"王答道:"有闻即报是我的责任。"顾说:"这是私事,我们每天都开会见面,发电之前,你起码应该先问问我本人。"他脸色更红了,说:"我希望这不是真事。"顾说:"你知道这不是真事。"这时他答道:"但是不光是我,伍朝枢也发出同样的报告。"

顾回忆道,他当时"心里烦乱至极"。因为他想不到代表团内的同僚,"一位受过良好教育的有身份的人,竟会由于政治上的目的而出此伎俩。"那时伍朝枢已赴纽约,顾维钧当即致函,请他答复王正廷之言是否属实。同时,顾去见了当时正在巴黎观察的汪精卫,将发生的事和王正廷的话告诉了汪。据顾在回忆录里面的描述,"汪听后勃然大怒",并称:"咱们一起去见王,我要当你面打他耳光。他怎么竟能如此卑鄙、蓄意制造这类谎言。"

顾知道汪精卫有时爱使性子,"又不想制造事端",便劝阻他说:"我不过是让他知道此事而已,因为王正廷是代表南方的呀。"汪说:"不,不,他太下流了——他的品质、他的行为都太下流了。"又说,"总而言之,王并不代表南方。王的那套观点在南方是遭到反对的,可是他不顾这些反对而自己跑到巴黎来,我无从得知这话是否属实,但是,它进一步证实了王正廷并不代表广州。"经过顾维钧"百般劝说",才使汪精卫打消了立即去找王正廷的念头。

几天之后,顾维钧接到伍朝枢从纽约寄来的亲笔信,信中说可以肯定"王正廷是个撒谎者",他从未听说过顾订婚的事,他表示要给王正廷写信质问,"指出王是个撒谎者"。顾维钧认为,事情应该就到此了结了。[18]

关于巴黎和会上的这段插曲,当然也只是顾维钧的单方面描述。不过,以顾的个性和品格,他应该不会无中生有。其实也可以这样考虑,王正廷向媒体透露关于顾维钧的这个谣言,可能有党派之争、个人恩怨,也可能有他的原因,如他听信了别人的传言,等等。这些小插曲暴露了当时代表团内部的各种矛盾。南北的分裂不仅造成了中国内部的政治动乱,也影响到中国在国际舞台上争取权利的外交活动,这只能说是中华民族的悲哀。

废除《二十一条》的要求

陆徵祥消失之后,中国代表团一直在忙于准备七份备忘录。为了进一步声明中国收回山东的理由,2月15日中国代表将《山东问题之说帖》(即山东问题的备忘录)送交和会,要求胶澳租借地、胶济铁路暨其他关于山东省之德国权利直接交还中国。备忘录首先阐述历史背景,讲明德国得到山东权利缘起及范围,然后详细描述了日本在山东军事占领过程及范围,阐述了为什么中国要求归还胶州湾,以及为什么要求直接归还给中国。[19]

而在这个时候,威尔逊也可以说是内外交困,除了在和会上遭到一系列的挫折,在国内的阻力也非常之大。威尔逊一直希望美国参议院能批准国联的草案,但是反对意见在参议院占了上风。美国人民对成立国联普遍缺乏兴趣,在美国,"孤立主义情绪依然十分强烈,而参议院的反对正是这种民意的反映"。主要欧洲协约国和日本的兴趣都集中在领土方面。[20]这就难免会影响到威尔逊对中国问题解决的态度。

3月25日,顾维钧与威尔逊面谈。根据次日陆徵祥给外交部的电报,我们知道了一些会谈的内容。威尔逊问顾:是否日本有这样的意思,胶州湾先交给日本,然后中国和日本直接交涉。而日本打算"将租地交还中国,而铁路则据为己有?"顾答称:恐怕这个不是日本的真实意图,认为按照《二十一条》,实际上日本想把胶州湾变成自己的租界:"亦欲照二十一条之条件,将紧要地段划为日本专管租界,所谓交还云者,有名无实。"

总统又问:是不是日本只是将一些不重要的地区交还给中国?顾称:"以租地与铁路比较,铁路尤为重要,因该数铁路皆于地理上占极重要之形势。若铁路归日本掌握,不啻以日本人之手,扼中国之喉,此于中国生存上及东亚和平问题,危险实甚。"威尔逊表示:"如此已足,其中关系之巨,吾已明了。"顾进一步问,此事应该怎么解决。威尔逊答称:山东问题与德国的属地不一样,"自当先求解决",他考虑"将解决办法于和约内规定"。[21]通过这次谈话,威尔逊了解到胶东湾对中国的重要性。

4月,中国代表又提出了一个详细的文件,即《中国代表请废除民四条约之说帖》,即要求废除《二十一条》给和会的备忘录,详细阐发中国的理由。文件一共分为三章。第1章首先讲述了日本占领青岛的过程，驳斥了所谓日本赶走德国付出了很大的牺牲的说法。日本占领青岛，"无非为日本造成在山东之密切地位也"。[22]

顾此说不差。当时在青岛要塞的德兵，共计不过 5250 人，日本陆军军官死者 12 人，伤者 40 人，士兵死者 324 人；海战损失一小巡洋舰，为德之水雷所炸沉，水手死者 280 人，水兵死伤 40 人。[23] 按照第 4 章鲍威尔提出的资料，日军阵亡 200 名，伤 878 名，其实相差也不是很远。

文件的第 2 章重点是"二十一条之解析"。日本《二十一条》的提出分 1—5 号。第 1 号第 1 条便是关于山东的问题："中国政府，对于日本政府，将来与德国政府协定关于德国依据条约及其他关系在山东省享有一切权利利益让与等项之处分，一概承认之。"

所谓德国在山东一切权利利益让与者，系包括胶州租借地、青岛港湾、胶济铁路以及其他两铁路，以及省内矿权，"此系德人十六年来积极侵略山东之结晶物也，一旦交移日本，则是以德国宰割攘夺之山东，又委授于以旅顺为军事根据地之日本也。"

如果日本得到这些权利，对中国则"极为危险"。因为胶济铁路不但控制山东全省，且扼津浦铁路南北的要冲。南满东蒙铁路，已经在日本的掌握之中，现在日本又将长江以北为其势力范围，"北京已陷于孤立"。日本对中国的铁路政策，"全为军事上之作用"。

第 1 号第 3 条为要求中国允准日本建筑自烟台或龙口起至胶济线之铁路，与旅顺口遥遥相对者，威海卫也。英之租借威海卫，那么也在日本的威胁之中。[24]

第 2 章还揭示了日本在 1915 年从第 1 号到第 5 号要求对中国主权的危害，第 2 号要求南满东蒙之一切特殊权利。第 3 号要求为掠夺中国经济独立权，第4号要求中国政府不以中国海滨之港湾及岛屿让与任何之他国，而只可以让给日本。

第5号共7条，最为严重。当《二十一条》被曝光以后，第5号的各种要求被日本人隐藏起来。按照这7条要求，中国须聘有势力之日本人为政治财政军事顾问，中国重要城邑之警察需中日两国合办，等等。日本于1915年5月7日将最后通牒递交中国政府，警告于5月9日午后六点，如果没有收到中国政府满意之答复，则日本将采取自由行动。[25]

第3章中国要求废除1915年的中日条约，因为《二十一条》要求是最后通牒的结果。1915年5月25日中日两国所缔结的条约，"其性质实发生于欧战之关系，盖此条约之主要部分，为日本要求继承德国在山东之一切权利利益故也。"

这个条约"系强迫签定"。该约虽经中国签字，但是"中国并不因签字之故，而失去其交由和会修正之权"。这个备忘录进一步解释了中国参战的动机，就是要防备日本夺取山东的权利。

当时日本对中国的参战百般阻挠，如果不是日本从中作梗，中国在1914年8月或者最迟1915年11月就"加入协约国对德宣战矣"。1914年8月，中国曾请求协助英、日攻打青岛，"然为日本所拒绝"。1915年11月，中国又请求参与战事，"日本又阻之"。[26]

因此，备忘录的意思很明白，中国参战非常迟，是因为日本阻碍的结果。但是在中国正式参战之前，已经派了大量的华工到欧洲。因此，和会"应将中国对于世界大局所尽之义务，与多数人力供联合国使用之事绩一述之"。根据备忘录给出的华工的具体数字，"在法国北部战线背面任劳动之役者，共有十三万六百七十八人之多"，许多在前线死亡或者受伤。此外，还有许多华工受雇于英国，在美索不达米亚及德属东非助英国作战，及在英国战舰上充当水手者，"为数尤伙"。

而且，中国派出商船九艘，供协约国使用，还答应"以陆军十万人，派赴法国资联合国之助"。当时巴黎最高军事会议，"闻中国此举甚为欣慰"。后来因为协约国没有船只运送这批军队，所以最后这个计划没有实施。

总而言之，"假使胶州不为日本占领，则中国早与联合国取一致之行动，而胶澳租界亦直接归还中国矣。"[27]

因此，中国认为1915年的条约是无效的，和会有决定权将此废除。具体原因有两个：

一是和会有决定之权，因为《二十一条》的第1条就是关于山东问题，而"对于德国属地问题，皆由和会裁决"，所以德国在山东之权利，"应听和会发落，日本不得与德国直接谈判"。而且《二十一条》的第1条与和会的准则相违背，既然德国战败，那么这一条的基础已经不存在。

二是1918年中国虽然与日本有交还青岛的换文，但是从实质上来说，属于"有名无实之归还"。因为胶州之所以重要，一半在于青岛港，一半在"统辖该港第一碇泊所之区域"，但是这一区域"已被日本划出，留作该国单独占据之用"。所以号称"归还中国"，而中国实际上只得到"胶州之幻影，而日本得胶州之实质也"。[28]

这个备忘录特别提到，在1915年5月7日日本发出最后通牒后，美国便对日本提出了抗议，并通告了中、日两国政府。[29]

这个说帖有理有据，详细回顾了历史，阐明了中国的诉求和理由，对协约国的主要国家了解事实真相有非常重要的作用。但是实际中国所面临的问题要复杂得多，这也就埋下了中国的诉求失败的缘由。

美国与日本的交锋

一直到4月，美国支持中国的态度仍然没有改变，尽管遭到了日本坚决的抵制。美国依然寻求一切可能的途径，来帮助中国达到收回山东半岛的目的。4月16日，"十人会"讨论山东问题，但是没有中国的代表列席。其情况在4月18日陆徵祥给外交部的电文中有所透露，美国提议：

> 德国在中国所有已得租借地路矿及优先等各项权利利益，应还中国，惟先由本会暂收，俟中国将青岛及山东省内要点，按照协约国另议之办法，开作商埠后，即将前项各权利利益交还之。

按照美国的意见，也就是说先把胶州湾交由和会共管，然后再交还给中国。日本代表牧野起而抗议，以青岛问题中日间已经有协议，应由日本转交。

美代表质问牧野，"现与德订立和约，该问题应于约内规定，如日本亦以为应即交还中国者,可由本会交还之。如以为应暂缓交还者，亦应由本会公同保留，不应一国独占。"但是美国的建议没有得到英、法和意的支持。[30]

4月17日，在和约起草会议中，美国代表又提议"将德国现定境外所有已得协约各国土地权利利益交由本会各国一层，改为交由五国处置，其处置方法仍须得关系国之同意"。

仍然遭到日本反对，称："日本在中国有特殊利益，对于中国问题由五国处置一层，不能同意。"美国代表反驳道："中国问题与世界有关，美国原无单独处置之意，亦不能任他一国独为处置。嗣经提交五国总长会议，将该条通过。"牧野声称：关于山东问题，日本还将提出更多的内情，日本并没有不还青岛的打算，中国不应该多虑，仍然坚持将由日本直接归还。[31]

就在陆徵祥发这个电报给北京外交部的当天，也就是4月18日，由美、英、法、意四国元首的最高会议——一般称"四人会"——详细查阅"中日密约"后，英国首相劳合·乔治提议将青岛租借地比照德属殖民地处置方式，由五大国共同托管。日本仍然坚决反对，坚持日本从德国无条件获得青岛后，再依据中日条约归还。

4月21日，威尔逊将关于五大国托管的决议面交日本代表，日本坚持必须依照中日条约处理，德国先将青岛让与日本，日本待条件落实后再将其归还中国。这些条件包括：青岛开辟为国际商港、设立日本租界、设立国际租界、山东铁路中日合办、借日款另建两条联络山东的铁路等。同日，牧野拜访威尔逊，坚持依据中日条约处理山东问题，五国托管有损日本的信誉。若日本达不到要求，将拒签和约。[32]

就在这个时候，意大利因为自己的诉求没有得到满足，愤而退会，因此最高会议实际上成了"三人会"。对中国实现自己的目标来说，此时形势最为不利。意大利的退出和会，必然影响到威尔逊的处境，他不可能承受再有一个五强国家退会的后果。

在这种情况下，五国暂管方案便难以得到实施。4月22日的五国会议,威尔逊总统、英国首相大卫·劳合·乔治和法国总理克里孟梭约见中国代表团。陆徵祥和顾维钧到美国代表团威尔逊总统的寓所参加了会见。虽然他们"受到了诚挚的欢迎",可是他们也注意到,三巨头都"表情严肃,这是一个不祥之兆"。

克里孟梭提议由威尔逊总统代表他们讲话。威尔逊首先讲述和会面临着众多问题,而其中有些问题又是如何难以找到解决办法,山东问题就是一个最困难的问题。他说英法和日本"早有协议在先,在和会上支持日本关于山东问题的要求"。美国是唯一在山东问题上不受任何协议约束的国家,现在提出的这个解决方案,希望能被中国接受,"也许不能令中国满意,但是在目前情况下这已是所能寻求的最佳方案了"。

这一方案就是:"日本将获有胶州租借地和中德条约所规定的全部权利,然后再由日本把租借地归还中国,但归还之后仍享有全部经济权利,包括胶济铁路在内。"

威尔逊说,目前会议的"其他成员国处境十分困难",所以最高会议所能求得的"最佳结果也只能如此了"。威尔逊所称的"其他成员国"是指法国、英国和意大利,法国和英国以前曾答应过支持日本的诉求。[33]

对于中国直接归还胶州湾的要求,威尔逊表示无能为力,并质问中国何以于1918年又"欣然同意"与日本订约?根据陆徵祥致外交部的电文,威尔逊称:因为日本"争持甚坚",通过了解情况,美国发现问题非常复杂,"中国日本既有一九一五年五月之条约换文于前,又有一九一八年九月之续约于后,而英法等国亦与日本协定条件,有维持其继续德国在山东权利之义务,此次战事本为维持条约之神圣等语。"

威尔逊感到非常难以理解的是，中国居然在1918年与日本签订山东问题换文，如果说《二十一条》是日本最后通牒的逼迫，那么1918年的换文应该怎么解释呢？顾答复，1915年的条约是被迫接受的，而1918年的条约"亦即根据前约而来"。显然威尔逊不接受中国对1918年换文的这个解释，反问：当时"协约军势甚张，停战在即，日本决不能再强迫中国，何以又欣然同意与之订约？"

顾答，以当时日本在山东军队既不撤退，又设民政署，置警察课税，地方不胜其扰，"政府深恐激生事端，故又致有此约。"中国政府认为，这个条约"只有临时之性质"。[34]这里威尔逊提出"条约之神圣"的问题，显然是责怪中国签订条约之轻率。然而，威尔逊哪里知道，北京政府为了得到日本的贷款，私下以密约的方式与日本做了交易。这才给中国代表团留下了这个烂摊子，而难以收拾。[35]

英美首脑都对中国表达了他们的难处。劳合·乔治表示：

> 英与日本协定条件之时，全国海军萃于西方，地中海东部空虚，德人复行潜艇战略，不能不仗日本援助。吾辈亦明知当时所允让日本之价，未免稍昂，然既有约在先，究不能作为废纸。此次战胜，不能谓为日本加入之力；但日本曾以实力援助战事，事实亦不可借辞没却。

顾维钧指出："此次在会未见有公道之主张，实为失望。"威尔逊也进一步解释说：

> 欧美并非不欲主持公道，无如为先时种种条件所束缚，现幸国际联盟会成立，该会宗旨专为维持各国独立及领土完全，中国已为会员之一。将来如再有强力欺凌中国者，在会各国自

有援助之义务。

威尔逊所表达的意思是,由于各种条件的限制,他们虽然想帮助中国,但是心有余而力不足。建议在国联成立以后,由国联来处理关于领土的问题。顾维钧对这个说法提出了异议,指出就好像医生治病,"与其医治于发病之后,何如防范于未病之先。"不过,顾维钧也能够看到,威尔逊也有他的难处,"似颇表示踌躇,苦无善法周旋"。[36]

这里,我们可以看到中国代表在和会上所处的艰难的处境,也可以看到美国并不是不想帮助中国解决这个问题,但无奈中国自己太缺乏实力和话语权,在国际社会上所扮演的角色很难与日本相抗衡。

顾维钧非常坦率地告诉威尔逊:"我是何等失望,方案又是何等不公。这种方案只能使中国人民大失所望,而且无疑将在亚洲播下动乱的种子。"这样的方案对中国和世界和平都无益。顾还向他指出,这个方案只字未提日本归还它在山东全部权利的时间表。总之,中国要求不由日本,而"由德国直接归还这些权利",这是中国要求的要点,也是中国代表关于山东问题备忘录中的要点。

根据顾维钧的记载,"威尔逊总统对此很为同情",表示理解中国的立场,但是"由于美国国内形势所致,这已是能够为中国谋得的最佳方案了"。威尔逊希望在和会结束之后,新成立的国联"能够对各国所提要求重新调整并主持国际间的正义"。作为国联成员国,中国可以在它愿意的任何时候向国联提出自己的要求。[37]

威尔逊希望中国代表团理解,"该建议是目前情势下所能得到的最佳方案"。这也是"十人会"讨论的结果。但是,当中国代表团希望能得到提出方案的会议记录时,却以"十人会"会议记录是绝密的而被拒绝。顾指出,对于这样一个直接关系到中国的重大问题,应该向中国代表团"提供有关讨论内容和有关方案形成过程的全部记录"。威尔逊表示,对这个要求愿意"予以考虑"。[38]

中国代表团立即通过外交部将"十人会"的决定呈报总统和总理。虽然中国方面也曾有"最终方案可能不会太好"的思想准备,但却不曾料到结果"竟是如此之惨",而日本则是"如愿以偿",先将德国在山东的领土和经济权利直接攫取到手,然后再就归还租借地一事与中国谈判。顾维钧认为,这样的结果也就是说1915年的《二十一条》和1918年9月的换文"得到了承认"。[39]

注 释

[1] 顾维钧:《顾维钧回忆录》第1分册,第190页。
[2] 顾维钧:《顾维钧回忆录》第1分册,第182—183页。
[3] 王芸生编著:《六十年来中国与日本》第7卷,第162—163页。
[4] 王芸生编著:《六十年来中国与日本》第7卷,第263—264页。
[5] 王芸生编著:《六十年来中国与日本》第7卷,第265页。
[6] 王芸生编著:《六十年来中国与日本》第7卷,第264—267页。
[7] 顾维钧:《顾维钧回忆录》第1分册,第175—176页。
[8] 顾维钧:《顾维钧回忆录》第1分册,第186—187页。
[9] 王芸生编著:《六十年来中国与日本》第7卷,第255—266页。
[10] 王芸生编著:《六十年来中国与日本》第7卷,第166—167页。关于1915和1918年的两个所谓"中日密约",见唐启华:《"中日密约"与巴黎和会中国外交》,《历史研究》2015年第5期,第75—95页。
[11] 芮恩施:《一个美国外交官使华记:1913—1919年美国驻华公使回忆录》,第260页。
[12] 王芸生编著:《六十年来中国与日本》第7卷,第166页。

[13] 王芸生编著:《六十年来中国与日本》第7卷,第269—270页。

[14] 王芸生编著:《六十年来中国与日本》第7卷,第267—268页。

[15] 以上均见 John Walker Harrington, "Japan and China at Odds." *New York Times*, February 16, 1919。

[16] 顾维钧:《顾维钧回忆录》第1分册,第190—191页。

[17] 顾维钧:《顾维钧回忆录》第1分册,第190—191页。

[18] 顾维钧:《顾维钧回忆录》第1分册,第192—194页。

[19] 王芸生编著:《六十年来中国与日本》第7卷,第272—282页。

[20] 顾维钧:《顾维钧回忆录》第1分册,第194—196页。

[21] 王芸生编著:《六十年来中国与日本》第7卷,第288页。

[22] 王芸生编著:《六十年来中国与日本》第7卷,第290页。

[23] 王芸生编著:《六十年来中国与日本》第7卷,第290页。

[24] 王芸生编著:《六十年来中国与日本》第7卷,第292—293页。

[25] 王芸生编著:《六十年来中国与日本》第7卷,第293—296页。

[26] 王芸生编著:《六十年来中国与日本》第7卷,第297—298页。

[27] 王芸生编著:《六十年来中国与日本》第7卷,第298页。

[28] 王芸生编著:《六十年来中国与日本》第7卷,第299页。

[29] 王芸生编著:《六十年来中国与日本》第7卷,第302页。这个照会的具体内容,我在第4章的有关部分已经引述,这里不再重复。

[30] 王芸生编著:《六十年来中国与日本》第7卷,第305页。

[31] 王芸生编著:《六十年来中国与日本》第7卷,第305页。

[32] 唐启华:《"中日密约"与巴黎和会中国外交》,《历史研究》2015年第5期,第89—90页。

[33] 顾维钧:《顾维钧回忆录》第1分册,第196—197页。

[34] 王芸生编著:《六十年来中国与日本》第7卷,第306页;W. Reginald Wheeler, "China's Attitude on the Peace Treaty." *Current History* vol. 10, no. pt. 2 (1919), pp. 534-538;周策纵:《五四运动史:现代中国的知识革命》,第115页。

[35] 根据这个换文,北京政府得到了2500万日元的贷款。见吴芳思、克里斯

托福·阿南德尔:《盟友背信:一战中的中国》,第168页。

[36] 王芸生编著:《六十年来中国与日本》第7卷,第305—306页。

[37] 顾维钧:《顾维钧回忆录》第1分册,第197—198页。

[38] 顾维钧:《顾维钧回忆录》第1分册,第198—199页。后来中国代表团费尽周折,最后在保证绝对保密之后,美、英、法同意提供文本,终于得到该文本的抄件(顾维钧:《顾维钧回忆录》第1分册,第199页)。

[39] 顾维钧:《顾维钧回忆录》第1分册,第199页。

第 11 章 "威尔逊之窘"

> 警察捡到你的钱包，把里面的东西拿走，再把空钱包还给你，并声称他履行了自己的职责。如果这样都可以说警察没错，那么日本的行为就可以容忍……和平固然人人想要，但是还有两件东西更为珍贵，那就是自由与正义。
>
> ——美国参加巴黎和会全权代表布利斯

美国总统威尔逊提出的解决世界和平问题的"十四项原则"，对近代以来不断受到列强蹂躏的中国是非常具有吸引力的。由于美国多次明确表示在和会上要支持中国的诉求，中国从上到下对美国寄予了厚望，认为有美国这个强大国家的帮助，而且中国又是协约国的成员，为一战的胜利做出了贡献，因此收回山东的权利是理所当然的，大有志在必得的信心。在和会的初期，中国代表团不断遭到挫折，但是他们没有放弃，寻找一切可以为中国争回权利的途径。

过去在讨论巴黎和会的时候，经常把列强拒绝了中国的要求笼统对待。把西方看成一个整体，其实各国的态度是不一样的。根据本章所提供中、美、日关于山东问题的具体交涉细节，我们可以看到，无论美国最终是坚持还是放弃支持中国收回山东主权的诉求，中国直接收回山东半岛的可能性几乎不存在。因为一旦要求将日本立即归还胶州半岛写入《凡尔赛和约》，日本将退出和会和拒签合约，那么中国收回山东权利的计划仍然不能实现，因为该和约对日本没有约束力。

能从哪里突围？

1919年4月24日，中国向和会提出四项解决办法：

一、胶州先交五国暂管；

二、和约签字一年内交还；

三、中国与日本以相当报酬金；

四、胶州全部开为商埠。

这四项建议于当日分别送给美、英、法三国首脑。在当天，陆徵祥致外交部的电文中，提到顾维钧见美国代表，美国代表答应向威尔逊总统转达中国的立场。外界透露中国对英国的态度不抱很大的希望，因为英国"屡言欲顾日本面子"。[1]

4月29日和30日，美、英、法三国会议，讨论山东问题，议定《凡尔赛条约》中山东问题的条款如下：

第156条：

德国将按照一八九八年三月六日与中国所订条约及关于山东省之其他文件，所获得之一切权利所有权及特权，其中以关于胶州领土铁路矿产及海底电线为尤要，放弃以与日本。

所有在青岛至济南铁路之德国权利，其所包含支路，连同无论何种附属财产、车站工场、固定及行动机件、矿产、开矿所用之设备及材料，并一切附随之权利及特权均为日本获得，并继续为其所有。

自青岛至上海及自青岛至烟台之德国国有海底电线,连同一切附随之权利特权及所有权,亦为日本获得,并继续为其所有,各项负担概行免除。

第157条:

在胶州领土内之德国国有动产及不动产,并关于该领土德国因直接或间接负担费用实施工程或改良而得以要求之一切权利,均为日本获得,并继续为其所有,各项负担概行免除。

第158条:

德国应将关于胶州领土内之民政军政财政司法或其他各项档案、登记册、地图、证券及各种文件,无论存放何处,自本约实行起三个月内移交日本。[2]

从上述拟定的《凡尔赛和约》的条款看,中国在巴黎和会上的努力,可以说是几乎都落空了,可以想象中国代表团和中国人民的愤怒是必然的了。

至于美国所处的尴尬的处境,在当时和后来,并不为人们所知。编撰巴黎和会文献的王芸生,在涉及这个问题的那一节所用的小标题,就是"威尔逊之窘"。王芸生说:"三国会议关于山东问题之决定,显非威尔逊之意;然迫于英法之袒日,竟为所屈。"威尔逊在4月30号晚上特别派全权委员处新闻股长见中国代表,表达"其不得已之意"。[3]

需要特别指出的是:在美国代表团内,几乎都不同意威尔逊的决定,"几乎全体要求他驳回日本的要求,不管这样做会产生什么后果"。代表之一布利斯(Tasker H. Bliss)考虑辞职,在其他两位代表蓝辛和怀特（Henry White）的支持下，他给威尔逊写了一封措辞严厉的信："警察捡到你的钱包，把里面的东西拿走，再把空钱包还给你，并声称他履行了自己的职责。如果这样都可以说警察没错，那么日本的行为就可以容忍。"他还指责这里面的道义问题，"和平固然人人想要，但是还有两件东西更为珍贵，那就是自由与正义。"[4]

当然，也有研究者给威尔逊的决策以充分的理解。玛格丽特·麦克米伦（Margaret MacMillan）指出，"威尔逊做了自己能做的一切，把损失降到最低，这番努力也差点要了他的命。"麦克米伦引用威尔逊对自己医生说的话："昨天晚上我怎么也睡不着，脑子里净是中日论战。"一份报告写道，"从未见过威尔逊这么疲劳"。威尔逊坚持要拿到一份详细的报告，要看日本在中国得到了什么，甚至要详细到山东铁路警察的人员构成，因为美国坚持这些警察必须是中国人。

4月30日，在山东条款拿到"四人会"上做最终考虑时，他还得到了日本代表的口头保证，"最终会将山东的主权还给中国"。但是日本人坚决不肯把这种保证写在纸上，宣称"这样泄露出去会引发国内民众的愤慨"。[5]

5月1日陆徵祥致电外交部，告诉了北京政府这个情况，其中列举了美国告诉中国的不得不妥协的具体原因，主要包括以下几个方面：

一是，中国方面与日本有条约的约束，因此英国、法国和意大利"不能脱离协件之拘束"；

二是，日本如果不达到目的便不加入国际联盟的威胁；

三是，英国在战争中受到日本帮助甚多，认为日本"于战事究已多少出力……其劳已不可没"，如果日本退出联盟，"英国亦将不肯加入，联盟会议势必不成"；

四是，如果国联不成立，对中国反而不利；

五是，日本退出联盟后，如果联德、俄"另组一团，尤以大局可虑"。

因此，鉴于以上复杂的情形，威尔逊在三国会议中，"虽经连日坚持，而最后究不能不稍迁就"。[6]

根据唐启华的研究，威尔逊对山东问题态度转变的主要原因，是英日密约使得美日摊牌时英国必然站在日本一边；若日本拒绝遵守"十四项原则"，就表示它将退出和会，英国或许也会退出，加上已退出的意大利，五强剩下美、法两国，如此和会及国联都将归于失败。威尔逊只希望能找出维持日本面子并能保全国联的妥协方案。[7]

中国面临的选择

这个时候，中国代表团陷入了一个非常为难的境地，到底应该怎么应对现在巴黎和会上的问题？陆徵祥5月1日的致外交部的电报中，表明中国只有三个选择。

第一，按照意大利的办法，全体离会，作为抗议，但是中国和意大利的情况不同，所以这条路走不通。陆在电文中没有具体解释为什么不能步意大利的后尘，我分析其意思是，意大利是五强之一，有足够的底气抵制和会，但是中国是一个弱国，在许多方面还要依靠协约国的主要国家，特别是要照顾中国主要的支持者美国的面子，所以如果中国退会的话，对中国以后收回权利可能非常不利，后来的事实也证明了中国代表团忍辱负重，最后还是取得了一定的

巴黎和会上的威尔逊。

资料来源：Prints and Photographs Division, Library of Congress。

成功。

第二，拒绝签字，但是如果不签字，其他相关问题，如撤废领事裁判权、取消辛丑赔款、保留关税自由、赔偿损失等，需要单独与德国谈判，但是对于结果却没有把握。

第三，虽然在条约上签字，但是对关于山东的条款声明不承认。和约多为对德问题，但决议办法中，明确提出了山东半岛的主权要交还中国，日本军队要撤退，日本只能得到德国之前的经济权利，而政治权利不能有所侵犯。这种表述较之1915和1918年的中日条约各条款，还是有所修正，对日本的权利已经加以限制。[8]

从这个电文来看，虽然陆徵祥没有明确建议怎么采取行动，但是从语气来看，中国代表团还是倾向于第三种选择。但是从当时国内的舆论来看，中国代表团也不可能接受第三种选择。5月4日，也就是五四运动爆发的那一天，中国代表团对三国会议提出正式抗议：

> 得知山东问题之解决方法，已将前德人所有权利移让日本，而日本自愿将山东领土之主权归还中国，唯得享受德人所有之经济权利……按此种解决方法，中国代表团不独大不满意，且十分失望。[9]

抗议书中的许多观点，是中国代表团在各个场所对威尔逊及英、法等国首脑反复陈述过的。抗议书指出，日本已经控制了南满和蒙古东部，如果山东再被日本控制，那将威胁到北京。

中国既然在1917年向德奥宣战，加入了协约国，那么与德奥的一切条约都应该废除。现在三国会议将胶州湾和山东的权利让给日本，是没有任何根据的。因为这些地区并不是德国人所有，而是中国的，中国既然是协约国之一，为什么把中国作为敌国来对待？

而且，山东是中国的孔孟思想发源地，是中国文化的圣地，怎么能让与外人控制？把山东转让给日本，无非是根据1915年英法与日本的密约，中国并没有参与，而且密约的内容也没有通告中国。

抗议书接着指出：

> 日本在该密约中所提出之要求，完全反背各与德为敌之国所公认之威大总统十四条原则。或曰：大会议之认可日本要求，乃所以保全国际同盟也。中国岂不知为此而有所牺牲，但中国有不能已于言者，大会议何以不令一强固之日本放弃其要求（其要求之起点乃为侵犯地土），而反令一软弱之中国牺牲其主权？……中国人民闻之，必大失望，大愤怒……要知山东问题，关于四万万人民未来之幸福，而远东之和平与利益皆系于是也。中国代表以为，对于三国会议对山东问题之解决办法，提出正式抗议，乃其职责也。[10]

5月6日协约国大会，宣读对德条约草案，中国首席全权代表陆徵祥对于山东条款发表了如下的声明，宣布对合约持保留态度：

> 中国全权对于三国会议决定之山东问题之解决办法，不得不表示深切之失望。吾人深以为遗憾，此种失望，全中国人民亦所同感。窃思此种办法似未考虑法理及中国之安宁。中国全权坚持至今，其理由已向三国会议正式提出抗议，希其修正。倘不副[原文如此]吾人之切望，中国全权对于该项条款不得不声明有保留之义务，并请将本全权之上述声明记入议事录中。[11]

这些抗议和声明发生于中国在巴黎和会上的诉求被否决以后，清楚表明中国的态度，向全世界展示了中国在和会上所遭遇的不公，说明和会决议与威尔逊以及和会所标榜的各国平等的原则违背。中国代表团虽然不能改变巴黎和会最后的结局，但是让世界舆论知道

巴黎和会会场。

资料来源：Prints and Photographs Division, Library of Congress.

事情的真相，得到国际舆论的同情，这在事实上给日本施加了非常大的压力。从这个角度上来说，中国代表团的努力还是有效果的。

绝不轻言放弃

从整个5月一直到6月上旬，中国代表团都在"全力以赴敦促修改方案"。美、英、法各国表示问题在于"如何使日本同意修改条款"，中国代表团这时才明白了，这个"令人不满的决定"实际上是日本和"十人会"达成的一个妥协。中国代表团发现所提的七份备忘录皆未被理睬，这七份备忘录表明中国的迫切要求，"提出在公正平等基础上调整中国与列国的关系"。和会没有对中国的要求"承诺采取任何实际行动"。

其实，顾维钧本人对和会"直接采取行动一直未存奢望"，因为"战争直接引起的问题已经堆积如山，难以解决，他们哪里还有时间来自寻麻烦，考虑中国的问题呢？"事实上，在威尔逊将山东问题解决方案通知中国代表团的时候，陆徵祥和顾维钧"对这一形势已经了然"。[12]

5月中旬，当中国代表团看到"十人会"文本全文时，"失望程度之大不亚于听取威尔逊总统口述那次"，不过依然继续努力"设法使方案能得到修改"。美国代表团成员也认为这个方案很不公平，他们的态度"使我们受到鼓舞"。

中国代表团的理解是美国由于英法的态度而使威尔逊总统孤立无援。后来顾维钧在撰写回忆录的时候，对美国代表团有很具体的描述：

在这方面，美国代表团成员们的态度使我们受到鼓舞。他们也认为这个方案很不公平，甚至连威尔逊总统的亲密朋友，总统在战争期间的机要使者豪斯上校也毫不犹豫地表示，由于英、法承认被缚住了手足，不能给予中国以支持，竟使威尔逊总统陷于如此困难的处境，深感失望。那时我还会见过蓝辛先生、怀特先生、威廉士先生、亨培克博士、威尔逊总统的机要秘书贝克先生和美国五名和会代表之一的布利斯先生。他们都毫无例外地对中国感到歉疚。他们说，他们对此方案失望之至，他们也很不理解，威尔逊总统何以会认为应给中国这样一个方案。由此可见，威尔逊总统搞出这个方案，并未和自己的代表团磋商过。当然这倒也不足为怪。因为在威尔逊总统返回华盛顿后，人们早已看清，总统深感，为和会面临的种种问题求得解决方案已经迫在眉睫，他还经常不顾某些同僚的反对，毅然同意某些方案。自然，作为美国总统，只有他对美国负责，他有权行使自己的权威。但是，他对整个代表团的意见不予充分考虑和尊重，便接受那些方案的做法，看来仍使代表团成员普遍不满。那时，我几乎每一两天便要和他们那些人会见一次，有时和一个人，有时和几个人。他们的这种不满情绪，我是不会看错的。和会之后出版的蓝辛回忆录，也表明这种印象正确无误。[13]

这里清楚表明，美国代表团内部的大多数代表，都不赞同威尔逊对日本的妥协，他们都"毫无例外地对中国感到歉疚"。他们对此方案失望之至，也很不理解威尔逊总统"何以会认为应给中国这样一个方案"。顾维钧认为，威尔逊的这个方案，并未和自己的代表团磋商过，使代表团成员"普遍不满"，除威尔逊总统之外，"都对中国表示同情",甚至还和顾维钧"一道讨论有关修改方案的方法"。[14]

5月20日,陆徵祥、顾维钧与国务卿蓝辛面谈,"据蓝辛之意见,保留如办不到,则拒绝签约,其责不在中国。"也就是说美国国务卿明确表示了支持中国拒签合约。关于蓝辛的这个意见,陆徵祥当天电告了外交部。[15]

当天,两人还会晤了威尔逊,他表示,"此次山东问题,所以致此结果之最重要原因,实为英日、日法之密约。"虽然他"竭尽智虑,以图解除此密约之束缚,终未如愿"。尽管如此,美国还是得以让日本保证只"取得经济权及租界外,将政治权完全归还中国"。虽然这个结果不能使中国满意,但威尔逊认为"日本有此声明以后,即可由国际联合会保障履行"。他指出,应先将各国对于中国"所有不平等之权利,如领事裁判及势力范围等,设法取消"。他认为,各国对中国的情况都是报以同情。

顾维钧对威尔逊也表示了理解和感谢:"总统之苦心孤诣,中国实所共知"。威尔逊称:"感谢一层,我实不当。当时我之主张,与今日所有结果相差太远。"顾告诉威尔逊:"现在中国人民,无论在国内或在国外,全体主张不签和约。政府顾念民情一致之主张,又不愿破坏协约各国对敌之联合,万不得已,因定签字面保留之计。"中国要求得到三国会议的记录,以后可以作为日本需归还山东的凭证。总统称:"以我所见,该会议记录应送中国,可请致函某秘书长,请其提出三国会议等情。"[16]

6月7日,中国代表终于得到三国会议记录,陆徵祥将摘要内容电告了外交部:

> 日本政府系将山东半岛完全主权归还中国,仅留业经给与

德国所有经济权利,暨按照通常条约在青岛设立租界之权。其现有之铁路,如胶济及其支线,应为中日合办事业。铁路业主,得专为运输上设置特别警察,该警察不得移作别用,并须以中国人充之,所需日本警察教练官,由中国政府派充。日本所拟归还者,所有山东半岛军事上之管理,暨周围胶澳准驻德兵……即百里环界之地之军事管理,以及所有该地方行政管理上之一切设施。总之,日本之意,系将租借地之中国自主权完全归还。

电文中说,虽然1915和1918年的条约并没有明确宣布作废,但是有几点值得注意,根据会议记录,一是,这两个条约"业已不复完全有效";二是,"铁路所在之土地,为中国完全主权,路旁之地更不待言";三是,"中国对于各路完全为合办性质,与他路之借用外资者地位相同";四是,日本不得"将德国所筑炮垒之地划入租界范围";五是,以后商订各项办法时,如有不在经济范围之内者,尽可与之坚持中国的利益,如果僵持不下,"至最后之时,可交国际联合会评断"等。[17]

中国代表团对包括了山东方案的和约应持何种态度,便成为"当务之急"。顾维钧的态度是:"对山东问题不能取得保留就应拒签。保留是我们最后的办法了,必须竭尽全力争得保留,使中国免遭伤害。"他很清楚,"和约条款一经对德宣布之后,山东方案就已成定局"。代表团成员讨论后,"大家一致同意对山东问题应坚持保留"。

6月上旬,和会已经快要结束,威尔逊准备离开巴黎返美,劳合·乔治已经返回伦敦,而中国代表团"仍旧继续向各主要代表团陈述意见"。法国反对保留意见,"而且态度最为强硬"。法国外长表示"此事绝无可能"。其理由是,"如果接受了一个保留,其它国家可能也要提出它们的保留",因为在协约国及参战国中,许多"都对有关自身的解决方案不完全满意"。法国拒绝支持中国代表团对山东条款所提出的任何保留。英国代表团也认为任何保留都行不通,和法国一样,"反对保留的立场坚定不移"。[18]

与英、法相反,美国代表团的成员则支持中国保留,而且包括国务卿蓝辛在内的几位成员,还与顾维钧讨论了保留的条件。可惜的是,这些努力没有得到威尔逊的支持,正如蓝辛告诉顾所说的,"无论条件如何措辞,只要威尔逊总统不同意,美国代表团便不能支持。"

威尔逊拒绝支持保留理由,据顾维钧分析,主要有以下几点:

第一,中国代表团的任何保留都将开辟先例,而那些对于和会有关决定不满的代表团,"会群起而效法";

第二,威尔逊考虑最多的是国联盟约问题,但该盟约不仅美国参议院反对,而且其他国家特别是日本也对盟约有保留,特别是对盟约中"体现种族平等的原则"的条款;

第三,威尔逊认为即使不允许保留,中国也不应拒绝签字,"因为拒签将使中国被摒于国联之外"。

顾维钧认为,事实上中国别无选择,"在不允许保留之后,中国唯一对策就是拒签"。

但是,威尔逊却认为,中国成为国联成员之后,"在对外关系中以前受到的不平等待遇是可以改变的",而拒绝签字,中国就"无法成为国联成员了,也将因此而失去作为成员国所能获受的利益"。美国代表团其他成员虽然"也承认中国成为国联成员事关重要,但和中国代表团一样,对于山东问题解决方法深感失望"。[19]

6月28日:悲愤的一天

中国代表团一直未放弃争取保留的努力,这种努力一直持续到凡尔赛签约那天早晨。美、英、法三国皆没有同意中国的要求。此时外交总长陆徵祥"卧病",因此由顾维钧"肩负此任,锲而不舍"。

和约签字前一天,即6月27日的下午,顾维钧约见法国外长毕勋,阐明中国的最后三种选择:

第一种,将保留附于和约之内;

第二种,将保留附于和约之后;

第三种,中国在预备会上作一声明,"大意是中国虽然签字,但不接受山东条款,同时将此声明记录在案"。

然而毕勋却强硬表示,任何声明哪怕只是在会上宣读并不附于和约后,也难以获准,因为这样"势必引起轰动"。和会的最后会议只是签字仪式,中国如果作此类声明,将与"惯例相悖",而且可能在"协约国内制造不和"。[20]

其实,如果和会同意三条中的任何一条,当时中国政府就会决定签字。

6月末,"国内舆论坚决支持无保留即拒签"。尽管中国代表团将争取保留的进展情况报告了北京政府,但是北京"抱着成功的希望",而且政府"或多或少地对国内隐瞒了情况",所以国内的人们"显然并未考虑到保留的问题"。

6月24日以后,北京外交部接连电告代表团:"国内局势紧张,人民要求拒签，政府压力极大，签字一事请陆总长自行决定。"这就把中国代表团团长陆徵祥"置于极为严峻的困境"，当时陆已经住院多日了。[21]

6月27日晚，《凡尔赛和约》签字前夕，顾维钧去医院向陆徵祥报告情况。那时和会对中国问题的决定，已经引起国内舆论的极大不满，五四运动的爆发，显示了民意。在巴黎的中国政治领袖、中国学生各组织、华侨代表等，每日必往中国代表团总部，"不断要求代表团明确保证，不允保留即予拒签"。他们"还威胁道，如果代表团签字，他们将不择手段，加以制止"。当时国内"公众团体"，还有一些省份的"督军省长们"也甚为焦急，"纷纷致电代表团，坚请拒签"。他们称，哪怕北京政府已愿意签字，中国的巴黎代表团也应"采取明确的爱国立场，拒绝签字，以符民意"。[22]

不仅在国内，在巴黎也是民情汹汹，6月27日晚甚至发生了暴力事件。代表团秘书长岳昭燏在陆徵祥所住医院花园里受到了袭击。花园里聚集着数百名中国男女，很多是学生，也有华侨商人。他们拦住了他，质问他为何赞成签约。他说他不过是代表团秘书长，对签字与否并无发言权，人们仍然围住不放，"并扬言要将他痛打一顿"。因为他们把他看作是陆总长的"心腹"，并认为陆不顾代表团其他人的劝阻，已经决定签字，"人们威胁说要杀死他"。岳描述说，人群中有一女学生甚至"在她大衣口袋内用手枪对准了他"。

顾维钧这时出面告诉这些人，如果不允许保留，"中国当然不会签字，而由于未得到任何支持，保留看来已无可能，因此，签字一事便亦不复存在，诸位可不必为此担忧。"[23]

不过，当时北京政府、陆徵祥、顾维钧等都担心，中国如果拒签，这样中国会被"摒于和会这一庞大组织之外",这对中国"是极为严重的事情"。但是代表团努力坚持到最后,"如果中国在力争保留完全失败之后拒绝签字,将会得到国内外舆论的支持"。

本着这一想法,顾向陆建议设法在和会上发表一个口头声明。顾认为6月28日"这一天必将被视为一个悲惨的日子,留存于中国历史上"。和会闭幕典礼上,中国全权代表的两把座椅上一直空荡无人,"中国的缺席必将使和会,使法国外交界,甚至使整个世界为之愕然,即便不是为之震动的话。"[24]

巴黎和会时期,中国国内的政局也是非常混乱,5月在上海也召开了一个所谓的"和会",那便是南北政府的会谈,也宣告失败。到巴黎和会签字的最后时刻,中国也刚成立了临时政府,这使中国代表团处于十分困难的境地。[25]北京政府的指示并不清楚,经常是代表团需要自己对情形进行判断。所以顾维钧说:对巴黎中国代表团来说,直到6月28日,"北京政府一直在扮演什么角色是耐人寻味的"。

实际上,直到6月28日下午,中国代表已经拒绝出席和会全体会议之时,代表团"从未收到北京关于拒签的任何指示"。就任新内阁外交总长的陆徵祥觉得如此重大事件,不应由他个人决策,需要请总统和总理"就签字一事给予明确训令"。但是匪夷所思的是,北京政府居然"电谕陆总长自行决定"。

大约6月26日或27日,陆再次电请北京给予"特别训令"。由于代表团所接训令一直为"签字",陆呈请北京"务必作出拒签决策"。到27日下午,事情已经一清二楚,甚至"将保留附于约后"的要求也已无望。代表团将有关情况再次电呈北京,北京复电于6月28日下午三点钟左右到达,称北京早些时候曾有电谕指令代表拒绝签字,但是不知何故不曾收到。[26]

法国一直在对北京施压。法国政府令其驻北京公使劝说中国政府电谕代表团签字,中国代表团对此也是清楚的。另一方面,代表团内也有人猜测,或许北京政府并不想由自己来决定,"很可能是在得知最后会议已经召开之后才发出电谕的"。

顾维钧认为,在某种程度上说,政府的踌躇是可以理解的,因为巴黎和会的形势"每小时都可能改变",而中国政府离和会现场有"万里之遥、难以决策"。换言之,尽管国内舆论明确无疑,使人确信中国理应拒签,但北京政府和在巴黎的陆总长依然感到"采取这一步骤责任实在重大,后果难以预料"。

陆徵祥"本人起初赞同签约,甚至即使不允保留,可能也会赞同签字"。但由于中国国内以及巴黎形势的发展,在国内舆论强大压力下,他最后也反对签字了。[27]

6月28日下午为《凡尔赛和约》签字之期,中国代表发表保留山东条款的声明,指出该约第156、157、158款"竟使日本继承在山东省之德国权利,不使中国恢复其领土主权,实不公道,兹特以其政府之名义声明,彼等之签字于条约,并不妨碍将来于适当之时机,提请重议山东问题,因对中国不公道之结果,将妨碍远东永久和平之利益也"。[28]

但是,最高会议竟然拒绝收受,将原函退回。在这种情况下,中国代表团决定不签字,声明保留对德和条约最后决定之主权,同时发表宣言:

> 因感觉大会对山东问题解决办法之不公道,中国代表团曾于一九一九年五月四日对最高会议提出正式抗议,并于五月六

日声[原文如此]请保留。中国全权既尽调和之全力，卒未得达，中国全权为维持国家体面计，百方勉力，终被拒绝，此对于国家及国民之义务不得不遵循也。与其承认违悖正义公道之第一百五十六、七、八三条款，莫如不签字。中国全权之此举实出于不得已，惟于联合国团结上有所损失，殊觉遗憾。然舍此而外，实无能保持中国体面之途，故责任不在中国，而在于媾和条款之不公也。[29]

至此，中国参加巴黎和会的目标最终没能实现。从整个过程来看，中国代表团已经尽了他们最大的努力，并不能改变这种失望的结局，这是由于中国的国力如此，也是当时在国际政治和外交舞台上列强博弈的必然结果。

* * *

1919年6月28日，这一天的巴黎，天气特别好，太阳升起来了，夏日的阳光让这一天变得明亮，全世界的目光都在巴黎，因为人们觉得世界和平有了希望。

从去年就爆发的西班牙大流感，已经夺去了几千万人的性命，这超过了一战的死亡数。此时，人们似乎也忘记了正在肆意流行的疫情，要不就是人们以为疫情最危险的阶段已经过去。其实，人们完全没有想到，这个夏天，不过是当年秋天大流感第三波袭来的短暂喘息。

但是，至少在今天，人们有理由把大流感抛在脑后，因为他们相信，今天所创造的和平，将是人类永久的和平，这是多么令人鼓舞的前景啊！

下午,那些被后世称为"和平缔造者"们的小汽车,陆陆续续到达了巴黎郊区的凡尔赛宫,其中包括美国总统伍德罗·威尔逊、法国总理克列孟梭、英国首相劳合·乔治、意大利总理奥兰多等当时叱咤风云的政治领袖。

从大门到进入宫殿有一公里多,道两旁都是骑在马上的法国骑兵,他们身着蓝色的制服,戴着钢盔,纹丝不动。他们的长枪上系着红、白色的信号旗,风吹着旗子猎猎飘动。

凡尔赛宫前的巨大喷水池四周,人潮汹涌,军人、记者以及各方面的人士挤在这里,都想见证这个历史性的时刻。

参加巴黎和会的代表,以及其他重要人士,外加新闻媒体,进入了凡尔赛宫富丽堂皇的镜厅里,镜厅完全坐满了。会场中心摆着一张巨大的桌子,周围还有小一些的桌子,各国代表根据他们的席位多少,在那里就座。

法国总理克列孟梭宣布仪式开始,德国新外长赫尔曼·穆勒在上千双眼睛的注视下走上前去,用颤抖的手在条约上签了字。然后,协约国与参战国的代表一个接一个地在和约上签字。

凡尔赛和法国的其他地区,礼炮齐鸣,万众欢腾。全世界期望的决定性时刻来到。

但是,在这些签字的各国代表中,人们没有看到中国代表团的身影。中国的两个席位的椅子空在那里,在座无虚席的镜厅里,是那么地醒目,似乎在默默地诉说中国在和会上所遭受的不公和屈辱。

人们难免会发出这样的疑问:中国是一战的参战国,并派了一个庞大的代表团出席和会,为什么中国代表团没有出席签字仪式?这个缺席之所以瞩目,是因为中国是世界上人口最多的国家,离开了中国的世界和平,还能够叫"世界和平"吗?而且,在 27 个协约国中,中国是唯一不在场的。这个事实本身,便引起了世界舆论的关注。

中国缺席巴黎和会最终结果的签字典礼的原因,可以从这一天早些时候中国代表团所发表的声明中找到答案:"媾和会议,对于解决

《凡尔赛和约》的签订。

资料来源:Prints and Photographs Division, Library of Congress。

山东问题，已不予中国以公道。中国非牺牲其正义公道爱国之义务，不能签字。中国全权愿竭诚布陈，静待世界公论之裁判"。[30]

芮恩施批评威尔逊

美国驻华公使芮恩施一直对中国怀有深切的同情，对日本在中国的影响特别敏感。早在巴黎和会之前，即1917年1月，他向国务卿蓝辛汇报道："日本人的盟友"曹汝霖，当月的中日贷款协议是曹汝霖与日本关系的第一个成果。几个月后，他注意到人们对亲日派的普遍不满，这个不满可以部分归因于官员腐败和亲日派对政府的影响。他指出了革命再次爆发的可能，并希望"团结中国新的运动"，以夺取"反动的官吏和君主主义者"的权力。[31]

一年后，芮恩施指出，重新任职总理的段祺瑞和现任交通总长曹汝霖同时负责金融，"结果两个最重要的政府部门被亲日党所掌控"。芮恩施表示，他担心的是曹汝霖对日本和日本顾问的依赖和信任。此外，他提到了1918年3月中日之间的秘密谈判，据称是为了制订在满洲或西伯利亚合作行动的方法。他发现，秘密谈判引起了日本对中国的需求的新传言，"这引起了中国公众的极大忧虑和相当的不满"。[32]

在芮恩施的回忆录中，完整记录了他对威尔逊在巴黎和会上对日本妥协的反应和心理路程。芮恩施很难理解威尔逊会答应日本的要求，因为他确信这种行动会产生的严重后果，他和其他在华的美国官员不断报告威尔逊总统，"山东问题的决议造成了一个影响深远的错误"，这个决议使人们"丧失了对国际联盟的一切信任，因为它把这一种丑恶行为作为它的重大决策"。[33]

芮恩施认为，允许日本控制山东的决定，"否定了大战期间提出的每一项原则"。据他分析，威尔逊对于"美国专家们一致的意见置之不理"有两个原因：一是他认为只要国联能够建立起来，一切具体的困难都可以迎刃而解；二是他对山东问题没有予以充分注意，因而没有认识到这个问题并不是一件小事，"而是一个根本问题"。

威尔逊误认为，只要日本接受了国际联盟盟约，山东问题就可以通过日本履行它的"恢复中国对山东半岛的完整主权"，日本只保留经济权利的诺言而得到解决。而威尔逊没有意识到，一条从一个重要港口直达中国心脏地区的铁路干线，归外国政府所有，而把这种所有权"解释为一种经济权利是不正确的"。用政治控制这种"经济权利"，正是美国的政策力图加以阻止的。

威尔逊总统显然担心日本代表跟随意大利退出和会，国联发生了危机，"所以必须牺牲一切来挽救它"。但芮恩施认为这种恐惧是毫无根据的，其实日本对巴黎和会的会员资格和在和会的地位非常重视。日本还不能算作一个头等国家，它绝不会放弃巴黎和会协议所给予它的头等国的地位，其只是"具有恐吓的本领而已"。

如果威尔逊总统知道日本的这种心理状态的话，那么他就会"运用友好坚定的立场，毫不困难地获得一种完全不同的解决办法"。事实上，现在大家都知道，日本原来准备同意德国在山东的权利由协约国共同接管，并提早还给中国。[34]但是，没有看到其他资料可以证明芮恩施的这个说法，根据现有的资料，日本在巴黎和会的态度十分坚决，而且意大利退出和会已经有前车之鉴。

芮恩施对中国充满了内疚之情，指出："世界上或许没有一个国家会像中国那样对美国在巴黎的领导寄予那么大的希望。中国人信任美国,他们信赖威尔逊总统发表的关于原则的多次声明,他所说的话已经传到中国最边远的地区。"

他愤怒地指责那些控制巴黎和会的"老年人",让中国人"陷入非常失望和幻灭的境地","我想起中国人民如何忍受这样的打击,就感到烦闷和沮丧,因为这个打击意味着毁灭他们的希望和破坏他们对国际公道的信心"。

芮担心,这种普遍失望的情绪,"可能会变为一种反美情绪",虽然这是列强的共同责任,"而是因为中国人非常相信我们的力量、影响和对原则的忠诚",他们很难理解美国为什么会这样"卑鄙的彻底的屈服"。所以国际舆论说,"美国要负主要责任"。

在中国的英国人认为,英国政府之所以"被迫与日本签订这个不幸的秘密协定,是因为当时德国的威胁和日本改变立场倒向对方而可能造成的困难,英国政府无可奈何"。而美国则并没有面临任何这样的境地,只要坚持正当的解决办法,"本来是可以解救我们大家的"。中国人也许会感觉到,他们是"在朋友家里被人家出卖了"。[35]

芮恩施指出,在中国的美国人"和中国人一样",都感到非常沮丧。从美国参战起,大家都有胜利的信心,认为以所有这些牺牲和痛苦为代价,"会建立起一种正义的国际行为准则",根据这个准则,人类生活得更幸福更安全,但是"现在这个希望完全破灭了"。他感觉到,美国并不充分地了解中国"这个极好的国家及其人民",其实有不少对中国有好感的美国人都愿意参加开发中国的事业,但是控制美国经济的精英们,"仍然是一些瞎子和聋子,他们把大量的钱浪费在欧洲"。

芮恩施认为,美国应该把精力用来"援助那些应该得到援助的人"。中国的发展,意味着中国"优美古老的文化逐渐提高到现代的水平",这合乎美国利益,美国不应该"袖手旁观"。

在这种情况下,他决定以辞职来表达对威尔逊巴黎和会的决定的抗议,然后回到美国,去游说美国的实业家,"换取美国企业家们对远东事务的注意"。这样也许要比他继续留在中国做更多的事情更有益。他担心如果离开美国太久,人脉和影响会越来越少,做事情就会十分困难,而并非"从一种困难的和令人不快的情况中脱身",表示要坚守岗位,"在巴黎和会决定的最初影响没有克服之前,我是不离开中国的"。

他宁愿相信,威尔逊总统"或许遇到了我不知道的巨大困难"。他并不是要使美国政府为了他的行动而感到为难,因此他在给威尔逊的辞职信中,表明其唯一动机是希望回到美国,不过在信中,"试图用温和而严肃的口气表达我对当时的情况和巴黎所采取行动的看法"。[36]

密勒痛斥前总统塔夫脱

1919年7月24日《纽约时报》发表托马斯·密勒(Thomas F. Millard)的文章。托马斯·密勒,就是本书第6章我提到过的被称为"美国在华新闻业之父"、《密勒氏评论报》的创办者。他指责日本"讹诈得到山东",就巴黎和会的中国问题指出,日本在青岛永久的"租借特许权",是与日本占有青岛铁路执法权相结合的,这条铁路贯穿山东的中心,使日本完全控制了全省的经济和政治。

密勒说,美国经济和政治有关专家进行了详细的事实研究后,向在巴黎的美国代表提出了书面报告。美国海军和军事方面专家也给出了他们对日本控制青岛的港口和铁路的意见,"这将严重影响中国的防御安全,也对美国面对亚洲问题的整体战略地位有不利影响"。

密勒指出,对日本参战的原因有一种解释,日本"是因为在英日同盟的框架下,应英国的强烈要求而参战。为了使日本加入,英国向日本保证其会获得德国在山东的权利"。密勒说"这种说法是完全不准确的"。英日同盟并没有要求日本进入这场战争;在1918年7月4日,日驻美特派大使石井菊次郎在波士顿的演讲中明确地指出"由于与英国同盟的义务,日本没有参战"。相反地,所有事实指出,"英国政府并不希望日本参战"。日本1914年8月参战,1917年3月英、法、俄、意政府同意日本接收德国在山东的权利,签订了秘密协议。"许多事实表明日本得到这些协议是纯粹通过威胁的方式达成"。换句话说,日本通过"敲诈它的盟友以确保山东密约的顺利达成"。

密勒说,除了从德国手中得到青岛,"日本从来没有在战争中给予盟军任何帮助"。虽然向美国提供船只使其能向欧洲增援,但这些船却在很大程度上经不住海上风浪,对最终目的于事无补。每次有人提出日本要向欧洲派一些部队,日本不是找借口说做不到,就是要求补偿。而中国则提供了约20万劳力,成千上万的人死在欧洲。中国参战后,却没有从盟国得到任何帮助。中国的加入大战是"由于美国的建议和敦促"。

另一方面,在巴黎的中国公使最初了解到,日本与英、法、俄、意政府签订了所谓的山东密约。凭借此密约,日本获得了德国在山东的特权。这些密约的存在是在1919年2月的十国会议上"不小心揭露的"。根据威尔逊总统的说法,他之前不知道密约的存在。总统要求这些密约的文本放在会议的台面上。日本代表牧野伸显回答称,他必须先征询日本政府的意见,随后才能把副本供会议私用。

参加会议的中国代表团质疑日本是否有诚意归还山东和青岛，以书面形式提出妥协建议，具体如下：一、中国答应在《凡尔赛和约》中同意德国在山东租界转让日本，这在此问题上"也挽回了日本的颜面"。二、日本要在和约中"以书面形式承诺将在以后两年内归还山东和青岛给中国"。中国答应补偿日本在从德国手中获得青岛军事行动中所"产生的成本"。但是日本拒绝了这个建议。[37]

《纽约时报》上密勒的这篇文章，倾向十分清楚，就是要为中国主持正义，揭露日本是利用大战的获益者。不过，密勒的有些说法并不准确，如说日本其实在一战中几乎对协约国没有帮助。正如在第8章中已经讨论过的，日本是英国的盟友，一战期间和英国有许多合作，所以英国在巴黎和会上不像美国那么支持中国。当时英国的确迫切希望日本参战，牺牲中国利益许诺把山东的权利给日本，这也是毋庸置疑的。有可能历史内幕在当时并不是很清楚，密勒只是依据自己对日本的了解而进行的猜测或者分析。

另一种可能是，他作为坚定的反日亲华派，在历史表述上为其所用，也是可以理解的。他提到中国送到欧洲的华工是20万人，过去一般认为是14万。但是有学者研究，一战期间在法国战区的英法招募的华工总数大约14万人，加上1916年俄国招募的45000人，共约20万，由此可见密勒的数字非常接近研究者最新得到的数字。[38]

* * *

值得特别提到的是，密勒关于山东问题对前总统塔夫脱（William Howard Taft）的批驳。1919年7月29日《芝加哥论坛报》（*Chicago*

274　　中国记事（1912—1928）

Daily Tribune）发表题为《塔夫脱因山东问题观点遭责难》(Taft Seared for His Stand on Shantung）的文章，其实就是报道密勒给前总统塔夫脱写了一封言辞尖锐的公开信，因为前总统发表了为巴黎和约关于山东的问题进行的辩护。塔夫脱认为威尔逊总统有充分理由在巴黎和会上放弃中国，因为将会被日本威胁而有可能被卷入战争。这被密勒先生谴责为"荒谬而卑劣的"。他指责前总统因为"这个观点而使美国政府蒙羞"。

密勒称，从新闻报道中读到塔夫脱发表的声明，感到他关于山东问题的言论"令人错愕又厌恶，缺乏事实依据，充斥着似是而非的论据"，所以他才会有"这样强烈的反应"，写了这封公开信。他向塔夫脱提出以下的质问：你长期担任与远东地区有关的重要职务，想必你应该非常了解这个地区，有特别的眼光和视野。而且你曾经是总统，在国际上"视你的观点代表了政府官方"。那些生活在远东的美国人会以此认为"这是美国的政策，他们代表着我们的国家、道德和商业关系"。也就是说，密勒担忧的是塔夫脱的言论无疑会产生误导。[39]

密勒把塔夫脱的声明归纳为下面两点：第一，美国放弃中国对于日本的要求是正确的，否则将会引起日本的反击，或是引发战争；第二，中国的利益会由国联来保护。密勒强有力地反驳了这两个观点，指出当塔夫脱断言中国会签署《凡尔赛和约》，并依靠国联来争取公正时，并没有意识到以下事实：中国提出了山东权利归还的要求，但是被拒绝。到底谁才能批准中国的请求，国联还是国际法庭的仲裁？在签订和约的前夕，巴黎的中国代表团向四国的理事会要求提供一份书面保证，以确定国联会讨论中国的问题，但是中国的要求被驳回。密勒愤怒地反驳道,鉴于他的论调为威尔逊总统"在巴黎和会上抛弃中国提供了理由",是因为"惧怕来自日本的威胁,以及进而被拖入战争的可能",这是"我能记得的处在你这样高位的人最荒谬和卑鄙的主张"。

密勒进一步指出,他怀疑威尔逊总统是否会为他的动机做这样的解释。但是无论威尔逊总统是否会为巴黎关于处理山东问题做这样的解释,他要指出的是,这种观念的发布和传播,"都将使美国政府蒙羞,因为我们的懦弱,让我们在整个东方以至世界面前暴露我们在外交义务、原则、权利上的让步"。

让密勒特别失望的是,中国人民之前还"将他们的利益交托给威尔逊总统,而接着就传来美国前总统因为害怕日本而抛弃中国的消息"。这个情况让密勒十分担心,如果前总统的言论传到中国,"毫无疑问地会被日本的反西方宣传所断章取义"。

在亚洲国家,这会煽动无知的民众将仇恨情绪发泄在美国人、传教士、商人身上,"他们可能在中国失去生命,财产被暴民破坏",那么塔夫脱"无法逃脱责任"。这位前总统的表态,甚至会造成一系列的恶果:

> 将有可能导致在日本正扩充的势力范围(特别是山东和满洲)中频繁往复地发生下述的事件,那么你将难辞其咎:如美国商人被日本铁路护卫踢下火车,被驱赶出或拒绝进入日本的酒店,美国士兵在日本租界被逮捕和迫害,美国传教士被日本警察逮捕并关进他们在中国的监狱。

最后,密勒质问前总统,他是否知道,每个在中国的美国组织,包括美国协会(the American Association of China)、美国商会（American Commerce of China）、联合传教机构（Associated Missionary Bodies）、美国女子俱乐部（American Woman's Club）、美国华北商会（American Chamber of Commerce of North China）等，都通过在北京的美国使馆，致电威尔逊总统，"表示对山东决议的抗议"。在中国的英美联合会（Anglo-American Association of China）、在北京的外交使团成员，也同样将类似的决议致电给美国和英国政府。"先生，难道你假装不知道在这个问题上你没有有意冒犯那些在中国的美国和英国人的意见？"[40]

密勒的意思很清楚，前总统的言论不仅会损害美国在国际上的声誉，而且也违背了大多数在华美英人士的意愿，而且还会给在华的美国人造成危险。

美国对日态度转向强硬

中国拒签的消息很快传遍了全世界。对中国在巴黎和会上所受到的待遇，各国舆论都表示了同情，"美国态度尤为激昂"。美国参议院为《凡尔赛和约》关于山东问题的条款："大开论战，甚谓即与日本宣战，亦所不惜。"[41]威尔逊为此事特由巴黎赶回华盛顿，以解释其不得已之原因。

美国国内的舆情，也很快反馈到了中国代表团。7月18日陆徵祥电外交部报告其事：

> 近日美国上议院关于山东问题争辩甚力，前日开会，某议员至谓与日本宣战亦所不惜，断不能因日本以不入国际联合会，一再要挟，遂将中国数百万之友邦人民，让于日本。义气激昂，

深堪钦佩。可否由我国议院及山东省议会或各种社会团体出名，电致美议院表示感谢主持公道之意。但政府机关须持冷静态度，免致发生误会。如以为然，即请秘密布置，从速通知各处进行。[42]

也就是说中国代表团建议，以国会、山东议会和社会团体的名义，致电美国国会表示感谢，但是中国政府则不要出头，保持冷静态度，以免发生误会。这个建议是务实的，中国政府毕竟需要留有一定的回旋余地。

《凡尔赛和约》签订之后，美、日之间继续就山东的问题进行交涉。美国国务卿蓝辛提出山东问题解决的八款宣言，十分明确地指出：

"山东省内日本无主权"；日本必须"归还胶澳租权，并除铁路外凡租借地内日本获得之权利、物权及特权，均向中国放弃之"，中国则给予相应的经济补偿，并允许青岛"为公共租界地"，青岛开通为商埠；在山东省原来给予德国优越地位的各项中德条约中，"各条款可以沾惠之处，日本均放弃之"。日本应该在"两年内将归还之事办竣"。[43]这时，美国十分明确地向日本提出了两年交还山东权利的期限。

7月26日，顾维钧见美国全权代表怀特，怀特告诉顾，昨日见日本代表牧野，告诉他，"美上议院反对德约内山东条款，甚为激烈，如日本不允照蓝辛外部所提八款重具宣言，恐全约将为美议院拒不批准。"

牧野的回答是：此事已成国际上"极重大问题"，须由日本政府裁夺，他没有权限擅自决定。日本关于交还胶州湾的承诺，已经有很清楚的表述。现在要日本保证两年内交还，日本本来就不打算用那么长的时间，所以认为这项规定也没有必要。

怀特告诉顾维钧,国务卿蓝辛与日使在华盛顿开始就中国问题进行谈判。当时美、英、法都已经表态,如果日本不明确说明交还胶州湾的时间,"即由各国自行宣言"。宣言内容以三国会议所载各节为准。顾维钧告诉美国代表:"山东问题,关系太巨,如无确实保证,实难签约。"但是美国全权代表说,"无论如何须签字为有利"。[44]

在美国的压力之下,8月2日,日本外务大臣内田康哉发表宣言,表明日本政府对山东问题之态度,"以缓和美国之反对空气"。宣言称日本:

> 信守一九一五年与中国政府之誓约,愿将该租借地全部归还中国。日本于批准凡尔赛条约后,当力谋誓约实行上必要条件之协定,立即与中国政府开始商议,绝不踌躇。并非意图于山东省之中国领土主权生何种之影响,亦非欲要求保有何等之权利也。五月五日牧野男爵之声明书中,谓日本之政策,在将山东半岛以完全主权归还中国,日本所欲保持者,不过旧时容许德国之经济特权而已。此节意义甚为明了。中日两国间关于归还胶州湾之协定成立后,现在守备租借地及胶济铁道之日本军队,当全部撤退。又胶济铁道为中日两国合办事业,对于无论何国国民,概无何等差别的待遇。至在青岛日本专管居留地之设置,日政府基于一九一五年之中日协定,本属当然之主张。[45]

对于日本重提1915年的中日条约(即《二十一条》)的宣言,威尔逊立刻发表声明,对日本的说法表示反对。威尔逊总统特于8月6日发表声明,表示美国对山东问题之立场,阐明美国不承认《二十一条》。其声明如下:

> 内田子爵将日本对于山东问题之政策尽意发表,美国政府

极为注意,因其可以扫除因山东问题而发生许多之误会也。然该说明提及一九一五年之中日协约,此点实与在巴黎讨论山东问题之情节不同,若不将日本专使当时在巴黎讨论山东问题之真相一为宣布,反足以发生误会,故余对于内田外相之说明,不得不再加声明。

  本年四月三十日四国会议讨论山东问题时,日本专使牧野、珍田二君答余之质问曰:日本之政策,在以山东半岛之主权完全归还中国,日本所欲保留者,惟德人所获之经济权利及普通条件之下于青岛设置共同居留地而已。至铁路设特别警察,当以保护铁路之安全为限,此外不作别用。而此等警察以中国人充之,警官则由铁路董事选出,加以中国政府之任命云云。日本专使所宣布之政策,绝无根据于中日一九一五年条约之语,有如内田外相所言者也。予对于和约之山东条款,虽同意,然予决非对于一九一五年及一九一八年中日两国间交换之文书同意也。余信巴黎和会讨论山东情形,内田君当已得有报告,余之为此宣言,非订正内田君之误,不过揭明真相,免生误解耳。[46]

  在威尔逊的这篇声明中,他所强调的就是《凡尔赛和约》中关于山东的问题的表述,绝不是对中日1915和1918年条约的承认,而是再次强调日本所许诺的,将山东半岛的主权完全归还给中国。日本可以保留的无非是经济利益,而不是政治控制。威尔逊的这个表态对巴黎和会上遭受极大挫折的中国,在某种程度上算是一个补偿吧。

  从威尔逊的这个声明来看,这与他在《凡尔赛和约》签订之前的态度,已经有明显的不同。之前他关于中日争端表态比较委婉,要照顾到日本的反应,当时他最担心的就是日本像意大利一样退会和拒签和约。他这种态度的转换也可能显示了签约以后他不再有这个顾虑。

而且,对日本的妥协也违反了他自己的价值观与对中国的许诺。现在既然这个问题已经遭到国内的强烈反对,加上他本来对日本霸占山东半岛就非常不满,认为这不仅对中国不公,同时也损害了美国的利益,那么现在对日本表现出强硬的态度,也是合乎逻辑的。

正如最近史家所指出的,美国在巴黎和会上没有给予中国它所许诺的支持,显然,无论是威尔逊还是美国其他外交官,在和会后都在力图补救,继续就归还原德国租借地,向日本施压。中国代表团继续在巴黎进行外交活动,力图进行补救。日本坚持1915年及1918年中日成约,但美国坚决不承认,视《凡尔赛和约》是其前所有协议的取代物,不断对日本施压。[47]

在7月10日《凡尔赛和约》提交美国参议院之前,中国和日本都在做外交上的努力。日本看来"急于要与英、美商得一种能得到中国同意的方案,并以此挽回面子"。在中国拒签之后,日本"归还原德国租借地"已成定局,但是如何就此事和中国谈判,以及"从中国方面索求什么条件",尚未完全确定。起初,日本对于美国的最终归还时限所作的建议,并不准备接受。但是据美国官方向中国代表团所透露的消息来看,"对于明确承诺归还期限一事,日本也未公然反对"。

但是,就中国而言,"这一问题的重心已从巴黎移至北京"。虽然蓝辛发布的八款宣言中要求在两年内完成归还,但是美英公使已建议以一年为期限。中国政府认识到,这一问题已在全国激起普遍关注，再加上当时出现的南北两个政府的政治局面，摸不清民意，北京政府不可能轻举妄动，坚持要有一个"由日本明确表态的书面承诺"。而日本已经表示不愿给予，对美英也不作任何保证。"日本不作承诺，导致这一问题出现僵局"。[48]

山东问题"毁掉了威尔逊"

当时中国问题成为美国报纸关注的焦点。报纸的大标题经常出现诸如"山东浩劫""山东之罪""山东之耻"以及其他各种刺眼的贬义词。山东问题导致了国联的失败，也毁掉了威尔逊。[49]

参议院内反对派占多数，不仅共和党参众两院议员们，"而且人民也普遍反对山东条款"。顾维钧相信，美国政府，特别是如果共和党在1920年的选举中获胜的话，不管对国联盟约如何，必将寻求某种有利于中国的办法来修改山东条款。美国参议院最后拒绝考虑和批准《凡尔赛和约》。国联是解决国际争端和问题的世界组织，美国是积极成员和主要支持者，美国不参加国联"势必削弱这个组织的力量"。美国退出国联，给它自身和其他列强都带来了问题。[50]

山东问题可以说让威尔逊心力交瘁。9月初，美国参议院外交委员会再度讨论《凡尔赛和约》，"反对山东条款之声浪甚高"，而且美国舆论也多支持中国不签条约。威尔逊不得不到各地演讲，表示他虽然对山东解决办法不满，但别无选择，已经促使日本做出承诺归还山东。为了让美国民众支持《凡尔赛和约》，威尔逊于22天内演讲37次，旅行8000英里，结果25日在中途病倒，不久又中风，几乎失去工作能力。[51]

10月24日，美国参议院外交委员会对《凡尔赛和约》提出14点保留，其中便包括山东条款。由于美国对于和约156、157、158各款拒绝同意，因此对中国来说，将来中日争执时，美国对于此项争执"保留自由之权"，对中国是有利的。11月19日，美国参议院投票拒绝批准《凡尔赛和约》。

之后，山东问题还成了1920年总统大选的话题。共和党人把对中国的不公正当成了抨击当局的有力工具。沃伦·哈丁（Warren G. Harding）在竞选演讲里指责威尔逊，说由于美国返还了庚子赔款，中国人相信了"美国的榜样、民主和公正"，结果却发现在巴黎他们的好几百万同胞被转交给了一个敌国。但是在参议院，一些坚定不移的美国人却对此说"不"，并"坚决维护我们约二十年前给中国人的信念"。美国历史学家、作家巴巴拉·塔奇曼（Barbara W. Tuchman）指出：巴黎和会让中国人所看到的是，美国在1919年给了中国人一个教训，"那就是协约国是背信弃义的，依靠外国朋友是愚蠢的。"[52]

对拒签的解读

1919年7月11日，署名为"麻省剑桥哈佛大学的 G. Z. 伍德"（G. Zay Wood）的读者给《纽约时报》写信，但是这封信几乎在一个月之后，即8月3日才见报。信中说，6月28日，中国拒绝签字承认《凡尔赛和约》，美国媒体对此报道甚多，有报道称是"由于中国政府的分裂和怀疑国联不能主持公道"的原因。伍德说这毫无根据，中国代表是根据北京的指示而拒签的，这个决定得到了全国人民的支持。"不管最后会造成怎样的结果,这都是中国法律和道义上的必然的决定。"

签还是不签,"从英、法、美三国会议(Big Three)决定将德国在山东的权益和租界转让给日本而非归还中国那一天起,中国代表团就一直面临这个问题。"中国代表团请求和会修改这项决定,不断向北京发报请示,北京政府指示代表团签字,但如果和会不同意修改山东条款,中国应对此项提出保留声明。于是,《凡尔赛和约》在巴黎和会全会上周知各盟国并递交德国代表团后,中国代表团团长陆徵祥宣读了保留声明。因为前文已经提到过这个声明,随后信中所说的中国代表团的交涉过程,这里也不再赘述。

信中说:"到底是谁对否决中国要求负责,这一决定是根据哪条国际法或外交公约做出的,也不清楚。"根据报道,威尔逊是赞同中国附上保留声明的,但三人会议的决定却是中国要么无保留地签字,要么不签。中国代表团在最后一刻仍努力"既签和约,又保卫国家的荣誉和职责"。中国代表团请求允许在和约签署时发表一个声明,但是三人会议决定"声明只能在和约签署之后发布"。因此,中国代表团认为中国的权益受到了损害。

6月28日,"当这一个历史性的签字仪式举行时,中国代表团缺席"。中国代表团的官方声明中说,由于所有的努力都失败了,中国没有其他道路可选。这个决定是按照北京政府的具体指示,"中国代表们又经过最慎重的考虑后而做出的"。但是匪夷所思的是,有报道称"中国官方在签字问题上有分歧"。

如果仔细深入地想一下,就会发现"中国拒签是明智之举"。当然,中国不签约,就得不到好处,但是,"中国也不会失去什么"。因为一方面,中国在法律上不会受和约关于山东条款的制约,因为这一条款是"和会的强手所把持",违背公平正义。不管日本占领山东一年还是一百年,只要中国不承认,"日本在法律上就不能得到山东"。

另一方面,中国拒绝接受有关山东的条款的同时,获得了德国放弃的在山东的一切权益。"中国不受《凡尔赛和约》的牵制,但德国却必须遵守和约,因为德国签署并批准了和约。一旦其他同盟国与其他列强也批准了和约,那么和约中与中国有关的第128—134号条款就自然生效。因此,中国不需要担心汉口租界、庚子赔款以及德国夺去的天文仪器的归还等问题。"

信中还表示,有意思的是,关于山东条款,中国从德国那里得到其所能希望的最好的结果。德国签署和批准了和约,将履行各条款。德国既不可以单独与中国签约,也不能签订与和约条款相矛盾的条约。和约规定"德国放弃所有权益、地产和特权,让与日本",这是德国必须照办执行的。如果中国与德国单独签约,除非德国违背《凡尔赛和约》,否则关于山东的条款也无法修改。"换句话说,即使中国在外交上运作巧妙以得到更多的利益,但也不能改变和约已经决定的东西。"

既然事实如此清楚,"为何还有报道称中国政府内部存在分歧,认为中国害怕因拒签带来严重后果呢?"有一种解释是,由于中国没有签署和约,因此中国与德国就"仍处于交战状态"。但是对此没有必要担忧,出于商业和经济的原因,德国将"很快恢复到和平状态"。

还有报道称,由于中国拒签和约,将被排除在国联之外,不能享受成员的权益。这种说法是不对的,因为中国与奥地利签订了和约，所以同样可以成为国联成员。"中国坚守主权和尊严，拒绝承认和约的山东条款，与此相较，她是否加入国联就并非那么重要了。"退一万步讲，即使中国现在或将来都不是国联的成员，也可根据《凡尔赛和约》的第17款要求国联的介入，因为这一条款是关于解决国联成员与非成员之间纠纷的。中国向国联提出的第一个问题可能就是山东条款。

因此，归根到底，"对于中国来讲，唯一稳妥的办法就是现在中国代表团所做的拒签，拒绝承认和约中山东条款的合法性，通过中国现广泛使用的经济武器来纠正这一错误。这可能需要花几个月甚至几年的时间，但只要中国人学会'顽强'，他们必将取得胜利。"[53]

这封信对中国拒签的合理性分析得头头是道，令人信服。这里伍德先生说的"经济武器"，就是五四时期普遍发生的抵制日货运动。事实也证明武德的先见之明，正是按照伍德的推论，当时所担心的被排斥在国联之外的情况并没有发生。这是因为1919年9月10日，中国签署了对奥地利的《圣日耳曼条约》（Treaty of Saint-Germain），这个条约与《凡尔赛条约》一样，前言中都包含了《国际联盟盟约》，中国因而得到了国联成员国的全部权利。国际联盟于1920年12月举行成立仪式，在第一次会议上，中国被选入"国际联盟理事会"（顾维钧在他的回忆录中称"国联行政院"），顾维钧被任命为中国代表。[54]关于山东问题解决的结局也比他估计的还要乐观，正如后面将会讨论到的，不过两年之后，也就是1921—1922年的华盛顿会议，中国收回了胶州湾的主权。

这里还要指出的是，经过我多方查找资料，发现作者 G. Zay Wood 并不是像名字看起来的那样是一个西方人，实际上是 Ho

Chieh-ts'ai，中文名何杰才，字其伟。他毕业于松江中学和南洋中学。1913年中学毕业后，进入清华学校，后被政府派往美国深造。1915年，直接进入耶鲁大学读大三；1917年，他从耶鲁大学毕业后，进入哈佛攻读政治学，在一年内获得了硕士学位；1918年，他考入哥伦比亚大学学习国际法。次年，伍德在哥伦比亚大学担任"柯蒂斯国际法研究员"（Curtis Fellow in International Law）。在读书期间，他还曾担任《中国学生月刊》（Chinese Students' Monthly）和《远东共和国》（Far Eastern Republic）的主编。后者很少有人提到，不过我发现居然它也是孙中山和宋庆龄在上海的读物，上海孙中山、宋庆龄故居纪念馆还保存了这个杂志的第1卷第7期。

根据他的简历，他写这封信时应该正在哥伦比亚大学攻读国际法，但是他在信后的落款仍然是读硕士的哈佛大学。1922年华盛顿会议，他接受中国驻美公使施肇基的邀请，曾任中国代表团新闻助理。回国之后担任英文的《北京日报》（Peking Daily News）总编。关于这份日报前面提到过，董显光也在这份报纸担任过编辑。1923年，他离开《北京日报》，进入外交部担任秘书，后来又在内阁从事秘书工作。他还编辑出版过英文晚报《北京夜晚世界》（Evening World of Peking）。

他还有研究国际关系的论著问世，其中最著名的有《英日同盟》（The Anglo-Japanese Alliance）、《二十一条》（The Twenty-One Demands）、《中日条约》（The Chino-Japanese Treaties）、《山东问题》（The Shantung Question）、《外交和世界政治研究》（A Study in Diplomacy and World Politics）、《中国和日本》（China and Japan）等。[55]

对日本幻想的破灭

与何杰才来信发表在同一版《纽约时报》上的,还有署名为"纽约州伊色佳康奈尔大学 H. H. C."的读者的来信,写信的日期是7月25日。

信中说,众所周知,日本的政治、经济和商业中所谓的信条,"是日本对华进行残酷掠夺的工具"。毋庸多言,"日本与邻国中国打交道的整个历史都表现了虚伪"。中国对日本的所有幻想都已经破灭,最终学会了对日交往中始终保持警惕,"因为日本从根本上讲就是一个缺乏道德坚守的国家"。

所以,日本最近宣称"保证归还中国在山东的完全管辖权,与其他在华列强同样,保留在山东的一些商业特许权"。中国很难相信这样的许诺,全世界都已经看到了,"日本最近的表态与其过去与中国打交道的惯用的伎俩并无差别。"如果日本真的打算像其再三表示的那样,"将在10年或20年后,把垂涎已久的山东归还中国,那么日本为何在巴黎和会上拼命地、无耻地争夺呢?"如果日本将最终放弃它在山东的所有权益,那么全世界都会奇怪,那日本为什么不断移民到这个地区呢?山东有4000万人,而仅在青岛一个城市,日本人就由1913年的350人,增长到如今的5万人。日本还在胶济铁路沿线建立民事和军事管理机构,向市场倾泻日元,"这难道还不是建立一个日本的殖民地吗?"

所有情况都难以消除人们的疑虑。日本移民先驱拖家携口来到这片土地,在分配到的土地上耕作,"难道没有在新土地上永久住下去的打算吗？"如果他们在这片土地上投入了这么多，待一段时间又要回到故乡，不是太不可思议了吗？

这就很清楚了，"日本是在误导世界"。日本的所谓"保证"，无非是玩弄辞藻，表示将归还中国的"政治管辖权"，而保留"某些商业特许权"只是空谈。因此，所谓日本以最大诚意提出的"保证"，仍然可以实际控制山东全省，包括控制丰富的矿产、控制连接各战略要地的铁路、控制各种资源。正如一位中国和会代表所说，即使日本人完成了这个保证，中国得到的也不过是"一个空壳，而非这个富裕省份的实质"。

保证或不保证，并没有实际价值，哪怕日本履行了承诺，因为中国人民完全有权要求归还德国曾经在山东的权益。将本该属于中国的权利转移给其他国家的做法，完全违背了一切正义的国际法，日本无权得到山东。"那种只有满足日本国联才能建立起来的说法，是毫无根据的，也是与国联的基本原则相违背的。"[56]

这封来信和何杰才信的侧重点不一样，这封信主要阐述中国关于山东的正当权益，揭露日本所谓的保证和许诺是不可靠的，也反映了对日本霸占山东的野心的警惕。这封信也让世界进一步知道，为什么中国要在巴黎和会上坚决要求日本直接把山东权益交给中国。

说失败未免太早

在和会上，中国代表团尽了最大的努力，但没有达到预想的结果。而这个结果的出现，也不是美国所期望的，而是当时协约国各国的博弈所决定了的。总结起来有如下因素：

首先，威尔逊为了不让其所设想的国际联盟受到日本退会的干扰，不得不与日本妥协；第二，美国帮助中国收回山东主权的设想，没有得到其他主要西方列强的支持，特别是英、法、意等国在1917年与日本有秘密协议，以承认日本在山东取代德国，换取日本参战；第三，日本利用中日1918年关于山东问题换文，让中国处于十分被动的境地，让美国动摇了对中国支持的信心。

而在直接归还胶州半岛的目的不可能达到的情况下，美国对日本施加了非常大的压力，让其保证在规定的时间之内将原德国的势力范围归还中国。因此，不能说中国在巴黎和会上是完全失败的，甚至也不能说是美国背弃了中国。如果要讨论失败的话，即从美国和中国都决定让日本直接归还胶州半岛的目的没有达到，这不仅是中国的失败，也是美国的失败，这也是美国国会最终不批准《凡尔赛和约》的原因之一。

中国代表团其实在当时情况允许的范围之内，尽了最大的努力。其实，五四运动爆发的时候，国人对巴黎和会上中国代表团的艰苦交涉并不是非常明白，但是从上面《纽约时报》的两封信看来，外界的华人对中国在巴黎和会的处境还是比较清醒的。

按照顾维钧的说法，中国在巴黎和会立场坚定，没有签字，日本在和约中获得的权利"就不能合法继承"，虽然事实上日本已经通过军事占领行使了它在山东的特权，所以日本"极盼中国接受和约，以便取得中国对其享有的特权的同意"。在华盛顿，美国参议院对国联盟约的许多方面表示了反对，"中国的抗议和拒签则在舆论界和参、众两院议员中间得到普遍支持"。美国人民对国联盟约的愤怒，以及"和会未能对中国山东问题公平处理一事，无异于对此火上加油"。美国政府竭力劝说参议院批准和约，然而，威尔逊"要使美国参议院和舆论界信服他在同意山东问题方案时的想法却非易事"。[57]

从对中国参加巴黎和会的细节梳理中，我们看到，的确如王芸生的说法，巴黎和会中国处于非常不利的境地："大会阵容，中国之势甚孤。英法意三国既与日本有前约，此时自不能不为日本张目。美总统威尔逊挟其十四条政策以临大会，俨若日丽中天。惟英法地位所在，美国亦殊少挽回大局之力。故美国虽为贯彻门户开放及领土完整政策，山东问题卒不得直，大势然也。"[58]

从历史本身来看，虽然美国当时已经是第一强国，但是在国际舞台上还是必须依靠英法两国。美国没有得到英法两国的支持，在山东问题上就埋下了直接收回山东权利目标未能达到的伏笔。

*　　*　　*

我想指出的是，就巴黎和会美国的态度而言，不应该笼统论之，至少应该分为三个方面：

首先是总统威尔逊的态度，起着关键的作用。由于国联的问题，不得不对日本妥协，改变了原来支持中国诉求的初衷。

其次是美国代表团各位代表的态度，明确表示了对中国的支持，甚至明确表达对威尔逊政策的不满，在各个方面帮助中国代表团，寻求有利于中国的解决之道。

第三是美国国会的态度，坚决反对《凡尔赛和约》关于山东问题的条款，最后拒绝批准《凡尔赛和约》。美国国会的态度，对中国拒签是一个很大的鼓励，并为反对中日直接交涉制造了强大的国际舆论。

世界各国对《凡尔赛和约》关于山东问题的反应，特别是美国的反应，对日本实际上已经形成了非常大的压力，这种压力也就促使了1921—1922年华盛顿会议上山东问题的最后解决（见本书第17章）。

五四时期的中国人以及后来的研究者，都认为巴黎和会是以中国的失败为结束。其实现在回顾这段历史，根据对已有的历史资料的分析来看，可以这样说，正是因为《凡尔赛和约》的规定，否定了《二十一条》和1918年的换文，日本才不得不归还山东权利，这个应该是巴黎和会所取得的积极的成果。

这个成果对于中国的影响可以从两个层面看：一是直接由巴黎和会规定日本从德国那里继承的山东半岛归还中国，即使采用的是一个迂回的办法，先承认日本从德国接收；二是同时也规定了日本必须在既定时间之内归还给中国，这就为1921—1922年华盛顿会议期间日本归还山东半岛权利给中国奠定了国际法的基础。

由于美国的积极支持态度，中国朝野上下对巴黎和会抱十分乐观的态度，但是这种乐观情绪，也是造成当美国未能实现其诺言时给中国造成剧烈的打击的原因。

巴黎和会收回山东的计划失败之原因是综合性的，除了前面已经提到的日本和英、法、俄、意的交易，还因为内乱和政局不稳，再加上北京政府内部的亲日派，外交的混乱当然是不可避免的了。可能这也给巴黎和会的失败，埋下了伏笔。因此，仔细观察1913—1918年间的中国外交和中美关系，结论便十分清楚：依靠外国力量的支持,最终不能解决自己的根本问题。中国的问题,必须主要依靠自己。要找到解决问题的途径,是摆在中国人面前的复杂的选择和漫长的道路。

注 释

[1] 王芸生编著:《六十年来中国与日本》第7卷,第308—309页。

[2] 王芸生编著:《六十年来中国与日本》第7卷,第309—310页。

[3] 王芸生编著:《六十年来中国与日本》第7卷,第312页。

[4] 玛格丽特·麦克米伦:《缔造和平:1919巴黎和会及其开启的战后世界》,第24章。

[5] 玛格丽特·麦克米伦:《缔造和平:1919巴黎和会及其开启的战后世界》,第24章。

[6] 王芸生编著:《六十年来中国与日本》第7卷,第313页。5月6日,陆徵祥电外交部,"报告威尔逊因受牵制不得不屈服于英法之故",基本上重复了上述的说法(同上书,第323—324页)。

[7] 唐启华:《"中日密约"与巴黎和会中国外交》,《历史研究》2015年第5期,第92页。

[8] 王芸生编著:《六十年来中国与日本》第7卷,第315—316页。

[9] 王芸生编著:《六十年来中国与日本》第7卷,第319页。

[10] 王芸生编著:《六十年来中国与日本》第7卷,第320—321页。

[11] 王芸生编著:《六十年来中国与日本》第7卷,第324页。

[12] 顾维钧:《顾维钧回忆录》第1分册,第200—202页。

[13] 顾维钧:《顾维钧回忆录》第1分册,第200页。在威尔逊和蓝辛归国以后,另派博尔克(Frank Polk)任首席全权。

[14] 顾维钧:《顾维钧回忆录》第1分册,第200页。

[15] 王芸生编著:《六十年来中国与日本》第7卷,第339—340页。

[16] 王芸生编著:《六十年来中国与日本》第7卷,第341—342页。

[17] 王芸生编著:《六十年来中国与日本》第7卷,第342—344页。

[18] 顾维钧:《顾维钧回忆录》第1分册,第202—203页。

[19] 顾维钧:《顾维钧回忆录》第1分册,第203—204页。

[20] 顾维钧:《顾维钧回忆录》第1分册,第204—205页。

[21] 顾维钧:《顾维钧回忆录》第1分册,第205—206页。王芸生编著的《六十年来中国与日本》第7卷有一份标明6月24日北京政府令代表团签字的电报(第350—352页),据邓野的研究,该电报实际发于5月24日。见邓野:《巴黎和会中国拒约问题研究》,《中国社会科学》1986年第2期,第132页。

[22] 顾维钧:《顾维钧回忆录》第1分册,第206—207页。

[23] 顾维钧:《顾维钧回忆录》第1分册,第207—208页。

[24] 顾维钧:《顾维钧回忆录》第1分册,第208—209页。

[25] 6月11日,总统徐世昌向参众两院提出辞职(虽然只是政治斗争的需要做姿态),6月13日国务总理钱能训辞职,当时北京只有一个非常弱势的看守内阁主持政务。邓野:《巴黎和会中国拒约问题研究》,《中国社会科学》1986年第2期,第137—142页。

[26] 顾维钧:《顾维钧回忆录》第1分册,第209页。

[27] 顾维钧:《顾维钧回忆录》第1分册,第209—210页。

[28] 王芸生编著:《六十年来中国与日本》第7卷,第352页。

[29] 王芸生编著:《六十年来中国与日本》第7卷,第352—353页。

[30] 王芸生编著:《六十年来中国与日本》第7卷,第353页。

[31] Warren I. Cohen, "America and the May Fourth Movement: The Response to Chinese Nationalism, 1917-1921." *Pacific Historical Review* vol. 35, no. 1 (February 1966), pp. 85.

[32] Warren I. Cohen, "America and the May Fourth Movement: The Response to Chinese Nationalism, 1917-1921. " *Pacific Historical Review* vol. 35, no.1 (February 1966), pp. 84—85。

[33] 芮恩施:《一个美国外交官使华记:1913—1919年美国驻华公使回忆录》,

第 274—275 页。

［34］ 芮恩施:《一个美国外交官使华记：1913—1919 年美国驻华公使回忆录》，第 275—276 页。

［35］ 芮恩施:《一个美国外交官使华记：1913—1919 年美国驻华公使回忆录》，第 276—277 页。

［36］ 芮恩施:《一个美国外交官使华记：1913—1919 年美国驻华公使回忆录》，第 278 页。

［37］ Thomas F. Millard, "Says Blackmail Gained Shantung." *New York Times*, July 24, 1919.

［38］ 见刘国良:《参加"一战"的华工数字问题》，《历史教学》2010 年第 13 期，第 58—59 页。

［39］ "Taft Seared for His Stand on Shantung." *Chicago Daily Tribune*, July 29, 1919.

［40］ "Taft Seared for His Stand on Shantung." *Chicago Daily Tribune*, July 29, 1919.

［41］ 王芸生编著:《六十年来中国与日本》第 7 卷，第 355 页。

［42］ 王芸生编著:《六十年来中国与日本》第 7 卷，第 355 页。

［43］ 唐启华:《巴黎和会与中国外交》，第 345 页。

［44］ 王芸生编著:《六十年来中国与日本》第 7 卷，第 357 页。

［45］ 王芸生编著:《六十年来中国与日本》第 7 卷，第 358—359 页。

［46］ 王芸生编著:《六十年来中国与日本》第 7 卷，第 359 页。

［47］ 唐启华:《巴黎和会与中国外交》，第 348 页。

［48］ 顾维钧:《顾维钧回忆录》第 1 分册，第 213 页。

［49］ 巴巴拉·塔奇曼:《史迪威与美国在中国的经验，1911—1945》，第 75—76 页。

［50］ 顾维钧:《顾维钧回忆录》第 1 分册，第 213—215 页。

［51］ 唐启华:《巴黎和会与中国外交》，第 353 页。

［52］ 巴巴拉·塔奇曼:《史迪威与美国在中国的经验，1911—1945》，第 75—76 页。

[53] G. Zay Wood, "Why China Did Not Sign." *New York Times*, August 3, 1919.

[54] 顾维钧:《顾维钧回忆录》第1分册,第214页;亚当·图兹:《滔天洪水:第一次世界大战于全球秩序的重建》,第347页。

[55] *Who's Who in China*（the third edition）, pp. 279—280.

[56] H. H. C., "To the Editor of The New York Times." *New York Times*, August 3, 1919.

[57] 顾维钧:《顾维钧回忆录》第1分册,第212页。

[58] 王芸生编著:《六十年来中国与日本》第7卷,第262页。

第 12 章　巴黎和会大博弈下的小插曲

> 我始终坚信，顺着那些蛛丝马迹，可能引导我们到那不为人知甚至波澜壮阔的历史。好像宫崎骏电影《千与千寻》中的那个小孩，一旦通过了那个神秘的隧道，一个未知的奇幻世界立刻展现在眼前。
>
> ——本书作者

像历史上许许多多的大事件一样，我们只看到英雄人物、政治领袖在那里纵横驰骋，他们的事迹和言论记录在报刊上、档案里、图书馆中，人们毫不怀疑他们对历史产生了极大的影响，在以后也被一代又一代的学者所研究，被一代一代的作家所描写，被一代又一代的读者所铭记。

举世瞩目的巴黎和会，轰轰烈烈的五四运动，影响深远的新文化运动，威尔逊、顾维钧、陈独秀、胡适等等叱咤风云的人物，都在历史上留下了他们的踪迹。但大多数介入其中的人，是默默无闻的，犹如石黑一雄描写一战的小说《长日将尽》(The Remains of the Day) 中的英国达林顿勋爵家的男管家史蒂文斯，他参与了重大历史的发生，但是他本人也没有意识到，他自己也成为历史事件的一部分。在这个世界上，哪怕研究巴黎和会和五四运动的学者，也没有，可能以后也不会关注到一个给《纽约时报》写读者来信的"王先生"。历史过去了就过去了，这种给报纸写读者来信的人，在很大的概率上，可能永远都不会再被提起。而我注意到这位王先生，是偶然发现他在1919年5月给《纽约时报》的两封信以及所引发的笔战。那正是巴黎和会各国博弈争锋正激烈的阶段。

对"小人物"参与"大事件"讨论的好奇，让我开始了这个追踪之旅，从而牵扯出了这一章的全部内容，一段被遗忘的历史，虽然谈不上惊心动魄，但也的确是发人深省。让我感慨历史上的许多人物，在经过了短暂的激荡之后，又像一片云一样随风飘得无影无踪。

王先生给《纽约时报》的信，1919年5月3日

1919年5月3日，居住在纽约的一位叫K. P. 王（K. P. Wang）的先生，给《纽约时报》写了一封信，对巴黎和会上山东问题的决议，表达了愤怒，认为"这摧毁了中国人对新秩序的信任"。指出这完全是对日本的一个妥协，这个解决办法不过是"军国主义和帝国主义的日本获得了利益"。《纽约时报》于5月9日发表了这封来信。

王先生指出，这不仅是对"门户开放"政策的违背，而且也是对威尔逊提出的14条中对远东问题的原则的公然挑战，也是对国联未来的一个威胁。日本得到了它所要的，但是无论是从国际法还是从道德来讲，中国应该得到的都被否决了。这就好比"是从一个强盗转给另一个强盗"。在做出这个决定的时候，中国参加和会的代表并没有被允许去表达他们的诉求。

这个决定十分突然和随意，没有考虑到中国的权利和正义。除

了说是屈服于日本退出和会的威胁,甚至威尔逊总统也找不到任何借口。王先生警告,由于这个决定,"远东的未来变得越来越黑暗"。威尔逊总统想避免战争,"但是战争的乌云很快就会聚集",不过这次战争的危险是在东方。日本将很快地主宰中国,世界不再有安全,"太平洋也不再太平",国联的原则也"只不过成为摆设"。

王先生还指出了这个决定对美中关系的长远影响:中国这次是又一次失望,"这次是对中国最好的朋友美国和威尔逊总统——自由和正义世界的领袖——的失望"。虽然中国是暂时的衰弱和贫穷,但是中国人会牢记这个耻辱,这个记忆会留在每一个中国人的心中,"从一代传到下一代"。

由此,中国将吸取一个惨痛的教训,那就是国际的新秩序还没有到来,或许将永远不可能到来。在"军国主义和帝国主义结合在一起"的日本面前,"理想主义和自由主义显得没有显示出意义和力量。"当暴力和威胁就在眼前的时候,原则总是被放弃,这对中国人来说,也是一个"非常有价值的教训"。爱好和平的勤劳的中国人从此将懂得,在这个世界,外交只能依靠实力。没有实力的话,在这个无耻和狂暴的世界,就只会一次又一次地被欺辱。

王先生最后悲凉地告诉整个世界:"如果四亿中国人在某一天决定改变他们爱和平的传统,而为了他们的名誉去战斗的时候,只能怪这个世界。"这个世界终将意识到中国巨大的潜力,这个有很长历史和文明的国家,"是不可征服的,也是不可战胜的"。[1]

当时,巴黎和会的谈判仍然在继续之中,王先生关于中国没有机会在会上表达自己的诉求的这个说法,并不符合事实。巴黎和会上到底发生了什么,前面我已经有详细的描述。中国代表团在和会上阐明了自己的立场,美国也曾支持和努力帮助中国收回山东的权利。

毕格洛反驳王先生,1919年5月12日

5月16日,《纽约时报》发表了鲍尔尼·毕格洛(Poultney Bigelow)5月12日的来信,对王先生进行反驳。他说对王先生把日本描绘得像一个魔鬼,感到很遗憾。他认为日本人是相当温和的,他们控制了山东是为了拯救中国。近代以来,中国的领土被欧洲人所侵占,但是每一次占领,"都给中国带来了好处"。他还以英国人为例,说它对香港的统治已经带来了远远超过香港人所能梦想的好结果。

从这封信来看,毕格洛是一个反德亲日分子,说德国对胶州的占领是"可怕和粗暴的"。他批评凯撒·威廉二世的德国在山东和其他地方的殖民统治,指出德国在山东的所作所为就像西班牙对西半球的殖民一样。而日本却"解救了中国",在打败了俄国之后,又解除了"德国的威胁"。对于"在孔子的土地上能得到东方的门罗主义的庇护,中国应对日本感恩"。由于日本的胜利,"白人将不再是远东的军事占领者"。

他承认中国在过去40年已经有所进步,但进步是缓慢的。"日本是中国唯一的朋友,他们有共同的语言、共同的血源和共同的传统。"他还宣称听到过许多中国人赞扬日本,希望中国人和日本人能够有更好的相互理解。

他反驳王先生所说的远东的未来变得越来越黑暗,认为"恰恰

相反，远东从来没有像今天这样前途光明，因为日本已经赶跑了德国人，收回了山东，中国应该现在在祖先面前烧高香庆祝日本的勇气。"他为日本的扩张和殖民高唱赞歌："从北极到赤道，日本的太阳旗高高飘扬"，人们很快发现有序的管理、高质量的铁路、警察、学校、卫生条件、电话、码头和荒地的开垦，"带来了文明的福音"。

毕格洛说中国需要上面提到的这些东西，但是德国从来没有"提供给任何人幸福，哪怕是它欧洲的邻国"。如果德皇凯撒继续拥有胶州，那么他无非是把"山东作为征服中国的一个军事基地。他统治这块土地的时候，正如他对待波兰人、丹麦人和法国人一样，不会有任何公平和正义"。

我注意到，毕格洛在提到中国人的时候，不是一般用的Chinese，而是Chinaman，这在英文世界中是对中国人的带有歧视和种族主义的用法。但是，他似乎也不是一个白人至上主义者，对英国的殖民主义表示欣赏，但是痛恨德国的殖民主义。

王先生应战毕格洛，1919 年 5 月 16 日

在《纽约时报》发表毕格洛信的当天，即 5 月 16 日，王先生给《纽约时报》去信，对毕格洛的观点进行了驳斥，于 1919 年 5 月 20 日见报。王先生信中说，他"怀着惊讶和诧异的心情"读完了毕格洛的信，惊讶的是，遵循自由传统的美国人竟然支持日本的侵华政策；诧异的是，毕格洛先生的论据前后矛盾，没有逻辑。毕格洛先生说，日本解放了中国，解除了俄国对中国的威胁，又解除了德国的威胁。中国人现在应该感谢日本，把天皇的"门罗主义"带到中国，欧洲

白人不能再在远东肆无忌惮地横行了。

王先生提醒毕格洛，中国现正处于日本的威胁之中，这种威胁远远超过过去的俄国和德国。日本绝不是为了保护中国而与俄国和德国打仗，而只是为了自己。朝鲜、满洲和山东所发生的事情，都证明了日本企图取代俄国和德国，而且它的对华侵略政策的野心更大。

如果毕格洛真的懂得历史和国际法，他应该审视自己对"门罗主义"的认识。门罗总统的主张是要警告欧洲帝国主义国家，不能干涉美洲大陆的新生共和国家的内政和发展。门罗主义的要旨是欧洲和美国对中南美小国和弱国采取不干涉政策，不破坏它们正兴起的民主思潮。然而，这一原则近年来却被日本歪曲和滥用。日本人所宣称的所谓"亚洲门罗主义"，是不许其他国家染指中国，而由日本独占中国。"如此曲解的门罗主义，应引起每个真正美国人的义愤，但毕格洛却居然与日本人穿同一条裤子。"

王先生讽刺道，最令人感到惊讶的是，毕格洛先生竟然为日本殖民主义高唱赞歌。毕格洛先生所谓的"有序的管理"，就是强加在被占领区人民头上的枷锁，警察不过是军事统治，学校就是不让当地人民学习母语，而"文明的福音"是对当地人的无耻暴行。日本人对朝鲜人民实行的恐怖统治，连德国人也望尘莫及。

王先生最后指出，且把毕格洛先生"情绪化的论调留给他自己好了"。中国人只向珍视美国精神和原则的人民发出呼吁，"对那些试图为日本辩护但又毫不了解中日矛盾真相的人们，我认为他们应该闭嘴。除非他们没有生活在现代，他们就应认识到自己现在的立场是错误的，和时代潮流相悖。"[2]

毕格洛再战王先生，1919年5月20日

毕格洛也不示弱，在《纽约时报》发表王先生信的当天，1919年5月20日就写了回信，该报也没有耽误，1919年5月23日他的信见报。

毕格洛先是高姿态，表示虽然王先生不同意他的说法，但他承认王先生诚实宽容，犹如"我遇到的所有中国人一样"。对于王先生所说的，希望毕格洛"情绪化的论调留给他自己好了"，这让他"如释重负"。他还利用这个机会表明，他并不歧视中国人，因为他曾在"坚持美国应给予在美华人和他们的妻子完全公民权时"，哪怕是受到美国同胞们的谩骂也义无反顾。在这封信中，他提到中国人的时候，使用的是 Chinese，而非带有歧视的 Chinaman，也可能他已经意识到他上封信的用词不当。

毕格洛还给中国戴上了几顶高帽子，中国在许多方面优越于美国，特别是在宗教信仰和道德方面。"来自佛国的几百万僧侣可以给予我们帮助，尤其是在饮食健康方面我们可以学到很多。"看来毕格洛对自己的祖国也不留情面，似乎要告诉王先生，不要把美国想得那么美好，指出王先生没有理解到"门罗主义"的真正含义，其实质是"只有山姆大叔才有权在西半球扩张"。自从门罗总统宣布他的原则后，美国领土的扩张迅速，包括西印度群岛、巴拿马和墨西哥的大片土地，阿拉斯加更是不在话下。"整个拉丁美洲都对美国心存憎恶，只是我们并不知晓，或者我们根本就不在乎。"

毕格洛带着嘲讽的口气要"亲爱的王先生"为孔子的故乡祈祷：

"向凯撒的政府提出一个有尊严的请求，因为您让我们会以为这个劫掠了比利时的国家会对山东非常慷慨。亲爱的王先生，中国现在所需要的是好的道路、国内的发展，要有耐心。中国需要的电报杆子，犹如装饰每一个靠压榨农民为生的旧官僚头上的翎毛。"毕格洛最后说："一切政治转型都会给许多人带来痛苦，尤其是那些失去权势的人。让我小声地对您说：将来有一天，中国会赞颂大日本。"[3]

麦考米克挺身而出，1919年5月20日

两个回合战下来，这时一个叫弗雷德里克·麦考米克（Frederick McCormick）的美国人挺身而出，参加了这场笔战。

麦考米克的信虽然发表于《纽约时报》1919年6月1日，但是他的这封信写于5月20日，也就是说是在读到毕格洛的第二封回王先生的信之前。他在信中也说了，是对毕格洛5月12日回复王先生信的反应。麦考米克住在加利福尼亚的圣莫尼卡（Santa Monica），估计寄到纽约要一周以上，应该是编辑收到信后，就立即安排见报了。

麦考米克对这位住在纽约哈德逊河畔玛尔登（Malden-on-Hudson）的同胞，就很不客气了，讽刺意味也很重，说他"大笔如椽，声如洪钟"。当王先生说日本像恶魔一样在侵害中国的时候，"打扰了在哈德逊河畔玛尔登毕格洛先生的睡梦"。毕格洛先生称中国人现在都在赞颂日本把门罗主义带到了孔子的故乡，欧洲白人不能再在远东胡作非为了，还说中国过去40年中的进步令人充满希望。那么"他的意思是赞颂日本就是中国的希望吗？"

麦考米克告诉毕先生,"我去过中国一两次"(按照后面我们对他的了解,这不过是故意谦逊的说法),但是,从未见到任何一个"中国人"赞扬"天皇的门罗主义"。而且,正如他亲眼所看到的,几十英里范围的胶州湾地区,被日本军事占领。朝鲜也是这样,最后被吞并。"愿上帝保佑!丰臣秀吉一定会非常乐意听到有人说中国人赞颂日本之名的;引清军入关的汉奸吴三桂也非常愿意听到来自哈得孙河畔玛尔登的赞扬的。"

毕格洛先生宣称,日本解救了中国,消除了德国对中国的威胁。麦考米克指出,"日本只不过是趁机赶跑了一些在青岛的可怜德国兵而已"。即使日本不出兵,德国人也会和在其他地方一样,撤离胶州湾的。的确是这样,德国战败,它在海外的殖民地、租借地都将归还给原来的主人,所以日本哪怕对青岛无任何作为,青岛战后也将自动地归转给中国。

毕格洛先生还说,日本已经有长期殖民历史,扩张从北极到赤道,等等,其实并不正确,直到日本获得朝鲜之前,日本占领的都是一些其他国家不感兴趣的小国家。毕格洛先生说,德国占据了胶州湾,那么它将把山东作为军事基地,进而占领整个中国。

的确,威廉二世有着扩张计划,是一个暴君。但是如果威廉二世能够从胶州湾出发征服全中国,那他还不如去侵犯美国、英国、法国、俄国、意大利、西班牙、斯堪的纳维亚半岛甚至非洲、南美、墨西哥、加拿大和古巴,都比绕半个地球到中国来更方便。

麦考米克最后说:"难道毕格洛先生没有看到朝鲜最近的反日斗争的风潮吗?日本的统治至今没能让朝鲜人民像波兰人、丹麦人和法国人一样屈服投降。"毕格洛提出王先生回中国考察一下,但是毕先生对中国所知甚少,"王先生也许出于礼貌没有提出同样的建议,但我非常高兴提议毕格洛先生去中国看一看。"[4]

毕格洛的显赫身份

麦考米克的这封信见报之后,笔战没有继续进行下去。对这个问题的讨论,似乎到此可以结束了。从这场论战的结果来看,显然是王先生和麦考米克占了上风。但是,我忍不住好奇,想试一试查找一下这三位笔战参加者的背景和身份。没有想到,还真的挖掘到一些有意思的东西。

根据写信人的英文名字,找毕格洛和麦考米克先生的资料没花多少工夫。我发现,这位对王先生的信表示异议的美国人,原来并不是等闲之辈。他不时给《纽约时报》写书评,以及就各种事务给《纽约时报》写信,发表他的观点。仅仅是从《纽约时报》的资料库里面,就发现1895—1931年间,他就给该报写了80多封信。

我还找到了1954年5月29日《纽约时报》关于他死讯的报道,以这样的标题发表了讣告:《记者、耶鲁大学年纪最大的校友鲍尔尼·毕格洛逝世,享年98岁》(Poultney Bigelow Is Dead at 98; Journalist, Oldest Yale Alummnus)。仅这篇报道的标题,就有很大的信息量。第一,毕格洛先生的身份是记者;第二,他毕业于耶鲁大学;第三,他活到了98岁。根据讣告,尽管他活了近百岁,他在20多年前的1930年就曾经抱怨道:"活得太长真是受罪。"

当我看到关于他死讯的报道配的照片的时候,可以说是大吃一惊。照片的说明是毕格洛与退位的德皇凯撒·威廉二世(Kaiser

Wilhelm II）在1937年的合影。已经熟悉前面他给王先生的两封信的读者，可能和我一样吃惊：因为这张照片与他在信中对德皇的严厉批评和厌恶形成了鲜明的对照。忍不住地会问道：这到底是怎么一回事？

《纽约时报》称他是作家、世界旅行者，是凯撒·威廉二世终身好朋友，还说他说话直来直去，有时会引起矛盾冲突。他一直住在祖上留下来的哈德逊河畔的玛尔登，也就是麦考米克讥讽的王先生的信"打扰了在哈德逊河畔玛尔登毕先生的睡梦"的那个地方，距离纽约只有一英里。他又矮又壮，留着胡须，喜欢伐木，看起来很像德国最后的皇帝威廉二世。他一直在自己的祖产里忙来忙去。

他的父亲约翰·毕格洛（John Bigelow），是前美国驻法国的公使。1911年，以94岁高龄去世，被称为一生"杰出的从政生涯"。毕格洛1855年生于纽约，正是富兰克林·皮尔斯（Franklin Pierce）任总统的时候。当毕格洛4岁的时候，未来的德皇凯撒·威廉二世在波茨坦出生。

他和威廉二世长期的朋友关系是从他的孩提时代就开始了。他父亲任驻法国公使的时候，把他送到了波茨坦的一个学前班。在波茨坦，这个美国小孩成为凯撒·威廉王子和他的弟弟亨利的朋友。后来威廉王子成为德国皇帝，毕格洛先生成了他的座上客。"两个精力充沛但意见相左的人，经常讨论各种问题。"

毕格洛1879年进入耶鲁，后在哥伦比亚大学获得法律学位，但是他一生中从来没有从事法律方面的工作，而是钟情于旅行和写作，特别善于写他所见到的各种重要人士，以及到过的有趣的地方。

Poultney Bigelow Is Dead at 98; Journalist, Oldest Yale Alumnus

Poultney Bigelow, left, with Kaiser Wilhelm II in 1937 — Associated Press

毕格洛（左）与退位的德皇凯撒·威廉二世，1937 年。

资料来源：*New York Times*, May 29, 1954。

1885年,毕格洛创办了《远足》(Outing),这是美国第一份专门为体育业余爱好者所办的杂志。他还给英国和美国的出版机构供稿。1898年美西战争爆发的时候,他正在古巴。然后成为伦敦的《泰晤士报》的记者。那个时候德国正在急剧地扩张海外殖民地,所以威廉二世对他的朋友毕格洛关于殖民地的研究非常有兴趣。

在一战爆发之前,德皇和他的美国朋友关系冷却下来,后来毕格洛在美国和英国的报刊上发表了好几篇对威廉二世严厉批评文章。那么从这个背景看起来,他在《纽约时报》和王先生论战的时候,正是他和威廉二世关系非常僵的时候。从他所发表的那几封信和其他文章看来,他对德国的海外殖民及手段很不以为然。可能他们关系的恶化,和这个不同的观点有密切关系。

毕格洛对世界各国的殖民地的管理很有研究。他经常做一些很尖锐的评论,特别是对各国的政治和复杂性进行分析。他后来应该与威廉二世的关系有所改善,因为他几乎每年都到荷兰多伦去拜访流亡的凯撒。在希特勒和墨索里尼兴起的一段时间里,毕格洛对他们的评价很高。但是当他们用暴力去惩罚反对他们意见的人的时候,"他停止了对这两个独裁者的赞扬"。[5]

麦考米克也绝不是等闲之辈

现在我们来看中途杀出的程咬金弗雷德里克·麦考米克(Frederick McCormick, 1870—1951)。经过资料的搜索,能够勾画出他人生的轨迹,他也是一个传奇人物。作为一个战地记者,他在北京度过了12年。所以我们知道他在批驳毕格洛的信中自谦"去过中国一两次",不过是嘲弄毕格洛对中国的无知。其实,在本书的第 1 章,我已经引用过他于 1913 年 2 月 16 日发表在《纽约时报》的文章《中国:列强冲突最危险的地区》(China the Greatest of Danger Zones to the Powers)。

目前能看到,他写的书至少有三本,几乎都和东亚局势有关:《俄国在亚太的悲剧》(The Tragedy Of Russia In Pacific Asia,1907),两卷本,这是他作为美联社记者报道日俄战争的战况,描写了俄国的失败;《民国的建立》(The Flowery Republic,1913),其实几乎就是一部他眼中的辛亥革命史;《日本的威胁》(The Menace of Japan,1917),许多资料来自他旅行所见所闻,以及私人的记录,写下了日本对东亚和平的威胁。所以他有底气去挑战毕格洛对日本的吹捧。

1900 年,麦考米克作为《哈珀周刊》(Harper's Weekly) 的记者来华进行报道,目睹了义和团运动,从而经历了中国辛亥革命前十年的转折时代。后来他又为美联社写稿,像当年杰克·伦敦一样,深入战场报道日俄战争。麦考米克亲历了辛亥革命,以第一手的观察写了 500 多页的《民国的建立》。麦考米克在华十余年,对中国颇有了解和研究。1922 年回国后,主要从事媒体工作,曾任广播电台东亚事务专栏的评论员。

《民国的建立》书页上对作者的简介是:"驻北京特派记者,《俄国在亚太的悲剧》等书的作者"。从他撰写《民国的建立》这本书可以看得出来,他是一个中国通,掌握了辛亥革命的珍贵资料,特别是作为一个革命的亲眼观察者,在革命爆发后仅两年,就出版了这部大书,对我们了解这场革命,非常有参考价值。由于该书出版已经100多年了,原书不容易找到。进入新世纪以后,这部书突然火了起来。据我所见,该书作为"被遗忘的经典"(forgotten classics),已经有上十个影印版本。

在扉页上,他把这本书献给"黑头发的人"(To the Black-Haired People),可以理解是一本献给中国人的书。在献词后面他接着又说:"在这些人中间生活了许多年,朋友、接待我的主人,还有建议的提供者,我的心系着他们的未来。"

下面是他为这本书写的序言,由于不长,全文翻译在这里:

在革命开始的时候,中国正处在一个无与伦比的古老但是已经过时制度下的顶峰。她对自己的过去有充分的自我认同,还接受了来自西方的伟大智慧。对中国来说,这确实是真正的黄金时代。

现在世界上有一种观念,认为中国已经变老了,她的文明正在衰落。然而,在她过去所发展起来的制度下,中国已经达到了她所能达到辉煌的最高点。在蒙古人消灭了西亚的各种力量后,让欧洲也屈服在它的铁蹄之下,而中国却可以自由地吸纳周边的所谓蛮族部落,稳步地发展和进步,直到她比以往任何时候都更幅员辽阔、更强大、更繁荣,展现出比世界上其他任何地方更多的人满意他们的处境,即使他们不是幸福的人。文明应该珍惜这样的事实:是时间造成了革命的必然发生,反传统也在滋生。

西方文明以如此之快的速度超过了中国,以至于她无法适应所处的变化。统治中国的满清王朝虽然古老、堕落、衰颓,但统治者并非不了解中国的情况,而且比其他人更了解自己的处境。西方的最近一次重大警告是由于拳乱造成的，由于外国干预和内部叛乱两大危机，皇朝感觉到了威胁。皇朝不得不走上最有可能以毁灭告终的道路。它所做的一切都导致了它的垮台，最后还留下了一个恶名。为了拯救这个国家，它宣布了一个完全的现代化。1904年，人民的革命情绪已经充分显现出来，到1908年统治者的死去［指慈禧和光绪］。在这几年间，仅仅在宪政方面他们就发布了36条法令。这个国家一下子接受不了这些革新的猛药，只会增加革命者的决心，促使了叛乱的发生。随着对其即将到来的命运的了解，皇朝在其最有权势的满清宗室庆亲王的主导下，一切都在向下不断地沉沦。

在准备本书序言的时候，我感恩在中国十二年的观察和研究，以及在反满的叛乱期间从阿尔贡到珠江的旅行。我也感谢中国新闻社，感谢外国在华报纸《北华捷报》及其译者，感谢《楚报》(*The Central China Post*)，感谢《伦敦泰晤士报》(*The London Times*)允许我使用报道一些事件的文稿，感谢东方学家和汉学家爱德华·T. 威廉姆斯（Edward T. Williams）和查尔斯·D. 坦尼（Charles D. Tenney）博士对一些资料的翻译。谨此致谢。

仔细读他这篇序文，我们会产生一些疑问。他对清政府有不少正面的评价，甚至说清的统治是"真正的黄金时代"，这与通常所认为的中国在鸦片战争后到辛亥革命的爆发、积贫积弱、帝国的严重的危机的理解相去甚远。他在谈到蒙古征服的时候，只讲了对西亚和欧洲，而回避了中国也曾被蒙古人征服这样一个事实。他宣称中国人满足他们现在的处境，也是非常武断和不负责任的。

可以看出，他对中国是有感情的，竭力弘扬中国的文明，这让他减少甚至有可能有意回避了对中国的批判，掩饰政治和社会的种种黑暗。对刚进入共和的混乱时代、在袁世凯统治下的中国，可能批评对中国反而是最需要的。他对生活在这个国度中的中国人所经受的苦难视而不见，那么可能他让自己的感情或政治观点迷住了他的看清现实中国的双眼。他对中国的爱，让他看不到中国面临的巨大危机。

《民国的建立》，书的开端列出了1838年（福音的传入）到1911年辛亥革命中国大事记。全书共42章，第1—5章，根据作者从蒙古到长城至北京的路线，描述了满洲和华北的局势。从第6—23章，讲述了辛亥革命的过程，包括四川保路运动、武昌起义以及上海、广州、南京等地的起义，清政府对革命的镇压，等等。第24—42章，记录了中华民国的成立、孙中山的当选临时总统、清帝逊位以及袁世凯就任大总统等一系列事件。

书后的附录部分，有《革命日志》，根据时间顺序，精确到日，从1911年8月24日四川保路运动开始，到1912年4月3日孙中山交权给袁世凯后离开南京结束，反映了辛亥革命的全过程。此书还包括了16幅插图，如袁世凯、孙中山、溥仪的照片，以及汉口、武昌、北京、南京的城市与民众的影像，还有讽刺漫画。

在这本书的结尾，他展示了对中国未来的信心："我相信四亿清醒、聪明、勤奋、富有想象力的中国人，他们的愿望是和平，他们能够为文明做出最伟大的贡献。"[6]

追踪神秘的王先生

当然,王先生是这次论战的主角,因为论战的引发,就是《纽约时报》1919年5月9日发表的他那封来信。对王先生的追寻,只有从他两封信的落款 K. P. Wang 开始。

没有费多大工夫,就发现了在 K. P. Wang 名下,《纽约时报》1919年2月2日还刊登有他的另一封来信。这封信写于1919年1月30日,题目是:《中国宣布,她将全面修正与列强的关系》(China's Claims : She Wants a Complete Revision of Her Relations with the Power)。大概的内容如下:《纽约时报》1月16日刊登了记者在北京对徐世昌总统的采访,徐总统阐述了他对世界永久和平的看法。"至少过去四分之三的世纪里,中国一直是列强争夺的对象。作为一个不尚武和热爱和平的国家,中国被欧洲和其他有野心的国家以各种秘密协定、势力范围和权力平衡无情地摧残,真是十分地无助。"王先生在信中还控诉道,"过去几十年在远东所发生的事情,都是黑暗的记录,是人类社会和文明的耻辱。"

王先生在信中承认,《纽约时报》的记者完整地把徐总统的意思表达了出来。他说当欧洲的战争结束了,"另外一场战争正在快速地在太平洋形成"。只要远东的问题没有得到正确和平等的解决,那么另一场大战就会很快地降临。如果列强过去的那种无道行为在中国继续下去,那么他们的竞争将会在亚洲加剧。无论是中国人民的反抗,还是各国之间的冲突,关于中国利益的争夺如果不根除,就将造成像上次大战一样的悲剧。

如果国际联盟的建立不幸失败了,"那么其结果将不仅仅是世界的和平的希望不能够实现,而且远东将成为非常危险的地区。"徐总统的话表达了整个中国的一种担心。这个世界对战争已经厌倦了,中国也已经厌倦了武力。大战中胜利的精神显示了全世界对帝国主义的谴责。帝国主义已经成为一种死亡的理论,将会被抛弃。现在正在巴黎召开的和会之目的,就是按照威尔逊总统的理想,强调了引导人类向着正义和公正。现在"还给中国正义的时间"到了。如果要国际的正义得到伸张,那么就要给中国国际上应有的地位,"让她进入国际的大家庭"。这不仅仅是为了中国合法的和道义的利益,而且也是"为了世界和平的利益"。[7]

王先生的这封信再次阐明了中国的态度以及对巴黎和会的期望,表达了中国对和平的向往,对远东局势的担忧,让世界了解中国的态度,要求国际社会平等道义地对待中国,也展现了中国对未来和平的希望。

* * *

经过进一步的检索,我发现在哈佛大学教授埃雷兹·马尼拉(Erez Manela,中文名马雪松)的著作《威尔逊的民族自决与反殖民的民族主义的国际起源》(*The Wilsonian Moment Self-Determination and the International Origins of Anticolonial Nationalism*)的注释中,[8]这位王先生在巴黎和会前,成立了一个"纽约中国爱国委员会"(Chinese Patriotic Committee in New York City),他是这个委员会的秘书(Secretary of the Committee)。其实,这个"秘书"就是这个委员会的实际负责人。

继续查这个"纽约中国爱国委员会"的英文名,就发现这个委员会在1919年,印发了好几本小册子,都和巴黎和会中国收回山东权益有关,包括:1919年2月《中国对日本》(*China versus Japan*)、1919年3月《中国在和谈桌上宣布的立场》(*China's Claims at the Peace Table*)、1919年5月《权力还是权利?十四条原则与胶州湾问题的处理》(*Might or Right? The Fourteen Points and the Disposition of Kiao-Chau*)和《胶州问题的解决》(*The Kiao-Chau Settlement*)、1919年7月《为什么中国拒绝了签署和约》(*Why China Refused to Sign the Peace Treaty*)、1919年8月《山东问题的经济现象》(*The Economic Aspects of the Shantung Question*)。

上述小册子只有一本没有注明时间,即《日本对华移民》(*Japanese Emigration to China*)。虽然没有打出印制的时间,封面印着由"中国爱国委员会出版",估计也是1919年之后的作品。另外,我还注意到,该书封底贴着"密歇根大学图书馆"的标签,标签下方打印着"华盛顿会议中国学生委员会的礼物"(The Gift of Chinese Student's Com. Washington Conference)。那么估计该书是在华盛顿会议前后或者之中(即1921—1922年)赠送的。

还有一个细节值得一提:在每本册子后面,印出联络的方法,如1919年5月发行的《权力还是权利?》,册子后面的联络人和地址都是给王先生的,即:

  Address all communications to
  MR. K. P. WANG

(*Secretary of the Committee*)

510 West 113th St.

New York City

为了给自己找到一点历史感,我还特别查了谷歌地图,居然同样的地址目前还在。通过谷歌地图的照片,看到了这栋楼,这栋石头的房子看起来是有比较长的历史,外表看起来不错。又从谷歌上查阅了有关资料,发现这栋楼建于1932年。也就是说,王先生所住的楼已经被拆掉了,目前这楼是重修的。但是街区应该是原来的,看得出来,是一个条件不错的社区,510号距建于19世纪末的纽约圣约翰神明大教堂(The Cathedral Church of St. John the Divine)只有两分钟的步行距离,右边一个街区就是晨曦公园(Morningside Park),往北也就不过一个街区,就是哥伦比亚大学校园。看得出来,王先生的经济条件应该是不错的,就住在学校附近,非常方便安全。

但是,在1919年7月的《为什么中国拒绝了签署和约》的第二页上,有一个"重要通知"(Important Announcement):

由于委员会秘书王先生最近外出,请暂时将邮件寄往:

MR. Q. K. CHEN

(*Treasurer and Acting Secretary*)

1090 Amsterdam Avenue

New York City

也就是说,至少在7月,王先生已经离开了纽约,那么他在5月那场笔战不久,就暂时离开了委员会的工作,而由财务兼代理秘书陈先生负责。不过,王先生哪里去了呢?

根据美国国会图书馆的一份备忘录，这年的7月15日到9月27日，他去了华盛顿，帮助美国国会图书馆整理中国古籍，每月工资是120美元，美国国会图书馆共支付他292美元。[9]

* * *

我也迫切想知道，除了给《纽约时报》的读者来信以及爱国委员会的活动，他来自何方、有什么教育背景、中文名字是什么，以及以后的经历。但是，用K. P. Wang这个名字所能找到的信息，也就这么多了。虽然信息和文献中也有同名同姓者，但是时代和事迹显然不是同一个人。我在中英文的资料库和网站上查了许久，似乎这个王先生没有留下更多的踪迹。

当我几乎都快放弃的时候，居然在https：//prabook.com上发现了王先生的一个简短的英文小传，这个小传对于我继续追踪王先生是至关重要的。我过去没有关注过prabook.com，发现正因为这个网站独特的宗旨，才提供了这个非常有价值的线索。网站在自我介绍中称：

> 每个人都值得被记住。当我们想寻找或了解名人时，通常会去维基百科（Wikipedia）；如果要寻找朋友或同事，会去脸书（Facebook）或者领英（LinkedIn）。但是，我们也需要知道有关各个领域的专业人士或某社区内知名人士的信息，这些人在外界不一定大家都知道，但是他们也同样重要，而这些人的信息百科全书经常是查不到的。学者、建筑师、医生、律师、经济学家、商人以及许多其他在国际上并不广为人知的专业人

士，对人类的重要性不亚于歌手、流行天后或时装模特。他们应该被知道和被记住！这是 Prabook 的使命：记录和保存为国家、当地社区或任何专业领域做出贡献的个人的信息，这些信息可以在图书、杂志、公私图书馆以及档案馆中找到足够的数据。

正是这个简短的介绍，我终于知道了他的全名是 Wang Kuo—chun，又叫 Kouchun Penn Wang，职业是记者和编辑。

我把这篇小传翻译如下：

Wang Kuo—chun 先生 1910—1920 年代在中国著名报纸如《申报》（上海）和《京报》（北京）从事记者和编辑工作。

背景：

Kouchun Wang 先生 1894 年生于上海。

教育：

王先生就读于浦东中学（Pootung Middle School）、龙门师范学校（Lung Men Normal School）和上海中学。1912 年进入清华学堂（北京）。毕业后，1915 年赴美国求学，考入普林斯顿大学，三年完成学士学业。他专攻政治经济学，以优异成绩毕业于政治学系。

1918 年至 1919 年，王先生在纽约哥伦比亚大学攻读历史和新闻学硕士。在纽约期间，他专门研究了主流大报的出版和发行。

职业：

1919 年春巴黎和会进行期间，王先生被选为中国爱国委员会总书记（general secretary），这是一个由在纽约的中国学生和商人共同组织的宣传机构。在担任该职务期间，他印行了若干关于中国问题的小册子,这些小册子在美国广为散发。

1919年王先生回国后加入《上海商报》(*Shanghai Journal of Commerce*)。次年他加入《申报》担任经理助理(assistant manager)。1920年底,他在北京的一家华人拥有的英文报纸《北京日报》(*Peking Daily News*)担任助理编辑。他还担任上海《申报》驻北京记者。

1921年,王先生作为代表出席了檀香山世界报业大会,并从那里前往华盛顿参加裁军会议,1922年回国,任交通部编译司司长,负责各种外文文献。

至此,我们已经知道这个王先生的大概身份和经历、他的出生年、就读的中学和大学及其地点,知道他1915年到美国留学,就读于普林斯顿和哥伦比亚两所名牌大学。和中国爱国委员会出版物上所印的头衔有所不同,这个小传说他是"总书记"(general secretary),也就是委员会的实际主管人,很可能,他就是创办人。

从这个小传,我们才知道,他在给《纽约时报》写上面提到的三封信的时候,应该正在哥伦比亚大学攻读历史和新闻学的硕士。1919年7月以后他已经不在纽约,在9月底结束了美国国会图书馆的临时工作,便启程回国了。回到中国以后,他很快地就加入了在上海的媒体,成为了报纸的记者和管理人员。

幕后英雄露出水面

到现在为止,我们仍然不知道他的中文名字。不过我相信,既然他有这么多国内的经历,查到他的中文名字,应该不是一个不能完成的任务。

有了王先生的英文全名，寻找就容易得多了，根据 Kouchun Penn Wang 搜索，我在 *Who's Who in China*（《中国名人录》）的第 817—818 页上，找到了他的信息，终于发现了他的中文名字叫王国钧。对照 prabook.com 上的小传，可以确定来源于这本英文名人录。

这本名人录，尽管内容是英文（除了标出了中文名字），但是封面有中、英文两种文字，在《中国名人录》的中文书名下，是这样介绍的："内载中国政财商学各界名人相片事略"。[10] 而这个名人录的编撰和出版，由 M. C. 鲍威尔（M. C. Powell）主编，上海《密勒氏评论报》发行。共有上千页，信息量非常大，这在当时是一个非常大的工程了，可见当时的美国人对中国的关切程度。我所查到的这本《中国名人录》是第三版，于 1925 年出版。关于《密勒氏评论报》的创办、编辑和发行，我在第 1 章已经讨论过，这里就不赘述了。这个主编 M. C. 鲍威尔，应该是我们已经提到过的《密勒氏评论报》主编 J. B. 鲍威尔的儿子。

有了名人录上提供的中文名，使我进一步了解王先生有了可能。我开始以为搜索"王国钧"，就应该找到不少有用的信息，但是结果令人失望。幸好名人录注明了他"字伯衡"，于是搜索"王伯衡"，这一下似乎是芝麻开门，关于王先生的各种信息蜂拥而出，这个外争国权的年轻人，终于浮出了水面。在中文文献中，几乎都是用王伯衡，而非王国钧。

那篇英文小传提到王伯衡 1921 年作为代表出席了檀香山世界报业大会，其他的资料补充了一些细节。如方汉奇、李矗主编的《中王伯衡。

资料来源：*Who's Who in China*（the third edition），pp. 817—818。

国新闻学之最》和赵建国《报刊史的底色》，便提供了更多的信息。1921年10月10日，世界报界第二次大会在美国檀香山火奴鲁鲁召开，美、法、意、比、葡、西班牙、德、奥、日、瑞士、中国等13个国家130多人出席。中国新闻界首次派代表参加这一国际新闻界会议。中国代表有6人，有上海日报公会及《大陆报》代表许建屏，上海《密勒氏评论报》代表董显光，天津《益世报》代表钱伯涵，广州《明星报》代表黄宪昭，《申报》代表王天木、王伯衡。

美国密苏里大学新闻学院院长瓦特·威廉斯（Walter Williams）博士（即在第6章提到的"威廉博士"）被公推为大会会长，副会长每国两人，中国推选的是史量才和黄宪昭。会议讨论了新闻宣传与世界和平的关系，促进言论自由，改良世界新闻通讯，保障新闻记者地位，各国新闻记者的交流，发展新闻教育，沟通新闻信息，改进新闻业务等方面问题。

中国方面有代表四人作大会发言，其中之一便是王伯衡。董显光的发言题目为《中国记者对于世界记者之谨告》（An Appeal from the Republic of China to the Press of the World），主要是阐明中国问题的重要性，而各国报纸关于中国的报道却很少，希望各国记者到中国游览考察，加强对中国问题的研究。许建屏的发言题目是《中国报界对于世界报界的意见》（Chinese Press Opinion Of World Press），以巴黎和会为例，批评世界报界仅只为各国外交家登载对于世界和平的政见，而不知督促其政见之实行，令人失望，这是世界报界之失职。黄宪昭的题目为《美国宜组织一记者团至中国》，称中国新闻事业尚在初始阶段，希望美国派新闻学家来华提倡新闻教育。

王伯衡的发言题目为《中国与报纸》(China and Press)，有的文献翻译为《中国印刷之历史及中国与报界密切之关系》。据《上海新闻史，1850—1949》称，"王伯衡的发言最引起与会者的注意"。他全面介绍了中国报业发展的历史与现状，说"'报纸'两字在中国历史上由来已久"。汉代当藩镇制度盛行时，各藩镇驻京城者，都有邸报发行，为"各藩镇报告宫中诏令耳"。唐朝时"改由朝发"，此种邸报，"以其性质论之，不足称为报纸，然已具备报纸之缩影"。在开元时候，在京城有"开元杂志"，也应该"是为中国报纸之始，并为世界报纸之始"。到了清代，中国的报纸落后了。

在介绍到中国报业现状时，他说"以近日报纸之情形，与世界各国报纸相比，则其相差，有天地之别"，但是"亦非中国报纸之前途毫无希望也"。他列举报业种种进步事例后指出："中国报纸事业前途之发达，与外国报纸事业之并驾齐驱之日，可指日而待也"。王伯衡提出：为推进中国报业的发展，中国报界宜设立具有现代设备的国际通讯社，它的任务是一方面把中国有价值的新闻，供应世界各国报纸，另一方面采集各国重大新闻，供应于中国各报，成为沟通中西新闻信息的重要机构。认为世界报界大会可视为国民外交会议的雏形，而且有必要组织世界通讯社，增进各国相互了解，"夫中国之和平，即世界之和平，而欲求世界之和平，必先自世界报界协助中国始。"

出席会议的中国代表广泛联络他国代表，积极"尤为华侨所乐为欢迎者，到处均有盛宴，人人满腹载粤菜归也"。为此，世界报界大会在指派提案委员会、会章委员会、会务委员会及证书委员会时，中国代表颇受礼遇，王伯衡被指定为提案委员，许建屏为会章委员，董显光为会务委员及证书委员。国内的新闻媒体对这次大会也很关注,并对此进行了报道,仅仅在《申报》上就有《赴檀香山报界代表之欢送会》(1921年9月21日)以及连载的《檀香山通信》(11月6日、11月26日、11月27日等)。[11]

檀香山会议结束后,与会的中国代表又接着参加1921年10月21日开幕的"第一届泛太平洋新闻记者大会"(First Pan-Pacific Press Conference),王伯衡准备的发言题目是《中国国内、国外搜集新闻之状况》。董显光和许建屏的题目分别是《外交公开,为太平洋报界之目的及希望》《中国报界为世界报界进一言》。然而,由于王伯衡、许建屏急于前去采访华盛顿会议,所以在提交演说稿后,便匆匆赶往华盛顿,最后只有董显光登台做了演说。会上王天木当选为提案组委员,许建屏为会务议程组委员,董显光和黄宪昭担任推荐组委员。[12]

这个发言王伯衡自己翻译成中文,收入在黄天鹏所编《新闻学刊全集》中。在这个发言中,王伯衡指责外报所载中国之消息,"非为毫无关系之事实,即为不着痛痒之电讯"。在他看来,中国所处的时代是"一艰难困苦之时代,一重新建设之时代",急需强有力的公众舆论,"以帮助国家大政从正道而行"。更重要的是,中国的盛衰与世界福祉息息相关,"若非求各友邦舆论之赞助,则非特中国之前途为可忧,即世界之前途亦殊可惧也。"以此考虑,外国报纸对中国的报道应以"真确之新闻及爱助之建议"为标准,而避免"虚造之记载及诋毁之议论"。[13]

这段资料正与英文小传所称"前往华盛顿参加裁军会议,1922年回国"这一句所透露的信息相符。根据《上海新闻史,1850—

1949》,会后中国部分代表赴美国大陆访问参观,访问美国一些大报社,并介绍中国的情况。"王伯衡在纽约美国外交后援会做了演讲,系统介绍了中国政治、经济及新闻界情况。"[14]

中国新闻界前辈戈公振先生对王伯衡参加报道华盛顿会议也有提及:"自山东问题起,始唤起中国报界对外之舆论;而驻外特派员,乃渐萌芽。如参与巴黎和会之胡霖;参与国际联盟之朱少屏、夏奇峰、王一之、李昭实;参与华盛顿会议之许建屏、王伯衡、钱伯涵等,虽不能向外宣传,然而有关于我国之消息,固常有通信报告也。"[15]因此,王伯衡实际上是中国最早派驻国外进行重点新闻事件报道的记者之一。

新闻与政治:王先生的悖论

1927—1928年出版的《新闻学刊》上,第3期刊登有昭实摄《新闻界名人小影,王伯衡先生》照片。还发现了他署名的若干关于新闻学的文章,第3期和第4期连载的王伯衡:《中国与报纸》;第7期和第8期连载的王伯衡:《中国之西字报》。《新闻学刊》是北京新闻学会主编的会刊,也是中国第一个新闻学方面的刊物,于1927年1月创办。[16]

《中国之西字报》一文对西方的新闻进行了非常严厉的批评:"欧美各大报之驻华通信员,所发寄至各该国登载之消息,非土匪作乱之事实,即强徒劫杀之记载。若偌大中国,无一好消息,足以报告者。"在他看来,西方通过对中国的负面报道,来建立和维护帝国主义和殖民统治。他痛批英美记者"或就殖民主义发表言论,或就帝国主义放其厥词，要不脱侵略政策，各为其本国谋利益。其真与中国表同情，对于中国之种种建设事业上贡献意见，规划大计为当局做他山之石之助者，几等无有。"王伯衡对《京津泰晤士报》的主笔、英人伍德海（H. G. Woodhead）尤为不满，斥其为"生性仇华，其每日报上之评论，莫不如疯犬之詈人……在蠢虫目中观之，中国之事，全属无希望，中国之人，全系无智识，故其每日狂叫时，毫不稍留余地，滔滔不绝"。[17]

在这篇文章中，王伯衡还要求中国政府对外报严加审查，甚至要求政府将英国记者伍德海等驱逐出境，以杜绝"村妇之狂言，使中国之不利"。欧美读者对中国的印象不出乎"盗贼"和"强徒"，"安之非此等驻华通信员为罪首乎"？他还建议，"与发寄通信之时，宜加以检查，申以取缔"。王伯衡还质问中国地方割据军阀的外交软弱："[邵]飘萍可杀，[林]白水可死，独于无聊之外国记者，不能加以制止。此则根本上军阀对于外人之心理，只知敬重之所致。"

王伯衡一方面表达对军阀政府的不满，如他愤怒于邵飘萍和林白水都是在1926年因揭露军阀张作霖、张宗昌分别被杀害，但另一方面却期待一个强势的国民政府，能够限制外国记者的报道，以维持国家的"颜面"。他说："凡此种种，是其军阀势力下之政府所能为哉，吾人不得不待贤明政府之产生，从事与革新之道矣。"[17]

这种对西方媒体的批判态度，在当时并不仅仅是王伯衡一个人，甚至也不是少数人，实际上是当时有着反帝、爱国、民族主义思潮的知识分子、新闻从业人员的共同倾向。那些在西方接受过新闻教育的留学生，在民族主义的新闻思潮影响下，对欧美的报刊和新闻记者的批判反而是最为严厉的。

他们普遍认为，欧美媒体报道中国的负面新闻太多，因此中国政府必须严加管制和进行新闻检查。在1927年日内瓦国际报界会议上，西方报界代表要求各国取消对外国记者的管制和审查，以利于国际间的消息采访和传送。《时报》的戈公振代表中国报界在大会发表声明，坚决反对这一提案，认为不适用于中国，因为新闻检查是保证真相的必要手段。他说自己游历欧洲，"观察各国对于今日中国之国民运动，殊各误会一端，深为诧异。欧洲各国所载华事，多欠正确，实由中国无权管理海电之发送"。那些不正确新闻传播极广极快，"若事后更正，生效甚微，有时其价值且等于零，酿成此等情形之错误，乃生于发电之地点"。[19] 从今天的观点来看，戈公振这样的新闻人是多么天真，希望依靠国家的机器控制来保证报道的真实，其结果就距离真相越来越远。

虽然王伯衡在哥伦比亚大学接受了新闻学的训练，但是学校并没有把他培养成一个西方新闻学和新闻报道的拥趸，而是成了严厉的批判者。根据有关研究，那些1920—1930年代在密苏里大学学新闻学的华人留学生，从他们毕业论文的选题看，基本上都是对西方新闻持批判态度的。这种批判精神的培养是至关重要的，可能也就是密苏里大学和哥伦比亚大学的新闻专业为世界新闻事业培养了大量的新闻人才的原因之一吧。

然而，王伯衡对欧美新闻界的批评是带有情绪化的，从本书中我所引述的大量美国媒体对中国的报道观之，并不像王先生所描述的那样。虽然我们也不乏见到对中国怀有偏见甚至殖民主义、种族主义的新闻人，但是西方对华媒体报道总的来说对中国的态度是友好的，对军阀政府和官僚的批评是严厉的，对中国人民的遭遇是同情的,对中国的未来提出了各种建议。虽然这些建议根据各种不同的政治观点和改革路径,提出各种不同的方案,但这是完全可以理解的。哪怕有些方案显然脱离了中国的实际,但看不出它们是恶意的。

实事求是地说,王伯衡上面所指责的欧美媒体"其真与中国表同情,对于中国之种种建设事业上贡献意见,规划大计为当局做他山之石之助者,几等无有",从本书所引用的大量资料就可以充分证明,是情绪化的以偏概全。实际上他这个说法也是对麦考米克在《纽约时报》上挺身而出、为他仗义执言的一个否定。由于反帝反殖占首要地位的时候,理性和事实被放在了一边,可以说当时不仅仅是他有这种局限,这可能是那一代报人的共同现象吧。

其实,哪怕就是对王伯衡加以痛斥的英籍报人伍德海,也不能简单地定义为"疯犬""蠢虫"或者"生性仇华"。例如1931年4月7日国民政府禁烟委员会发布的公函便称"英人伍德海(H. G. W. Woodhead)于上月在上海《大美晚报》先后发表中国鸦片概况论文一则。云根据其个人调查结果所论上海各烟栈,列有详细店号住址等。其中法界一部分,本会前已派员调查,核与伍德海所列大致相同。除华界部分,已咨上海市政府查明依法取缔。"这固然调查的是中国的黑暗方面,但是作为一个新闻记者做这些调查是无可厚非的,也是有益于中国的社会改造的,甚至国民政府也利用了伍德海的调查来解决鸦片的问题。[20]

关于伍德海其人其事,这里需要多说几句。从一定程度上来说,他是晚清民国历史的见证人。伍德海1902年来华,始任上海《字林西报》记者。1905年万国鼠疫会议在中国开幕。大会由中国公共卫生学家、防疫事业的先驱伍连德博士任主席。伍德海作为"一位年轻前途远大的英国新闻记者",被聘为速记员,"因为伍德海在会议中表现出色,又将翌年出版的会议报告编辑得非常完美,以致此后被其他会议争相聘请。"[21]辛亥革命后曾受聘于路透社驻北京通讯员,写了《孙逸仙博士的奇异的神化》一书,先后在英文《北京日报》《京报》《京津泰晤士报》担任总主笔。而且他也是在伦敦出版的英文《中华年鉴》(The China Year Book)的主要编撰人。

《京津泰晤士报》(Peking & Tientsin Times)是在中国北方出版的著名英文报纸。1914年欧洲大战爆发后,该报扩大版面,改为日刊,伍德海应邀担任主编。对中外许多问题,特别是英国的在华利益方面,都有明确而强硬的主张,因此一时间影响很大,成为一股令人注目的势力,以至于有一些新闻记者评论他是"外人在华北的《圣经》"。

从1930年代开始,伍德海被上海的一家重要英文报纸《大美晚报》聘为评论员,"九一八"事变的爆发正给他提供了大显身手的时机。在此期间,他发表了一系列提醒国际社会警惕日本进一步扩张野心、维护西方各国在华利益的国际政治评论。他的"文笔犀利、立论奇巧,同时视野开阔、出言直率,因此,《大美晚报》每有他的评论文章刊出,许多政界人物和商人都争相传看,他本人也一跃成为上海外国租界各报中最具有影响力的报刊评论家。"

在当时的中国,伍德海被视为殖民主义利益维护者,除了上面提到的王伯衡对他的斥责,宋庆龄、邹韬奋都曾经对他的立场进行过批判。也同样是这个伍德海,在抗战时期,反对日本全面占领中国的政策,并以丰富的东方知识,分析日本的军政情况,积极宣传抗日。当时，伍德海的评论文章在上海风靡一时，影响很大，遂被日军以"其所为之谍报宣传，促使日本之国际环境恶化"为由，逮捕入狱，直至抗战结束后才获释。[22]

虽然他反对日本侵华，有保护英国在华利益的动机，但是这里我想指出的是，西方在华新闻人员对中国的态度，往往是复杂的，哪怕有时候他们对中国的评论是负面的，但是不能就此断定他们是"生性仇华"。同样，对那些"美化"中国的西方新闻人，也就不能根据他们的报道就认定出发点也一定是为了中国的利益。例如我们可以找到不少例子，在近代有许多日本人来中国进行调查，包括风土人情古迹等，他们的确喜欢中国文化，但是他们中不少却是为了侵略中国做准备。

可以看出，伍德海对中国的报道批评是占主要的，这刚好与麦考米克成了鲜明的对照。其实从长远来看，我们很难说哪一种报道方式对中国的现实与未来最有利，但是这两种不同风格的同时存在，或许对中国都非常有用。要让国际社会理解中国，让新闻记者自由地进行报道是至关重要的，试图去掩盖或者试图阻止他们报道所谓的黑暗面，其实对中国不但没有好处，反而因为事实真相被掩盖而对中国是有害的。

历史往往是复杂的，发展也不是直线的，这也表现在个人身上。当时中国不少的媒体人和新闻从业者，从争取新闻自由，到拥护新闻检查，不能不说是他们的一个局限。从那些西方媒体来看，它们大声批评或贬斥的是北洋军阀，但是这些在爱国主义热情激励下的中国新闻媒体人和知识分子，却不能接受外国人或者外国媒体来批评中国。在国民党掌握政权之后，开始对国内进行严格的新闻审查，有的中国新闻人为了言论自由甚至牺牲了性命。而一些西方的媒体正是利用了它们的特殊地位，才能够揭开一些专制的黑幕，告诉世界苦难中国的一些实情，以及中国革命的合法性，来自美国的左翼记者埃德加·斯诺就是一个最好的代表。

不过，我们也要充分地理解王伯衡等对西方媒体的猛烈批评，那是中国当时反殖反帝时代大潮冲击的结果。对于王先生我们不能苛求，他们不可能预见到国民党在国民革命后之所以能控制媒体和实施专制统治，实行新闻检查就是其手段之一。许多后来的新闻人都站起来愤怒地反抗国民党政权的专制，就说明了他们已经跳出了狭隘的民族主义的窠臼。

王先生的新生涯

如果要盖棺论定的话，王伯衡其实最后不是作为新闻界的名人，而是中国保险业的元老而被人们所记住，只是在保险业界这样一个非常有限的范围内。最能说明这一点的，就是1999年出版的《中国金融大百科全书》的《保险业务卷》，就有王伯衡的中文小传，全文如下：

【王伯衡】（1894—？）上海市人，保险企业家。国立清华大学毕业，美国普林斯顿大学学士，哥伦比亚大学硕士，上海《申报》记者，出席美国世界新闻大会。1919年任北京银行公会秘书，曾任上海大陆银行副经理、总管理处秘书、国华银行南京分行经理。1933年任太平保险公司总管理处协理，1943年任太平洋产物保险公司协理。抗日战争胜利后迁上海，1947年又创办交通产物保险公司任总经理，1948年任裕国产物保险公司董事长、中国航联意外责任保险公司董事。解放后，参加中国人民保险公司华东区公司任专门委员，中国人民保险公司上海市分公司秘书。[23]

这篇传记，给我们提供了更多的信息，也就是说，王伯衡后来的活动领域，其实是在保险业。和《中国名人录》那篇英文小传主要描述王伯衡1920年代及之前的活动不一样，这篇中文小传主要是讲1920年代以后参加经济活动的事迹。可以说是和英文的小传相互补充。这样，他人生的主要轨迹就很清楚了。但是也可以看到，虽然他在1940年代已经担任了保险公司的董事长，但是在1949年以后的地位日趋低下，由专门委员，最后成为秘书，中间到底发生了什么已经不得而知，应该是在1949年社会主义改造的红色大潮中，作为资本家阶级的一员而黯然退场。

中国太平洋保险（集团）股份有限公司在1990年代到2000年代，编撰出版了有数千页的大部头《中国太平洋保险（集团）公司史料》，中间提到"太平洋保险公司的董事长是外交界前辈王正廷，这是有利于向国外号召。总经理由钱新之兼任，协理二人中浦心雅负责财务、王伯衡负责业务。"[24]王正廷也是留美学生，在耶鲁大学获博士学位，先后担任参议院副议长、代理议长、外交总长、代理内阁总理、南京国民政府外交部长、驻美国大使等。王正廷作为太平洋保险公司董事长这个事实，在一定的程度上也可以说明，王伯衡由过去的新闻界转向了保险业，也并非完全是匪夷所思的事情。

王伯衡晚年也留下了他的回忆，而且他的回忆基本上都在保险公司方面，而不再提及他在新闻业方面的业绩。在《从太平保险公司到太平洋保险公司》的回忆文章中，以先后在太平保险公司和太平洋保

第三部 虽败犹荣，1919

险公司任协理的经历，回顾了太平洋保险公司从创办以及后来的发展，公司管理以及扩张的过程。这些回忆非常具体和翔实，展示了中国保险业发展的先驱的筚路蓝缕的开创之功。由于这篇回忆文章都是关于保险公司业务方面的经历和故事，这里就不详细引述了。[25]

是"小人物"还是"大人物"？

有的时候，有些人看起来是小人物，就像本章中的王先生，无非是给报纸写了几封信，表达一个读者对巴黎和会中国问题的解决办法的看法。其实所谓的"小人物"也只是我们从表面观之而已。因为在一般的理解中，大人物是不会以读者来信的形式来表达自己观点的。他们一般会占据报纸版面的重要位置，引起人们的普遍关注。

然而，如果我们仔细读王先生的那几封信，就知道他一定不是平庸之辈。我们就会发现他非常有政治头脑，对中国和国际局势有深刻的了解。他的英文也非常地道，完全能自由地表达他的观点。他在信中应用分析、论证、讽刺等各种手法对毕格洛进行反驳，而且又不失风度和理性。

在其他任何资料中，包括上面提到的关于王先生的中英文小传中，都没有提到过他曾经给《纽约时报》写信的这件事情。在他漫长的一生中，这件事情对他自己甚至他人或许觉得不值一提。但是可以确信的是，在当时世界上，非常多的人读到了这几封信，因为这家报纸是当时世界上（乃至今天）最有影响力、发行量最大的报纸之一。报纸刊发他的三封信的时候，正是中国代表团在巴黎和会上竭尽全力争取中国权利的关键时刻。他在这个世界级最有影响的报纸上，阐发中国的诉求，让全世界的人们知道中国发生了什么，为什么必须收回山东权利，以及日本的侵略野心。很难想象这是一件小事，我认为这是王先生作为一个青年学生和普通中国人所能做到的一件非同小可的大事。

其实，认为王先生是一个"小人物"，不过是因为不知道他的所作所为而下的一个简单定义而已。如果深入地挖掘，我们可以发现他的思想、灵魂和抱负，令我们肃然起敬。他在我的眼中，完成了从"小人物"到"大人物"的转换。我庆幸自己作为一个历史学家，可以根据偶然发现的一条材料，追踪下去。就像卡洛·金茨堡（Carol Ginzburg）一样，他先是在档案馆中发现一条档案介绍，多年以后回去顺藤摸瓜，挖掘出16世纪意大利偏僻乡村的一个叫梅诺基奥的小磨坊主不同凡响的悲剧人生。[26]

雪泥鸿爪，既然在这个世界上来过，就难免不留下任何的痕迹。但问题在于，99.99%的这些踪迹，最后被历史的尘埃永远掩盖了。所以有时候我在想，我们历史学家有时候也得靠运气吃饭。一旦发现了前辈在历史上留下的痕迹，我们进行奋力地追踪，但是很少能把我们引导到历史的真相。我们的追踪，经常是原地踏步，因为更多的时候，那些宏大叙事把普通的个体统统都掩埋了。

我始终坚信，顺着那些蛛丝马迹，可能引导我们到那不为人知甚至波澜壮阔的历史。好像宫崎骏电影《千与千寻》中的那个小孩，一旦通过了那个神秘的隧道，一个未知的奇幻世界立刻展现在眼前。就这样，历史上那位给《纽约时报》写信的被遗忘的王先生，和生活在百多年后作为历史学家的王先生，就因为写《中国记事（1912—1928）》这种偶然的机缘巧合，居然神奇地交集到了一起，历史的尘埃就这样被徐徐地抚去,历史的真相就这样慢慢地被揭开。

注 释

[1] K. P. Wang, "China's Disappointment: The Kiao-Chau Settlement Destroys Her Faith in the New Order." *New York Times*, May 9, 1919.

[2] K. P. Wang, "Japan's Course in China." *New York Times*, May 20, 1919.

[3] Poultney Bigelow, "Mr. Bigelow Replies." *New York Times*, May 23, 1919.

[4] Frederick McCormick, "Japan and China: Frederick McCormick Replies to Poultney Bigelow." *New York Times*, June 1, 1919.

[5] "Poultney Bigelow Is Dead at 98; Journalist, Oldest Yale Alumnus." *New York Times*, May 29, 1954.

[6] Frederick McCormick, *The Flowery Republic*.

[7] K. P. Wang, "China's Claims: She Wants a Complete Revision of Her Relations with the Power." *New York Times*, February 2, 1919.

[8] Erez Manela, *The Wilsonian Moment Self-Determination and the International Origins of Anticolonial Nationalism*, p. 276.

[9] "Memorandum, May 29, 1920." Office of the Chief Clerk, Library of Congress. 感谢陈少华先生提供这条资料。

[10] *Who's Who in China* (the third edition), pp. 817—818.

[11] 以上见方汉奇、李矗主编:《中国新闻学之最》,第321页;赵建国:《报刊史的底色——近代中国新闻界与社会》,第79—84页;马光仁主编:《上海新闻史,1850—1949》,第579—581页。

[12] 赵建国:《报刊史的底色——近代中国新闻界与社会》,第83—84页。

[13] 黄天鹏编:《新闻学刊全集》,第233—242页,转引自张咏:《以"真相"的名义:留学知识分子对西方报道的批判及对新闻检查的倡导》,戴剑平编:《南方传媒前沿论坛》,第10页。

[14] 马光仁主编:《上海新闻史,1850—1949》,第582页。

[15] 戈公振:《戈公振讲中国报学史》,第169页。

[16] 曹爱民:《记者与学者》,第234页。

[17] 张咏:《以"真相"的名义:留学知识分子对西方报道的批判及对新闻检查的倡导》,戴剑平:《南方传媒前沿论坛》,第12—13页。

[18] 张咏:《以"真相"的名义:留学知识分子对西方报道的批判及对新闻检查的倡导》,戴剑平:《南方传媒前沿论坛》,第20—21页。

[19] 张咏:《以"真相"的名义:留学知识分子对西方报道的批判及对新闻检查的倡导》,戴剑平:《南方传媒前沿论坛》,第20页。

[20] 《禁烟委员会公函》,第704号,中华民国二十年四月七日,虞和平主编:《中国抗日战争史料丛刊》第1010册,《社会——社会问题和救济》,第84页。

[21] 伍连德:《鼠疫斗士——伍连德自述》(上),第59页。

[22] 张功臣:《东方梦寻——旧中国的洋记者》,第195—199页。

[23] 秦池江、张立中主编:《中国金融大百科全书》上编,卷5《保险业务卷》,第121页。

[24] 中国太平洋保险(集团)股份有限公司编:《中国太平洋保险(集团)公司史料》第1卷下册,第3176页。

[25] 王伯衡:《从太平保险公司到太平洋保险公司》,全国政协文史资料委员会编:《旧中国的工商金融》,第653—661页。

[26] 卡洛·金茨堡:《奶酪与蛆虫:一个16世纪磨坊主的宇宙》。

第 13 章　短暂的辉煌

> 在这个世界大家庭中，各国不必服从于同一种思想、目的或共同之权威。
>
> ——美国总统威尔逊

19世纪末，随着经济实力增长，美国国际影响力得到迅速提高。1898年，美国向西班牙宣战。美西战争标志着美国成为与欧洲列强相匹敌的帝国主义国家。到20世纪初，美国加入远东的权力角逐。美国精英也开始重新思考美国的国际角色，是继续保持传统的孤立主义，还是加入争夺海外殖民、扮演一种不同的国际角色。

一战的爆发导致了旧的国际秩序的崩溃，作为一个理想主义者，威尔逊试图以新的概念重建国际秩序，认为美国的对外政策应该与欧洲列强有不同的追求，即不以领土扩张和单纯逐利为目的，而是以美国的道义来影响世界，为其他国家树立制度和自由的榜样，废除秘密外交、保障小国的政治独立和民族自决等，这便是通常所说的"威尔逊主义"，体现了威尔逊从一战后期开始对美国的国际角色和国际秩序的设想和追求。[1]

威尔逊试图利用美国制度和意识形态的优势，来建立一个能够长治久安的世界和平体系。其实，把意识形态作为武器对美国人来说并非是新鲜的手段,从独立战争擎起反抗大英帝国的革命旗帜的那天起,美国就沉迷于反对旧君主制、专制和军国主义的观念之战中。

当1917年美国人加入一战时,已经与原宗主国英国有着长达一个世纪的对立,但是一战把两国的关系引向了新的方向,这在很大程度上是由于"伟大的美国信仰",因为许多美国人有意识地防御普鲁士主义的威胁和扩张。[2]

不过,威尔逊要实现他的宏大理想,还面临着相当大的阻力。他在国际和国内都面临相当大的挑战。因此,在实现威尔逊主义之前,他必须解决两大难题:首先是说服美国民众和国会接受他的国际新秩序的设想,支持他的关于美国在世界充当领导角色的设想;二是让其他国家——特别是英、法、意、日这样的世界强国——接受他的国际秩序新原则。尽管威尔逊主义当时在美国国内并没有得到大多数美国人的支持,但是在中国则受到了极大的欢迎,给中国人在国际舞台上寻求平等、公正、领土完整,提供了根据以及极大的勇气和决心。[3]

威尔逊支持中国的领土完整和独立自主,防止日本对中国的领土野心,他认为这符合美国的利益,也符合建立远东和平秩序的大目标。但是由于在巴黎和会上对日本的妥协,导致了中国人民对威尔逊主义的怀疑,从长远的消极影响来看,实际上造成了中美之间关系的极大损害。威尔逊主义在中国,只经历了十分短暂的辉煌。

改变美国的在华形象

美国政府为了在世界范围进行宣传活动,试图让世界人民都知道"美国是民主的最可靠伙伴",于一战后期成立美国公共信息委员会(the Committee on Public Information,以下简称"公信会"),其中国分部建立于1918年9月,负责人是卡尔·克劳(Carl Crow)。这个名字我在第4章已经简单提到过,1917年,他曾经帮助鲍威尔披露日本再次胁迫中国签订《二十一条》的第5款的阴谋。

卡尔·克劳系美国商人和作家,曾办过几份报纸,在上海开设了第一家西方广告公司,创作和印制日历、广告、海报等。他还是英文报《上海晚邮和水星报》(*Shanghai Evening Post and Mercury*)的创刊编辑,该报还发行了中文版,称《大美晚报》(*Ta Mei Wan Pao*)。[4]

当然,"公信会"中国分部的设立,也是美国驻华公使芮恩施与在华美国记者经过若干年努力的结果。芮恩施发现英、法、日国家资助的国际新闻服务部在中国有很大的影响,而美国由于缺乏宣传,其"声望一落千丈",美国的经济和政治利益也因此受到损失。

例如从1916年到1919年,上海的英国战时宣传委员会(British War Propaganda Committee,1918年初改名为战时信息委员会War Information Committee),在上海散发了410万份新闻印刷品,以及510万册的画刊,并通过邮局把材料送给中国的官员、教师、军人等,由英国公使和商人提供的邮寄名单遍及中国。[5]甚至美国所得到的关于亚洲的新闻,一般是由英国路透社和日本国际通讯社。即,美国关于亚洲事务和政策的消息不是直接得来的,而是经过了竞争者之手。

因此,芮恩施对于"美国对中国的无知"以及"在中国的形象"十分忧虑。他因此招聘了"爱国的"美国教师和传教士志愿者翻译威尔逊的演讲和美国官方战争信息,向中国人发放小册子作为对中国新闻的免费服务。[6]

"公信会"在中国发展成为一个有影响的新闻通讯社。乔治·克里尔(George Creel)在1920年出版的《我们如何为美国做宣传》(How We Advertised America)一书中,把"公信会"的活动视为是一场"有着新教特征的宣传运动"。

"公信会"在中国的详细工作计划,是由鲍威尔(John B. Power)在芮恩施的授意下起草的。关于鲍威尔,我们前边也已经数次提到他的名字和活动。为了得到政府资助,芮恩施1918年6月去华盛顿游说。这样,克劳于1918年秋天在上海组织了"中美新闻通讯社"(Sino-American News Agency)。同年11月一战结束,但其活动一直在继续,而且一度免费提供信息给各个报社。[7]

成立初期叫东方新闻社或中美新闻社(Oriental News Agency or China-American Press),但是由于"东方新闻社"容易与日本的"东方通信社"混淆,遂于1919年2月15日起正式更名为"中美新闻社"。[8]

外国势力之所以在中国展开新闻发布的竞争,是因为中国当时正在形成社会舆论,虽然那时的中国是一个以文盲为主的国家,鲍威尔估计不到全国人口10%的人有良好的阅读能力。

根据周策纵的估计,到五四运动时期可能有七百多家新办期刊,克劳估计在五四前后中国有300万人买日报,不超过总人口的1%。1919年6月,克劳称中美新闻通讯社在中国的各通讯社中居于首位,其向60多家中国报刊每天提供5000字的新闻报道。新闻通过"公信会"的外国分部的电报,每天发布美国政府的重大新闻,通过美国海军无线电传到上海。当无线电接收不稳定时,则摘自鲍威尔的《密勒氏评论报》和其他当地美国报纸,以及法国的新闻,以维持新闻传递的时效性。[9]

美国在华宣传的独特性在于威尔逊民族自决的主张对中国人的巨大吸引力。克劳很明确地表示过,他的任务就是对威尔逊总统的讲话"提供宣传的素材"。整个操作由克劳和芮恩施主持,他们组成一个广泛的网络,不仅帮助收集新闻,还促进与"公信会"宣传相关的全部工作,包括提供小册子、新闻图表、海报、电影和学校教材等。

1918年11月,克劳宣称,负责散发宣传材料并且向他汇报工作的有400多个"积极的志愿人员"。他们多是美国传教士或是在美国学校里的老师,或是美国商号的雇员,许多人利用他们的教会、学校以及公司设施进行工作。通过许多美国在华企业,尤其是标准石油(Standard Oil)、英美烟草(British—American Tobacco Company)、辛格缝纫机(Singer Sewing Machines)等,克劳可以支配几千家站点来展示图片和海报。

为了达到动员的目的,"公信会"利用海报、照片、漫画、电影等新闻媒体对大众思想产生冲击。甚至商业广告也能传播政治信息,当时美国的广告在打开中国市场大门方面很成功,推销烟草等消费品,深入至偏僻的乡村。[10]

"公信会"在描述其工作时,并不忌讳使用"宣传"(propaganda)这个词。其实,这个词在"公信会"内部通信时,"已经没有了价值取向"。在和中立国家进行公开交流时,则经常有必要"否认宣传的意图",因为在西方世界中,"宣传"经常是带有贬义的词。所以有时中美新闻通讯社甚至"否认和'公信会'有任何联系"。试图让人们知道这个机构"是一个新闻通讯社，而非一个宣传机构"。

但是在其组织内部，当克劳向"公信会"提交了一份进度报告时，他使用的题目是《美国在中国的宣传》（American Propaganda in China），并且随后陈述道，"我的正式任务仅仅是宣传工作"。他力图将新闻网络的影响与"公信会"在中国的目标相结合，营造一种"令人振奋的正义"的影响力，但是看起来又是中立的。例如，将他们的宣传材料"作为纯新闻"刊登在报纸上，至少看似是"非官方"的，例如美国传教士、教师以及雇佣的中国记者所写的东西。[11]

"公信会"中国分部着力最多的，便是对"威尔逊主义"的宣传。那些参加宣传活动的志愿者，都是受到"战时爱国主义"（wartime patriotism）的驱使，对受压迫国家的新闻传播抱有极大热忱的人。

美国在中国的宣传活动

芮恩施在到任中国前，便是一个"敏锐的政治学者和宣传家"，他大力"支持中国的民族主义"；鲍威尔在日本侵略中国时，就是中国民族主义的支持者；而克劳则是一名美国的进步记者，试图唤起美国的"最伟大的民主希望"。在整个"公信会"行政机构中，有许多"改革老手"以及记者和广告机构的人才。[12]

"公信会"发送的材料不断强调威尔逊的理念。"他们将威尔逊的准则总结为美国理想主义、自我牺牲、公正无私，是对一个新的、更加公平的、更加民主的世界秩序的需要，是通过美国在战争中辉煌的胜利，以及因此在国际事务中增长的权力和威望实现的。"

1918年10月,"公信会"在中国报纸上刊登了威尔逊的演讲和一整版广告,广而告之威尔逊的主张,包括"美国加入战争仅仅是为了正义和自由"的声明,以及恳求中国人民"全身心的帮助"。

随着协约国的胜利,"公信会"从战争新闻改为强调战后人们所关注的问题,尤其是威尔逊的理想主义和国联的计划。1917年8月中国作为参战国加入了协约国,"这样确保协约国处置德国之前因不平等条约得到的山东的特权时,归还给中国"。[13]

1918年美国制作的纪录片《潘兴的十字军:一战中的美国士兵》(*Pershing's Crusaders: The American Soldier in World War I*)便体现了"公信会"宣传的特点。潘兴(John J. Pershing)是一战中的美国著名将领。该片以中世纪十字军站在两名美国士兵中间开始,解释为"现代十字军"将要通过战斗来"拯救民主于灭亡"。

该片在上海、北京、天津和汉口多地放映,甚至进一步扩大到广州和香港。当发现在主要通商口岸的电影院里,中国观众的人数非常少时,则用"各种形式的表演来吸引中国人"。还有阅读材料也发到学校广泛阅读。一位山东传教士向克劳建议,要让"真正的民主原则"为人所知,向中国的学校提供幻灯片和电影。这些学校可以通过"公信会"得到需要的设备,传教士和教师们都会"很乐于合作"。[14]

1918年10月,"公信会"做了一张宣传海报,发行55000份,内容是威尔逊催促中国的政治领袖解决内部的党派之争,使得"中国重新团结起来,以在即将召开的巴黎和会中获得一个有利的地位"。海报用红色背景印出威尔逊讲话的译文,通过在中学和大学的美国教师、传教士和标准石油雇员在全国散播。

一位南京的教师汇报道，他的学校让学生们将海报翻译成英文以作为课堂训练；一位山东的传教士说，他们将海报发放到80所乡村学校里去；另一位传教士要求额外的50份海报，以发放到北京和唐山的乡村教堂里；一些志愿者汇报了各地中国人的热烈反响。中美新闻通讯社有一个25000人的邮寄名单，包括省参议员、商会、地方官以及学者等，给他们邮寄"公信会"准备的照片和其他宣传资料。

芮恩施称威尔逊对于和平的关注，在中国"给官员和民众都留下了深刻的印象"，这让他们有"一种真正希望的感觉"，因为中国人从"由于打败了德国与其同盟国而改变了的国际环境中找到了极大的安慰"。中国的报刊称，"现在，没有人像威尔逊总统说的话那样有分量"，因为美国现在在世界上占据了如此突出的位置并且对决定战争结果扮演了一个关键的角色。[15]

克劳向商务印书馆提供了《美国总统威尔逊参战演说》的英文本，提议同时出版中文版本（即下节所引用的蒋梦麟的译本）。该书在中国很快就成为当时最畅销的出版物，短时期内便重印了好几版，克劳称商务印书馆已经"向中国的学校推动这本书的销售"。另外还出版有中英双语版，"销量很大"，并在中国的大学英语系使用，以致上海的书店很难有存货。这本畅销的演讲汇编本，每本卖25分，并由"公信会"挑选上面刊登的广告。

克劳1937年回忆道，"公信会"收到超过上万封读者来信，有些信里面还夹着现金购书，许多人会订购书给他们的朋友。冯玉祥便订购了500本。另外一本《威尔逊和议演说》（即下面引用的钱智修译本）于1919年春面世，正好是巴黎和会召开之时。天津大学校长购买了400本作为教科书用,圣约翰大学的校长也表示:"任何时候我都非常愿意将书散播出去。"一些美国人买了送给他们的中国官员朋友。

当时,美国的正面形象在中国可以说达到了顶点,华盛顿、林肯和威尔逊的照片经常在学校里见到,"广为中国的学生所知",甚至"超过了中国人自己的英雄和领袖"。1918年11月,克劳提出印20000张深褐色的威尔逊的大照片,给教会学校的学生展示。他还特别提出不用黑白照片,因为中国人将黑白照片与哀悼联系在一起。他推测三分之二的照片会作为装饰品放在家里。他还要求制作50000枚威尔逊像章,作为一个非常新颖的方式推行美国的价值观。[16]

因此,一战后期以及战后和巴黎和会时期,美国在中国的宣传活动是非常成功的。中国人对美国的历史、政治和文化有了进一步的认识,特别是威尔逊的理念广为中国人接受。这可能是在中国近代史上,中国人最崇美的阶段。但是这个时期未免太短,当巴黎和会的消息传来,中国人对美国的幻想开始一步一步地破灭。

威尔逊的失败

中国在巴黎和会上的外交失败,在很大程度上导致威尔逊在美国国内的最终失败,出席巴黎和会的美国代表团成员在山东问题上也不支持威尔逊,批评威尔逊牺牲中国的利益是错误的。和平固然宝贵,但是有比和平更宝贵的东西,那就是正义与自由。著名记者、和会期间担任威尔逊顾问的威廉·布里特(William C. Bullitt)批评威尔逊没有把"我们的战斗进行到底",默许"世界遭受痛苦的各民族再次被投入到压迫、奴役和瓜分之中"。巴黎和会使威尔逊在中国的形象也发生戏剧性的变化,他在1917年到1918年间被誉为"世界上第一个好人",但是巴黎和会以后,威尔逊有关世界新秩序的14点计划被中国媒体尖刻地挖苦为"14=0"。[17]

"公信会"中国分部负责人卡尔·克劳、《密勒氏评论报》主编鲍威尔和美国驻华公使芮恩施也因巴黎和会的"背弃中国",处境十分尴尬。正如正在中国访问的美国哲学家杜威(John Dewey)所写的:"若是美国没法见证她的理想,这里抱怨的人会比美国的人还多,它将不再为人们所信奉。"克劳回忆道:"我一直在中国如此努力传播美国官方的战争宣传,应该在一定程度上受到指责。"中国人对威尔逊总统所说的所有关于民族自决的宣言,包括"至少巴黎和会可以就日本对山东提出的要求投反对票"。[18]

其实,中国人对威尔逊的失望是一个缓慢的过程,并不是说当巴黎的消息一传到中国,中国人对美国和威尔逊的认识立即发生了根本性的转变,这和芮恩施以及美国媒体的反应还有所不同。芮恩施当即就预计到了威尔逊在巴黎和会的妥协会引起严重的后果。但是在中国,哪怕五四运动已经爆发,着眼点仍主要放在惩办"卖国贼"这样一个层面,并没有把对美国的批评放到重要的地位。5月4日那一天,北京学生甚至到美国公使馆门前高呼"威尔逊总统万岁""大美国万岁"等口号。[19]这从一个角度反映了威尔逊在一战期间和五四时期在中国的影响力,特别是在学生中的影响力。

孙中山在1918年11月给威尔逊的信中表达了对美国支持北京政府的不满:"当你去年向中国建议参战时,我强烈反对,因为我知道我国的军阀一定会利用自己的权力扼杀中国的民主。我的预测不幸证明是真的。"孙敦促威尔逊"拯救中国的民主",就像他曾经"在欧洲所做的那样",劝说军阀控制的政府尊重议会。[20]但是威尔逊政府继续支持军阀政府,并拒绝了对孙中山和他的国民党的支持。显然,这是与美国一贯主张的中国应建立一个稳定的中央政府有关。

1924年,孙中山在他著名的《三民主义》演讲中,在《民族主义》那一讲,专门讲到威尔逊主义在中国失败的原因。他说威尔逊所主张的"民族自决"主张,是那个时代的"一个大言论",当时很受欢迎。威尔逊主张"消灭德国的强权,令世界上各弱小民族,以后都有自主的机会"。威尔逊说参战是为弱小民族争自由的,中国也是因为听了威尔逊所主张的"民族自决",受到了鼓励,加入战争,虽然没有出兵,但是送了几十万劳工到前线。威尔逊为了维持世界和平,提出了14条,其中最重要的是让各民族自决。

但是,英、法、意觉得威尔逊所主张的民族自决,"和帝国主义的利益冲突太大,所以到要开和议的时候,便用种种方法骗去威尔逊的主张,弄到和议结局所定的条件,最不公平。"这里,孙中山认为,威尔逊受到其他列强的掣肘,而无法实施其主张。但是威尔逊的主张提出了以后,"便不能收回"。由于对中国的背叛,列强当时所主张的"民族自决","完全是骗他们的",所以弱国只能自己去实行"民族自决"。[21]

孙中山认为,一战是帝国主义之间的战争,"不是野蛮和文明的战争,不是强权和公理的战争"。当时的孙中山对美国和西方民主失望,对苏俄有着相当的好感,指出一战"无意中发生了一个人类中的大希望",这个希望就是俄国革命。和美国的态度不同的是,孙中山认同俄国脱离协约国,单独和德国讲和的行为。他认为俄国的主张和威尔逊的主张,"是不约而同的",都是主张世界弱小民族都能够自决,能够获得自由。俄国革命成功,"反对帝国主义和资本主义,为世界人类打不平"。列宁也提倡被压迫的民族去自决,但是列强之所以攻击列宁,"是要消灭人类中的先知先觉",是害怕世界人民的觉悟,但是现在越来越多的人觉悟了,"知道列强所造的谣言都是假的,所以再不被他们欺骗",这是全世界民族的思想"进步到光明地位"的结果。[22]

从这篇文章,我们可以看到孙中山对西方的批评的态度,在感情上对苏俄的倾向性是很明显的。孙中山的这个态度应该是和中国在巴黎和会上的遭遇有直接的关系。不过,他并没有对威尔逊本人提出任何严厉的指责,而是指出威尔逊受到其他列强的制约,而不能实现他的设想。而中国由于他的理想不能够实现,而成为最受伤害的一方。

注 释

[1] 王立新:《踌躇的霸权——美国崛起后的身份困惑与秩序追求(1913—1945)》,第16、38页;马建标:《塑造救世主:"一战"后期"威尔逊主义"在中国的传播》,《学术月刊》2017年第6期,第164—172页;马建标:《"受难时刻":巴黎和会山东问题的裁决与威尔逊的认同危机》,《近代史研究》2018年第3期,第23—38页。

[2] Warren I. Cohen, "America and the May Fourth Movement: The Response to Chinese Nationalism, 1917-1921." *Pacific Historical Review* vol. 35, no.1(February, 1966), p. 84.

[3] 周策纵:《五四运动史:现代中国的知识革命》,第9页;Hans Schmidt, "Democracy for China: American Propaganda and the May Fourth Movement." *Diplomatic History* vol. 22, no. 1(Winter 1998), pp. 1-28;马建标:《塑造救世主:"一战"后期"威尔逊主义"在中国的传播》,《学术月刊》2017年第6期,第164—172页;马建标:《"受难时刻":巴黎

和会山东问题的裁决与威尔逊的认同危机》,《近代史研究》2018 年第 3 期,第 23—38 页。

[4] 关于克劳更多的信息,见 Paul French, *Carl Crow-A Tough Old China Hand: The Life, Times, and Adventures of an American in Shanghai.*

[5] Hans Schmidt, "Democracy for China: American Propaganda and the May Fourth Movement." *Diplomatic History* vol. 22, no. 3 (Winter 1998), pp. 5-6.

[6] Hans Schmidt, "Democracy for China: American Propaganda and the May Fourth Movement." *Diplomatic History* vol. 22, no. 1 (Winter 1998), p. 18.

[7] Hans Schmidt, "Democracy for China: American Propaganda and the May Fourth Movement." *Diplomatic History* vol. 22, no. 3 (Winter 1998), p. 1.

[8] 任一:《"寰世独美":五四前夕美国在华宣传与中国对新国家身份的追求》,《史学集刊》2016 年第 1 期,第 47 页。

[9] Hans Schmidt, "Democracy for China: American Propaganda and the May Fourth Movement." *Diplomatic History* vol. 22, no. 1 (Winter 1998), pp. 3-4.

[10] Hans Schmidt, "Democracy for China: American Propaganda and the May Fourth Movement." *Diplomatic History* vol. 22, no. 1 (Winter 1998), pp. 6, 19.

[11] Hans Schmidt, "Democracy for China: American Propaganda and the May Fourth Movement." *Diplomatic History* vol. 22, no. 1 (Winter 1998), p. 7.

[12] Hans Schmidt, "Democracy for China: American Propaganda and the May Fourth Movement." *Diplomatic History* vol. 22, no. 1 (Winter 1998), p. 7.

[13] Hans Schmidt, "Democracy for China: American Propaganda and the

May Fourth Movement." *Diplomatic History* vol. 22, no. 1 (Winter 1998), p. 8.

［14］ Hans Schmidt, "Democracy for China : American Propaganda and the May Fourth Movement." *Diplomatic History* vol. 22, no. 1 (Winter 1998), p. 10.

［15］ Hans Schmidt, "Democracy for China : American Propaganda and the May Fourth Movement." *Diplomatic History* vol. 22, no. 1 (Winter 1998), p. 10.

［16］ Hans Schmidt, "Democracy for China : American Propaganda and the May Fourth Movement." *Diplomatic History* vol. 22, no. 1 (Winter 1998), pp. 10-12.

［17］ 徐国琦:《中国与大战:寻求新的国家认同与国际化》,第13、280页;王立新:《踌躇的霸权——美国崛起后的身份困惑与秩序追求(1913—1945)》,第66页。

［18］ Hans Schmidt, "Democracy for China : American Propaganda and the May Fourth Movement." *Diplomatic History* vol. 22, no. 1 (Winter 1998), p. 17.

［19］ 马建标:《塑造救世主:"一战"后期"威尔逊主义"在中国的传播》,《学术月刊》2017年第6期,第164页;徐国琦:《中国与大战:寻求新的国家认同与国际化》,第260页。

［20］ Hans Schmidt, "Democracy for China : American Propaganda and the May Fourth Movement." *Diplomatic History* vol. 22, no. 1 (Winter 1998), p. 13.

［21］ 孙中山:《三民主义》第1册,第50页。

［22］ 孙中山:《三民主义》第1册,第50—51页。

第四部

巨人醒来，1919

五四前后的中国，是一个知识精英驰骋的舞台。无论是西方还是中国的知识分子，都发挥着极大的影响力。五四运动之后，中国的教育、思想和文化领域进入深刻变革阶段。在政治上，中国处于一个极不稳定的时期，但是也可能就是这个政治的不稳定，中央政府的衰弱，给中国知识分子登上历史舞台、扮演主要角色创造了机会。

第 14 章　愤怒的浪潮

必须认识到，民主要求大众越来越多地介入国家事务，而"中国人在过去太过于服从"，必须从根本上改变。

——《亚洲》杂志

我们怎么可以甘愿被这些卑鄙无耻的群体统治，我们怎么能屈服于这样声名狼藉的暴政这么长的时间？

——中国最早的留美女学生之一康成

完全没有料到的是，巴黎和会竟然否定了中国收回山东主权的合理要求，中国人遭到一个沉重打击，也造成中国人对美国的极度失望。在这种失望的情绪下，人们似乎如梦初醒，美国也是靠不住的。同时，国内舆论把这个失败归结于北京政府的"卖国"行为。人们对政府的巨大愤怒，引发了声势浩大的五四运动。运动爆发以后，美国媒体开始关注，进行了跟踪报道，并发表深度分析文章，给我们提供了理解这个运动的西方视角，以及当时美国对五四运动态度的重要历史记录。

"以一场惨败告终"

对巴黎和会，中国学生的最早反应应该是在归国留学生中。1919年3月22日《密勒氏评论报》发表中国留美女学生康成（Ida Kahn）的文章，指出关于巴黎和会中国收回山东的谈判，"以一场惨败告终"。康成是中国最早留学海外的女学生之一，1892年，在美以美会（The Methodist Episcopal Church）的支持下，她进入美国密歇根大学医学院学习，四年后以优异的成绩毕业。回国后创办了九江但福德医院、南昌妇幼医院。[1]

康成的文章指出，中国的目的"什么都没有完成"，因为不管怎样，中国注定被损害了，无论是外部袭击还是内部瓦解。重要的是，没有什么可以避免这场无法避免的灾难。我们都应该问，我们能做些什么来帮助我们的国家"面对这个可怕的危机"。对所有中国的学生提出一个挑战，如果学生能接受挑战，"这有可能传达给这个国家其他阶层的公民"，在关键时刻站出来为国家而战斗。[2]

现在面对的事实是，中国被军阀压迫、奴役极其严重，中国正在"慢慢地耻辱地被扼杀致死"。如果牺牲了自由和财富，国家将陷入灾难。国家财富流入了官员的腰包，中国人将中国利益出卖给日本，接受了日本的贷款，而日本提供给军阀武器和弹药，"我们怎么可以甘愿被这些卑鄙无耻的群体统治，我们怎么能屈服于这样声名狼藉的暴政这么长的时间？"他们兜售国家资产，好像对待他们的私人财产一样，而"我们都像懦夫这样坐以待毙，毫无怨言地服从于这种不义的政府。"尽管日本人卑劣，但他们有借口说所做的一切都是为了他们的国家,而我们"不是汉奸就是懦夫,只为了自保。因此,我们应该为我们自己的行为感到丢脸并受到惩罚。"她充分显示了对中国人逆来顺受、恨其不争的愤懑。但是五四运动的最后爆发,应该回应了她这一系列愤怒的责问。但是康成对中国人是否能解决自己的问题抱怀疑的态度,她希望西方世界来插手中国的改革:

> 中国的学生们,如果你们无法战斗,没有武器来抵抗,你们为什么不呼吁盟国,让他们帮你们整顿清理国家呢?将自己陷于美国、英国、法国和意大利的怜悯中,恳求他们来帮你的忙。告诉他们我们是国际联盟的成员,我们希望他们能够扩大其发挥作用的范围,作为一个我们的友好动作,邀请他们来这里并看一下我们共和政府有公平的机会去运作。我们被绑上了手和脚,我们需要我们的白人兄弟来解放我们。我们知道他们强大又充满正义,刚刚推翻了在欧洲的军国主义。如果他们不来清扫走中国的军国主义,那么他们很快会再次被军国主义侵扰。他们愿意再次为此付出代价吗?上帝保佑!

这种想法未免显得天真,"白人兄弟"是无法解救中国于水火的。文章甚至提出,让中国铁路国际化,"利用国际铁路完好的保存,良好的管理,不断向前开拓进取。中国将能够养活她庞大的人口。盟军管理我们的工业和采矿业的利益,意味着不会有腐败,大量的自然财富会流入国家,每个人的境遇都会更好。"

康成还号召抵制日货:"还有另一种方法可以展示我们的爱国主义"。让我们共同迅速地"做好我们该做的事",哪怕做出自我牺牲,"让我们用我们所有力量抵制日货,直到日本意识到对邻国的损害的行为,要让日本尊重我们的国家。"实际上,"我们中的大部分人已经悄无声息地抵制了日货"。她意识到抵制活动"把握在人民手中的潜在力量"。

康成希望中国学生能够担负起拯救国家的职责,要"不怕牺牲",带领他们的国家走向光明。各地的学生团结起来,签署请愿书,提交给协约国,"请求它们的帮助"。要让请愿书广泛传阅,让每个学生签上名字。还要"鼓动并努力使商人通过他们的公会从事此事,加入运动。然后让各地农民,手工业者和工人也这样做,我们将有一个全国性的运动,协约国就不敢拒绝我们的帮助。"

文章最后指出:"我们是一个坚实而辉煌的民族,一旦拥有公平机会,就会让我们的国家变得强大和民主,我们也会维护东方的和平。"当欧洲和亚洲都和平了,而四年的战争才不会白打,才可以在精神上重生。"让中国的学生们不计代价地接受挑战,进行到底,将会有回报。我们的国家之后也会成为真正属于我们自己的伟大的国家。"[3]

这篇文章的主旨是希望国际社会能够帮助解决中国的内政问题。其实,当时的青年学生特别是留学生有这样的看法也不奇怪,因为五四以及五四新文化运动时期,是当时许多中国知识分子提倡西化的时期,他们感觉到中国自己的政治系统和文化不能解决中国的问题,而西方特别是以美国为代表的西方是中国所寄予的希望。

但他们不了解的是,美国在当时威尔逊的主导下,不主张干涉中国的内政,主张中国国内的政治稳定,各党派协商解决问题,而不是付诸武力。因此美国不可能在中国内政问题上有任何的积极的作为。

"国将不国矣！"

当时国内各个党派都派代表到巴黎和会作为观察员，随时把巴黎和会的新闻传递回国内，而且试图影响中国代表在巴黎和会的谈判。显然这些观察员对在巴黎和会上的中国代表的努力并不清楚地了解，所以对北京政府持不相信的态度，担心北京政府出卖中国的利益，丧权辱国。

这些党派和精英人物的担心不是没有道理的，民国以来特别是在《二十一条》以后，中国不断丧失主权，政坛上乌烟瘴气，官员腐败，人民丧失了对这个体制的基本信任。

各方面都抨击北京政府亲日卖国、签订密约造成外交失败，在广州的南方政府要北京政府做出解释。在北京，总统徐世昌和总理段祺瑞内斗之激烈不亚于南北大战，徐世昌身后智囊是梁启超、林长民为首的研究系，段祺瑞依靠的是曹汝霖、章宗祥、陆宗舆为首的新交通系。前者亲美，后者亲日，两个派系的斗争从内政蔓延至外交。[4]

巴黎和会召开后，在巴黎的梁启超不时向国内通报和会信息，发表评论。在4月22日的五国会议上，山东问题发生转折，24日梁启超在给国民外交协会的电报中写道："对德国事，闻将以青岛直接交日本，因日使力争结果，英法为所动。吾若认此，不啻加绳自缚。请警告政府及国民，严责各全权，万勿署名，以示决心。"

5月2日，林长民便在《晨报》上呼吁，直接将山东交给日本，"胶州亡矣，山东亡矣，国将不国矣！"他的结论是："国亡无日，愿合四万万众誓死图之！"同时中国代表因为害怕对失败负责，向国内报告：此次中国主张失败之原因，一是由于1917年2月至3月间日本与英法诸国有胶澳让归日本之密约，二是由于1918年9月与日本政府有"欣然同意"之山东换文。[5]

上述两项也的确是中国在巴黎和会上难以赢得诉求的原因。林长民的呼吁，立即引起全国的强烈反应。5月3日，国民外交协会决定于国耻纪念日（5月7日，即1915年日本提出《二十一条》的最后通牒时间），在中央公园举行国民大会，对国际社会表达中国的要求。如果不能收回山东权利，政府应该撤回巴黎和会的中国代表团。5月4日，学生聚集在天安门游行示威。

关于运动爆发的原因，《基督教科学箴言报》（Christian Science Monitor）的报道说，中国人希望通过巴黎和会来纠正在欧洲战争以及之前中国所遭受的不公，但是和会不仅没有宣布《二十一条》无效，反而承认日本继承德国在山东的特权。当时媒体都认为，"中国政府好像没有抵抗的决心"，人们相信中国代表团会被要求无保留地签署协议，"这意味着中国受辱，而且危及世界和平"。学生们一方面看到政府官员的无能，一方面是平民百姓的无知，致函总统，要他下达指示让代表们拒绝签订条约，并免职三名"被指控犯有卖国罪的官员"陆宗舆、曹汝霖、章宗祥，"尽管没有绝对证据，但他们的不忠、自私、亲日政策都坐实了对他们的指控"。[6]

不过，美国媒体对巴黎和会的内情报道也不准确，根据本书第10章，在巴黎和会上，威尔逊明确否认了《二十一条》，而且《凡尔赛和约》关于山东问题的条款，实际上也是对《二十一条》的否认。五四运动的当天，一个西方记者写道，杭州、上海、南京和北京的示威游行，是他在中国四年来看到的"情绪最高涨的一次运动"。[7]

根据C. F. 瑞莫（C. F. Remer）发表的一篇全面描述五四运动的长文中说，直到1919年4月底，中国仍希望能听到从巴黎和会上传来有利的消息，但结果使人们几个月的期望化为乌有，这个命运攸关的消息，通过电报在中国传播开来。"中国已经在巴黎的外交战中失利"。在北京，示威游行立即在酝酿中。当北京大学的学生得知政府有意阻止集会时，立即行动起来。5月4日，示威队伍穿过使馆区，当他们走出使馆区时，却遭到了政府军队的驱赶。学生们被这种驱赶行为激怒再次聚集，并开赴交通总长曹汝霖的住宅，因为他是过去两年对日借款谈判的三个主要代表之一。

学生们称，这次突袭并不是预先计划中的一部分。大约上千人在场，他们强行进入曹宅。在这里，他们发现了驻日公使章宗祥，据说还和两个日本人在一起。他被学生们攻击和毒打，最后被救出并送往医院，"目前还在恢复之中"。随后，有人放火烧了曹宅，学生因纵火被起诉。在冲突中，有个学生伤情严重以致最终死亡。警方在这一事件中逮捕了一些学生。最后导致北京大学的学生发表罢课声明，这个新闻通过电报传遍全国。[8]

政府逮捕学生，学生继续抗议，军队进入学校，城市几乎戒严。到处充斥着北洋政府"已准备屠杀和镇压、政变迫在眉睫的消息"。军阀政府深恶痛绝自由主义分子和作为精神领袖的大学校长，他们有的被解职，有的失踪，还有数以百计的学生遭到了生命威胁。学生不仅罢课对政府表示抗议，还发表演说，不畏惧军警的逮捕，并努力组织民众。西方的观察家们强调了学生运动对舆论的影响，认为中日关系是这一运动爆发的直接原因。不过，在西方新闻媒体上，

"学生因其不成熟的行为、无法无天和不切实际的特点,而遭到批评",希望他们采取温和的行为。[9]这些来自西方的批评,应该都是出于不希望发生暴力行动善意的提醒。

那时在北京的司徒雷登也回忆了5月4日那天发生的事情,反映了他对这件事情的看法,同情学生的爱国的动机,不赞成采用暴力的方法。司徒雷登注意到"一股新的思潮涌动在学生之间"。5月4日,学生爆发了大规模的游行,"因为中国决策层对于日本的妥协态度惹怒了全国人民",一些学生袭击了三名高官的府邸。当局逮捕了学生领袖,并将他们囚禁在一所临时改成监狱的法学院内。对此,学生们愤然抗议,要求与他们的领袖一起坐牢。政府陷入了两难境地,"如果将进行爱国运动的学生看作是罪犯,那么真正的亲日叛徒就会被姑息,当局将会颜面无存,威信也会一天天下跌。"相反,如果当局承认学生攻击官员是正确的,那么会助长学生暴力的发展。因此,"学生被老谋深算的总统下令释放"。学生们要求官方宣布他们自由并撤销一切指控,"事情到了这一步,学生们成了'坏人',政府却保住了颜面。"

5月4日正好是礼拜天,司徒雷登去卫斯理公会教堂的毕业班的毕业宗教仪式布道。本来,司徒雷登的布道是专门为大学毕业生准备的,结果台下只有少得可怜的中学生听众,他"不得不草草地大段修改演讲稿"。这就是他"第一次和未来学子们接触的情景"。第二天的上午,司徒雷登又和学生见面,"向他们清楚地表示了自己对于爱国运动的同情"。司徒雷登在他的回忆录中写道:"未来的战乱年代里,每每学生们加入类似的抗议游行时,他们都会明白我的立场。'心心相印'这个词用在这里刚好合适,在这段跌宕起伏的历史长河里,燕大的地位能够产生深远的影响,与我和学生们之间的互相体谅有着密不可分的关系。"[10]

"中国的学生反叛"

巴黎和会对山东的决议是游行示威的导火线,其实后面还有更广、更深的原因。"山东问题提供了一个符号,使得知识分子能够借此将南北学生、农民、工人和商人团结起来为他们的事业——中国社会的彻底改造而努力。"[11]

C. F. 瑞莫(C. F. Remer)发表题为《中国学生的骚动》(The Revolt of the Chinese Students)的文章,先是引用杜威在《新共和》杂志上发表的《中国的学生反抗》(The Student Revolt in China)一文最后的结论,然后指出,从1919年的5月4日到6月12日,中国的共和体制的第八个年头,中国经历了"不平常的事"。

人们发现,"这是充满希望的、愚蠢的、可笑的、悲惨的、无用的或激励人心的时刻"。这倒是反映了西方人对五四运动的复杂态度和看法。这里说的"不平常的事",即学生罢课。也许有人说学生罢课在中国并非是不寻常的事,但是瑞莫认为这次罢课的不寻常之处在于,"并不是针对老师、教授或管理人员,而是反对在北京的中央政府"。[12]

西方媒体注意到,中国人将5月7日定为"国耻日",这是1915年日本迫使中国接受臭名昭著的《二十一条》的最后通牒的日子。5月4日至11日,是中国的"国耻周"。"国耻"这个词成为发动民众的武器。在过去的三年中,每到这个时候,全国都要举行集会。1919年5月4日是"国耻周"开始,在协约国不支持中国收回山东主权的情况下,由学生领导的席卷全国的运动爆发,反对中国政府中的亲日派官员,激起群众的爱国主义情绪。[13]

北大学生示威游行后,其他城市的学生也纷纷效法,南京、上海、苏州、杭州以及其他城市的学生组织起来,向政府送交请愿书并提出要求,一场新的革命似乎一触即发。学生发布请愿书,组织声势浩大的游行。通过宣传、街头演说,对普通民众进行教育,向民众介绍民众在国内和国际事务中所能起到的作用,推动抵制日货运动的发展。[14]

在上海的"五七"运动,目的是抵制日货,以发泄国人的愤怒和不满。据外电报道,一个学生当众咬破手指,用自己的鲜血写下"还我青岛!"他们向北京发电报要求政府释放被捕学生,其他城市也发出类似的电报。关于政府将如何处理这些被捕的学生有大量的报道。北京的各学校,包括由美国退还的庚子赔款建立起来的清华学校,都加入了罢课。学生于5月7日下午便被释放。[15]

学生被释放后,北大校长蔡元培却失踪了,"他在国民中有很高声望,是民主运动的坚定支持者,被推崇为辛亥革命后最具活力的角色之一,赢得了学生们的爱戴。"学生提出了严惩三个"汉奸"、恢复蔡元培的职位、指示中国代表拒绝签署条约、允许学生的言论自由等要求,表示除非他们的要求得到同意,决不恢复上课。政府表示除了第一点,会考虑这些要求,但学生坚持第一点要求,谈判陷入僵局。学生们继续他们的计划,组织了志愿队伍,到城乡各处宣讲,"这个活动一直是整个学生运动中最具特征的部分",这些学生把他们的活动称为"开启民智"。[16]

上面所提到的所谓蔡元培失踪,其实就是指他的辞职。外媒如

《世界传教评论》(Missionary Review of the World)认为,"能干又受人尊敬的"北大校长蔡元培辞职,是由于他对学生运动的同情。[17]但是魏定熙(Timothy B. Weston)的研究指出,蔡元培辞职的真正原因,是由于学生不听劝阻,而执意上街游行,与他一道辞职的还有包括陈独秀在内的各科学长。蔡元培在若干年后写道:"我对于学生运动,素有一种成见,以为学生在学校里面,应以求学为最大目的,不应有何等政治的组织。其有年在二十岁以上,对于政治有特殊兴趣者,可以个人资格参加政治团体,不必牵涉学校。"

当发现教育部并不想深究此事,而且许多人也为自己的行为有碍学校稳定而感到十分后悔时,他们遂决定向蔡元培道歉并且发起了挽留蔡校长的运动。1919年7月,蔡元培同意在当年秋季学期返回北大,条件是不能再有风潮发生。他坚持认为学习是学生最大的"责任",而努力的学习就是他们爱国的最好证明。[18]

如果从学业的这个角度来说,正像蔡元培所担心的那样,那年的各校学生,的确是学业荒废。当时正在北京农校读书,后来留学康奈尔大学学农学的董时进,便在他的自传小说《两户人家》里,生动描述了那个时候学校的情况:

> 下学年开学后,又是随时闹风潮,上课也不认真。实际上,上课等于休息,学生身在课堂,心在他处,有的写信,有的看小说,睡觉也没有人管。教员只念讲义,写黑板,眼睛从不看学生,看见也当没看见。课堂以外的时间,各有各的消耗办法,学校更管不着。有的好游古迹名胜。有的奔走应酬,拜访同乡京官,为毕业后谋差事。有的玩各种球类,练习田径比赛。有的下棋打牌,逛八大胡同嫖娼。有的直回家乡。[19]

5月7日几乎每个城市都在纪念"国耻日",都有学生游行,他们举着标语,慷慨激昂地高呼"还我青岛""处决汉奸""铭记国耻""雪耻""强权破坏主权""保卫青岛"等等口号。电报雪片般飞往北京和巴黎,要求日本归还山东权利。在山东济南的学生发电报给总统徐世昌,指责他监禁爱国者和保护"卖国贼",颠倒黑白,是非不分,强烈要求徐世昌惩罚"卖国贼"。在巴黎的中国代表被告知,如果他们在条约上签字,那他们回来之后,"与曹和章同样的命运等着他们"。[20]

5月15日,学生将自己的组织命名为"学生联合会"(Students' Union),致电北京要求惩罚"汉奸",以及蔡元培复职。他们宣布,如果一周内未得到满意答复,就会罢课。政府并没有回复。[21]这个运动的发展,远远超越了"国耻周"的时间范围。5月19日,大罢课首先在北京爆发,20日扩展到天津,22日蔓延到上海。到26日,不同城市的学生皆举行罢课,并进行了大量的宣传工作,2万名学生在上海游行,打着横幅,"打倒卖国贼!""还中国公道!""购买国货!"……[22]

6月大罢课

到6月初,有5万学生参加了罢课。按照学联的计划,"中国所有的大中学生都应该罢课"。6月2日,在曹汝霖提出辞职后,总统徐世昌发布了两份指令,第一份是接受曹汝霖的引咎辞职,第二份是劝诫学生回校上课,并暗示学联组织和其他团体将被遣散。[23]但学联决定将他们的宣传扩大到更大的规模,通电所有中国高校跟进。[24]

根据《世界传教评论》报道,在北京,愤怒的浪潮席卷了学生群体。罢课跟随其后,拒绝上课,公开的鼓动活动普遍展开。在南京,教会学校学生也参与进来,学生守卫大门,维持秩序,大学内处于戒严状态。学生在各处演说,发送油印宣传材料,鼓动反抗"处在上层的邪恶"。商人们通过挂出国旗、关闭店铺来表示响应。[25]

还有报道说,男女学生戴上表示哀悼的白色帽子,发誓永不放弃,直到把侵略者从中国驱逐出去。商人被告知不能买卖日本商品,不得使用日钞,不使用日本船只运货。商人们只得配合,但如果有商人为了经济利益继续经营日货的话,那么就是国家在需要他的时候,"而不挺身而出,公会或学生联合会狠狠地罚他,或烧毁他的货物,或关闭他的店铺。"[26]

6月3日,学生着手扩大宣讲队伍,许多宣讲人被捕,还有1200个学生被当局囚禁在北京大学法学院的教学楼里。学生被囚消息传到上海,引起震惊。6月5日,上海学生走出校园,要求商家罢市,许多商铺积极反应,人们都认为学生的动机"毫无疑问是无私的爱国主义"。当日下午,囚禁学生的大楼周边的士兵撤离,但是学生们拒绝离开。现在政府"急于摆脱这些学生",于是派了内阁总长等官员去说服他们,对抓捕学生表示道歉,被囚禁在教学楼的学生直到傍晚才离开,数以千计的人围观以示支持,伴随着鞭炮和欢呼声,"政府态度的放软,罢课取得了成功"。[27]

但罢课不会就这样终结,"学生们已尝过胜利的滋味"。也就是说还想更多的诉求的实现。由于三个"卖国贼"辞职的要求并没有被满足,罢课依旧继续。在许多城市,运动已蔓延到社会其他行业,商人和工人也都参与其中。6月11日,政府终于让步,曹汝霖、章宗祥、陆宗舆等三人辞职，这次席卷全国的大罢课、大罢工告一段落。6月12日，学生燃放烟花，游行庆祝，商铺开张，罢市结束。[28]

但是在济南，6月12日是紧张的一天，巡逻队扫荡了主要街道，阻止手无寸铁的学生游行队伍。很多人跪在街头，流着眼泪呼喊着，有些士兵拒绝服从政府的镇压命令。同一天，在济南的商业区，士兵迫使商人开市，但学生站出来抗拒命令，要商人关闭店铺。这样的大罢市和抵制活动，给日本的贸易"带来了严重的损害"。[29]

《基督教科学箴言报》（Christian Science Monitor）发表了《中国学生开始罢课》（Chinese Students Go Out On Strike）的文章，系统讲述了学生罢课的来龙去脉。报道说，这次学生罢课从北京蔓延到各省，导致中国高校的教学停顿了一段时间。参与这次罢课的还包括中学生，从5月底持续到7月，许多学校的学生实际上几乎几个月没有上课了。

事情发展到这一步，是由于日本的扩张政策，"臭名昭著"的《二十一条》及其他条约，便充分暴露了日本的野心。日本竭力迫使中国政府接受日本的"泛亚洲主义"，包括威胁中国政府在学校实行日语教育，中国士兵接受日本人的训练，中国的资源由日本人开发等。也就是说，中国的一切"都应该被日本人掌控"。这种行径的"唯一目的是破坏世界和平"。学生认识到这一点已经有一段时间了，但他们无能为力，因为政府太软弱以至于无法拒绝日本人的要求，而且"许多有影响力的政治家都是亲日派"。

《箴言报》指出，政府无视学生所提出的要求，政府甚至不允许他们在公共场合演讲告诉人们现在的形势。大学和中学学生都举行了罢课，继续公开演讲。"如果政府可以真诚地考虑公众的意见，这次罢课早就结束了"。相反,北京上千演讲的学生被逮捕。各大城市包括上海和天津掀起商人罢市运动,他们与学生的目标一致,还要求立即释放被捕学生。政府最后只好妥协,将陆、曹、章三人解职,显然,罢课是有效的。

人们普遍认为此次运动并不排外,也不是"乌合之众"。不过,也有人批评抵制日货过程中学生的过激行动,"被认为与义和团和布尔什维克有相同之处"。但是《箴言报》的报道指出,抵制日货"不是针对日本人民不友好的行动"。这篇报道最后指出,"我们坚信,除非破除在中国的各国'势力范围',并采用'门户开放政策',否则,就不会有世界和平。"

这篇文章实际上就是要指出,学生的运动是长期所积累的对日本侵略的愤怒总爆发,中国人要奋起反抗了。要各列强放弃在中国的势力范围,无疑这对于中国当时的诉求是有利的,也是解决中国问题的明智的看法。其实,像《箴言报》这样的主流媒体,还持有让西方更多了解中国问题的目的,因为它们认为,"中国的对外宣传力太弱,少有西方的朋友真正了解远东的情况。"[30] 这当然不利于中国在国际舞台上争取自己的权利。

《洛杉矶时报》(*Los Angeles Times*)也发表《中国学生罢课抗议》(Students head Strike of Protest in China)的报道。指出,中国学校的学生正组织罢课,波及上海、北京、天津、南京、汉口、广州、杭州、苏州和宁波的所有学校,仅上海一地就有两万名学生参与,要求"恢复中国的权利,政府立即开启民主化进程"。

也就是说,不仅学生要外争国权,而且还要求国内实现民主。学生向政府明确表达了日本提出的《二十一条》,不仅在商业上,而且在外交上对中国都是很不公平的。这个报道还翻译了一份中国学生所散发的传单,大意是:为了确保自己的权利,学生都采取"消极抵抗"的原则,因为他们无力对抗北京当局和军阀。

中国没有投票权,他们能做的唯一的事就是"和平地、安静地、有效率地罢课"。还有就是加强与商人、劳工等之间的联系,向"北京军阀施压",这个重要手段"得到了一致的支持",而且还引起了连锁反应,店铺歇业、商人罢市、银行关门、股市停盘、劳工罢工,等等。"如果政府不想垮台的话,有谁能在全国人们一直抵抗的情况下无动于衷呢?"[31]看来,学生对自己的影响力和正义性,充满了信心。

一个学生领袖的肖像

纽约的《文摘》〔Literary (NY) Digest〕对天津的学生运动领袖进行了报道,称在抗议活动中,马骏是主要领导者。[32]马是南开中学的毕业生,25岁,据说当局要悬赏他的首级,他大胆挑战政府的行为是"出于爱国动机"。他出生于吉林宁安县的一个小村庄,那里经常强盗出没。他小时便学会了骑射。他中等身材,身体强壮,勇敢无畏,还是一个"富于鼓动的演讲者"。他的演讲总是令人信服,充满激情。他经常告诉他的朋友们,良好的演讲可以赢得人心,"可以完成那些强权和武力都无能为力的事情"。

马骏第一次出现在公众面前,是他5月在天津组织学生运动的时候。他将抵制活动的矛头直指日本,进行街头演讲。这篇文章说,马骏不是一个极端主义者。[33]在一次大规模群众集会中,他告诉人们"必须在政治干预面前保持克制",但是他要使人们"清醒地认识到前面的危险",要人们从"深沉的春梦中"苏醒过来。在另一次会议上,马骏说,如果没有学生们站出来,山东省就被割让出去了。[34]

政府试图钳制他,但他继续宣传,结果他被捕,还"差点被判处死刑"。这篇报道比较详细地讲述了事件的原原本本:8月6日,山东济南的警方处决了三个人,不过是因为他们"与爱国运动有关联",并且"向学生表达了同情"。这一行为引起了全国各地各阶层人们的愤怒。8月23日,由天津、济南和北京的35名代表组成的代表团,到总统府要求见总统,要求取消对济南的戒严,并且对有关人员做出惩戒。总统不但没有出面,反而出动警察和士兵逮捕学生。

两天后,马骏等几个天津的年轻学生又到总统府提出他们的要求,但被赶了出来,在缺乏食物和衣服的情况下,在天安门露天待了两天两夜。警察和士兵又诉诸武力,马骏等人被士兵拖进天安门内,囚禁在紫禁城正门的内侧。但是他们很乐观,"每个人都随时准备牺牲自己的生命"。这些学生都有不同程度的受伤,有人甚至受了重伤。这些士兵拿着枪对着马骏,企图逼他承认其行为是"理应得到惩罚的"。

之后,他被带到警察局,被关进一个黑暗肮脏的小屋,当时他"死意已决",对周遭环境已经并不在意。在数天的监禁中,他把所有时间用在读《圣经》上,"同时不断地祈祷"。马骏的一个同学也是虔诚的基督徒,回忆马的"基督教信仰更加坚定了我的信念,大大启发了我"。那个时候,他们没有被释放的希望,只好"将自己交给了命运,正等待决定命运的时刻的到来。"他们"跪在地上",用英文祈祷。当守卫们看到这种奇怪的行为,被吓坏了,跑到上峰那里报告。

几个长官到达,了解到是在祈祷后,认为他们肯定是疯了。他们告诉看守和长官:"我们疯是有原因的,他们疯却是没有原因的,因为他们只是执行暴君的邪恶指令。"他们在狱中不知道外面发生了什么事情,被释放以后,他们表示"要感谢那些辛苦救我们出来的人"。但他们因为没有为自己的国家而死感到惭愧,马骏说:"这是我想牺牲我的生命去赴死的原因。"

北京政府宣布戒严之后,政府便决定给这些学生领袖教训,甚至有可能会杀掉他们以"阻止学生运动和继续到北京游说的代表团"。他说"用武力征服的人经不起时间的考验,那些通过摆事实讲道理争取来的人心会永远持续下去"。马骏宣称,他将"用他的唇舌与军阀拼个你死我活",他绝不会在"反对中国的军阀和腐败的斗争中屈服"。[35]

像这种特写性的报道,让西方世界知道中国学生运动的领袖们的追求、思想和坚定的信念,实际上也回答了所谓排外运动的担忧。这些报道都非常清楚表明这些学生有追求、有理想、有牺牲精神,他们站起来抗争,实际上就是"中国人民的觉醒"的标志。

关于马骏的故事,这篇报道只到1919年9月底,他后来的经历可以从中文资料看到:他从北京释放以后,回到天津,成立了革命组织"觉悟社"。然后又被公推去上海,协同发起成立全国各界联合会,并被选为驻沪常任理事,领导全国各界的爱国运动。1920年1月他被调回天津,组织天津抵制日货的斗争。1921年共产党建立后,在天津成为第一批入党的党员。后回到家乡,在育文中学教书三年,兼做地下革命活动。1925年被派往莫斯科学习。1927年,被调回国,任北京市委书记。在市委开会时,由于泄密,同时和许多人都被逮捕。于1928年2月15日牺牲。[36]

杜威的近距离观察

五四运动爆发的时候,美国著名哲学家、教育家杜威(John Dewey)正在中国访问。杜威密切关注运动的发展,看到政府对学生运动进行压制,政治演说被禁止,学生集会被强行解散,学生在中国不同地区受到严重的打击,甚至被杀害。他预见到,学生将会举行追悼会来纪念这些"爱国烈士"。

之后,北京的政府采取更加严厉的措施,谴责学生,要求他们解散学生团体,立刻复课,停止与学习无关的活动,取消抵制活动。与此同时,几百名学生因为演讲而被捕。第二天,在街上宣讲的学生人数增加了一倍以上,千余人被逮捕。学生们发誓坚持到最后一个人。不少学生被禁锢在教学楼中,被警戒线围着,仅被提供了少量的食物和水。教学人员也聚集在一起,抗议军人进入校园,"反对将学术殿堂用作禁闭人的监狱,反对对爱国学生的摧残,他们通过电报广泛传播了他们的抗议。"[37]

教会学校的学生也积极参加了运动。1919年5月7日,杜威夫妇在上海圣约翰大学看到学生们冒着暑热,步行十里游行,又步行返回,其中有些人在途中因中暑而晕倒。晚上返回后,学生又去参加每年这一天都要举行的纪念活动,但是校方坚持要学生去参加学校举办的音乐会。这些学生站在校外举行祈祷,"因为国耻日不是用音乐来庆祝的日子"。当教务长和校长先后令他们去参加音乐会,学生们群情激愤,表示他们为了中国而在此守候,"就像基督蒙难之时使徒为之祈祷一样,而国耻日也像基督蒙难纪念日。"校长警告他们若不进去将会被关在学校门外,学生们站在那里直到第二天早晨。后来在学生罢课问题上,学生与校方之间的争执就更大了。[38]

根据杜威的观察,这次席卷全国的学生运动是令人震惊的,甚至有小学也挂着"铭记五七"的横幅。运动从北京大学迅速分散到全国,特别是各省的中心城市,学生开始罢课。在各省,学生十人一组,训练演讲,在各省进行宣传。[39]这里杜威所称的"十人一组",就是"十人团",正式名称为"救国十人团",由学联推动,提倡联合抵制日货和促进宣传。这个集团设立一个特别的"十人团",专门负责与所在学校的学生联合会联络,学校或地区的学联向各省学联负责,而各省学联则对全国学联负责。

这种组织形态后来扩展到很多大城市,变成了学生和劳工行动组织的核心。每个"十人团"联合提名一个代表,称作十人代表;每百团提名一个百人代表;每千团提名一个千人代表。[40]根据"十人团"的规定,这十人的具体分工是:代表一位,小组里哪里最需要他,他就去哪里;检查员一位,将本区商店库存的日货存货清单分发给他的组员;编辑一位,其职责是写传单、报纸文章和其他宣传材料;纪律委员一位,对违反集体纪律的人处以并征收罚款;会计一位,负责管理团队的财政状况,他的一个主要任务就是争取资金进行宣传;演说员五位,担负劝告他人的重任,鼓励人们发展民族产业,买国货,不买日货。[41]

据中文文献,5月8日北京《京报》在《附件》栏上刊载了救国"十人团"的传单全文,9日北京《益世报》也作了刊登,10日天津、11日上海的报纸都刊载了这份传单。随后,九江、辽阳、重庆等地都出现了传单,一两个月间,几乎所有大、中城市都产生了"十人团"组织或者发生了模仿这种组织的运动。"十人团"的传单被广泛翻印、转载。每十人为一团,推一代表称团代表(以团为单位),十团公推一代表称十代表,百团称百代表,千团称千代表(以千为止),称某处千代表,称某处第几千代表。每人所用名片(或特别或普通)背面刊团友九人之姓名。对于团外更须竭力劝导(每人须劝导十人以上)。提倡国货,宁死不买仇人的货物等。[42]

在1919年8月的《新共和》(New Republic)杂志上,发表杜威写于6月24日的文章《中国的学生反叛》(The Student Revolt in China),对五四运动原因进行了分析:在巴黎决议将山东移交给日本之后,"消沉的情绪席卷了中国,充满着悲观的苦味"。中国人知道中国在对抗世界其他列强时所处的弱势,知道目前政治分裂,军阀混战,工业落后,金融混乱的状况,"将其推向了无法下决心向其他国家说不的境地"。

因此,"可怜地、战战兢兢地"向巴黎和会提出自己的诉求,依靠列强的政客所给出的保证来维持希望,政客们说会创建一个新的国际秩序以帮助弱国对抗强权掠夺。但是巴黎决议加剧了绝望,结果只是实力决定一切,"在国际事务中,强者即正义;中国是无可救药的虚弱,而日本的威胁越来越剧烈"。[43]

杜威也描述了这一阶段运动的发展。运动已经扩大到北京之外,上海、天津、南京等城市的工人举行罢工,商人罢市,店铺关门。学生们事实上"成功地将商人群体争取到他们一边,他们不再孤军奋战,而是有影响的一个同盟。与强大的商会一起,是具有进攻性的群体"。杜威看到了学生通过抵制日货去发动民众,他们列出日货以及相应的国货替代品的清单，带着国货沿街兜售，同时解释当今政治局势。学生还着手去了解日本产品是如何进入到中国商铺的。[44]

杜威也说，学生的诉求本来很简单，那些被捕学生必须释放，并免于被起诉。被军阀政府撤职的校长必须复职。当时，政府已经准备好满足这些需求，不要在和约上签字的命令送达到巴黎的代表团手中。除所有"卖国贼"解职，所有与日本的秘密协定废除，言论自由必须得到保证。政府承诺在国际条件允许的情况下，尽最大的努力满足他们的要求。政府突然做出让步，军队从校园里撤出，学生被释放。学生宣布有自由演说的权利，并要求政府道歉。两天后事件结束，政府派代表作出道歉，发布了一份新的声明，称政府意识到学生运动是"受爱国动机的驱使，如果在法律框架内进行，则不应受到干涉"，并将三名"卖国贼"解职。[45]

学运的政治诉求

五四运动标志着中国人民的觉醒。虽然五四运动是从学生运动开始的，但是最后发展成为一个全民的爱国运动。美国的运动观察者指出，运动"标志着中国混乱分裂割据年代的结束，也标志着各种最坏因素发展的结束……标志着重整和恢复时代的开始"。巴黎和会的决定，"在中国激起了声势浩大的民族主义游行"。比游行本身更令人震惊的是，"游行是在知识分子的指导下进行的"。这里所说的知识分子，应该是指这个运动是在学联的领导下进行的，他们是"汲取了西方知识"的青年学生，"这个世界几乎没有见过比这更令人震惊的现象"。[46]

这种认知是西方世界的一个普遍看法，就是说中国学生的觉醒是在西方的影响之下所产生的，看到了中国两方面的变化：第一，"中国的民主化以及民族精神的成长"；第二，"学生作为中国现代教育的推动力，以求建立一个更好的政府"。他们认为，这次罢课可能是"共和国历史上的一个转折点"。对这次学生运动，他们以非常积极的态度去报道，因为他们看到了"现代民主精神体现在中国的学生运动中"。在中国，革命、战争和与日本关系陷入的困境，"唤醒了民族意识和对政府事务民众参与的欲望"。[47]这个是"共和国历史上的一个转折点"的看法，是非常有眼光的，历史已经证明了这一点。

记者瑞吉纳尔德·威勒（W. Reginald Wheeler）在南京发现，列车机组人员也加入了商人的罢市。因为往上海的火车停开，他最后搭上了一艘长江轮船，6月11日抵达了上海。他看到商人罢市、工人罢工，连接线员也离开了岗位。甚至有报道称"小偷也停止了偷盗，以显示他们的爱国精神，参加了罢工"。

抵制日货是由商家发起并严格执行的，他们将日货从店铺里拣出并烧毁，还拒收日本汇票。上海的大百货公司表示不再订购日货，码头工人拒绝为日本船只装货卸货，人力车夫拒载日本客，甚至外国人戴着日本的草帽出现在街头，都会遇到麻烦。所以这篇报道认为："学生们赢得了第一轮战斗，商家赢得了第二轮。"

在上海，成千上万的工人失业，"市场被关闭，丝毫的挑衅都会刺激民众杀死日本人，甚至袭击所有外国人"。英国、法国和日本的军舰随时待命，其中一艘英籍的船停泊在海关码头，准备实时将其国家的人送上岸。[48]显然,激进的学生运动已经让一些外国人感到了不安。

学生在5月底罢课运动中,就明确提出了他们的诉求。首先,如果中国想要结束目前的"耻辱"困境,要教导每一位国民,"对国家的不忠是一个人最大的罪行"。现今中国的官场是在旧的职官体系上发展而来的,在此体系下,"腐败不仅被容忍,而且被助长",他们通过盗窃国家来攫取暴利。在共和建立后,这个体制已被推翻,但是官员的陋习保存下来。北京的官员不仅出卖国家财富,还出卖了国家的尊严。因此,"中国最大的敌人不是东京,而是北京"。要去除政府的腐败分子,参加罢课的青年,"给后辈做了一个榜样"。国家的命运在此一举,这个原则不能有任何妥协。[49]认为中国内部存在的问题才是首要的问题,算是接触到了问题的实质,对于怎样改变中国,有些学生这时已经有了比较成熟的思考。

其次,中国要求得到协约国的有效保证,确保青岛和德国在山东的特权立即归还中国。青岛被德国从中国手中窃取,在中国参战之时,便意味着中国要收回这片领土。当日本窃取青岛时,做了归还的承诺。巴黎和会所遵循的原则是,"强行夺取或通过非正义方式获得的领土,应归还给本来拥有它的国家"。虽然日本声称有打算归还这片领土的意图,但是中国在日本的"意图"中吃亏太多,不接受日本的承诺,因为这就像空头支票。中国常常因为接受了日本的承诺而被这位邻居所背叛。对中国人来说,日本"是个说话不算数的国家"。人们只要想一想朝鲜、殖民地台湾、满洲、蒙古以及西伯利亚,就会发现"日本承诺的无用"。学生们认为,日本"永远不会完全地、真正地完整地归还青岛,除了她被西方列强胁迫这么做"。[50]

学生对这个问题的认识也是非常明智的,中国没有实力让日本归还山东半岛,但是最后由美国为首的西方世界,迫使日本在1922年完成了归还(见第17章)。

其三,学生们要求取消《二十一条》,因为其是在中国被胁迫的情况下同意的。当西方国家忙于战争之时,日本就像在"夜里偷偷潜行的贼一样",取代了德国在山东的利益。在日本战争的最后通牒已发出情况下,中国在此时除了接受日本暴力威胁下的建议,还能做什么?虽然中国被迫与日本签订了《二十一条》,但是中国坚决要求取消。这个条约的存在使中国始终处于动荡状态。为了亚洲的和平和世界的和平,《二十一条》必须废除。[51]

其四,学生们要求言论自由和新闻自由,这是作为共和国公民不可剥夺的权利。为了确保这一权利,"中国的宪法应完善并包括这项权利的内容"。[52]

从威勒的报道中,透露学生们已经认识到中国的问题在于中国内部,"中国最大的敌人不是东京,而是北京",直击问题的要害。而且他们的诉求,显然不仅仅是一个《二十一条》和山东问题,而是要求实现民主。如果中国不能政治民主化,将不可能解决所面临的严峻的国际局势,也就不可能逃脱被欺辱的命运。

"这次学生运动是真正意义上的学生运动",按照C. F. 瑞莫(C. F. Remer)的说法,因为"它既没有被某个党团控制以求获得政治利益,也没有被学生领袖所操纵,仅仅是源于爱国目的"。实际上是自发的学生运动,"学生们拒绝了一切可能被狡猾的政治家利用的做法"。但运动的结果"对各种在野的党派都是十分满意的"。

根据瑞莫的观察,其实学生比其他社会群体意识到更深层的问题，即国家政权出了毛病。例如抵制日货"并非学生心目中的第一重要的事"，如果问任何一个学生什么是他最重要的要求，答案一定是"关于北京政府"，即根源在于改革体制和政治制度。但是如果问任何一个路人同样的问题，他也许会告诉你"抵制日货或者日本人攫取山东"。所以"运动的重点对于学生、工人和小商贩来说会各有所不同"。[53]

瑞莫认为，中国的学生比美国的学生"在本国政治中占据更重要的位置"。因为中国学生比美国学生"更严肃认真地对待自己的使命"，也被国人所看重。知识分子始终被认为是中国社会的精英，中国学生继承并尊重他们几千年的知识和沉淀。当然，中国学生也存在他们的缺陷，因为在很大程度上，"学生依旧在追求官职和权力的道路"，而且中国有"极少的能够了解并精通外语的人"。但是，学生在民众中间有着相当的号召力，因为"这些识字的人得到了文盲大众一种崇敬的、迷信的尊重，感觉就像在中世纪，对那些拥有书籍并能阅读的人的崇敬一样。"[54]

瑞莫追溯了中国学生参与政治活动的背景，发现虽然"西方作家是影响学生的重要思想来源"，但是大多数中国人出国回来之后"并没有真正了解西方"。因为他们不过看到了西方城市的汽车、地铁、足球等物质文明，但并没有"了解我们和我们强大的思想"。也有一小部分中国人运用西方思想，不过他们更多的是来自欧洲而非美国的大学，受到易卜生、萧伯纳、托尔斯泰等作家的启发。

参与这次运动的人们，"打破了西方社会表面的平静，并在深层次上搅动了西方社会，这种变化在亚洲也能感受得到"。瑞莫提醒那些肯定此次运动精神的人们，必须认识到，民主要求大众越来越多地介入国家事务，而"中国人在过去太过于服从"，必须从根本上改变。[55]

注 释

[1] Connie A. Shemo, *The Chinese Medical Ministries of Kang Cheng and Shi Meiyu, 1872-1937: On a Cross—Cultural Frontier of Gender, Race, and Nation.*

[2] Ida Kahn, "A Challenge to the Students of China." *Millard's Review*, March 22, 1919.

[3] Ida Kahn, "A Challenge to the Students of China." *Millard's Review*, March 22, 1919.

[4] 唐启华：《巴黎和会与中国外交》，第244—245页。

[5] 周策纵：《五四运动史：现代中国的知识革命》，第95页。翻译本为"国不国矣"，掉了一个"将"字。关于1917年与英法的密约和1918年中日换文，见本书第8章。

[6] "Chinese Students Go Out On Strike." *Christian Science Monitor*, October 22, 1919.

[7] W. Reginald Wheeler, "China's Attitude on the Peace Treaty." *Current History* vol. 10, no. 2(1919), pp. 534-538.

[8] C.F. Remer, "The Revolt of the Chinese Students." *Asia: Journal of the American Asiatic Association* vol. 19(September 1919). 类似的关于五四那天的描述，还可以见 W. Reginald Wheeler, "China's Attitude on the Peace Treaty." *Current History* vol. 10, no. 2(1919), pp. 534-538. 关于五四那一天发生事件的详细情况，参见欧阳哲生：《作为"事件"的五四运动——从档案文献看北洋政府对五四运动的处置》，《中共党史研究》2020年第1期，第40—63页。

[9] Warren I. Cohen, "America and the May Fourth Movement: The Response to Chinese Nationalism, 1917-1921." *Pacific Historical*

Review vol. 35, no.1（February, 1966）, p. 94.

［10］司徒雷登:《原来他乡是故乡:司徒雷登回忆录》,第6章。

［11］Warren I. Cohen, "America and the May Fourth Movement : The Response to Chinese Nationalism, 1917-1921." *Pacific Historical Review* vol. 35, no.1（February, 1966）, p. 87.

［12］C.F.Remer, "The Revolt of the Chinese Students." *Journal of the American Asiatic Association* vol. 19（September 1919）, pp. 932-934.

［13］C.F. Remer, "The Revolt of the Chinese Students." *Asia : Journal of the American Asiatic Association* vol. 19（September 1919）; W. Reginald Wheeler, "China's Attitude on the Peace Treaty." *Current History* vol. 10, no. 2（1919）, pp. 534-538.

［14］"Student Strikes in China." *Missionary Review of the World* vol. 42（1919）, pp. 724-725.

［15］C.F. Remer, "The Revolt of the Chinese Students." *Asia : Journal of the American Asiatic Association* vol. 19（September 1919）.

［16］C.F. Remer, "The Revolt of the Chinese Students." *Asia : Journal of the American Asiatic Association* vol. 19（September 1919）.

［17］"Student Strikes in China." *Missionary Review of the World* vol. 42（October 1919）, pp. 724-725.

［18］魏定熙:《权力源自地位:北京大学知识分子与中国政治文化,1898—1929》,第163、191页。

［19］董时进:《两户人家》,第46章。

［20］Paul Jones, "The Students' Revolt in China." *Independent : Devoted to the Consideration of Politics, Social and Economic Tendencies, History, Literature, and the Arts*, September 20, 1919.

［21］Paul Jones, "The Students' Revolt in China." *Independent : Devoted to the Consideration of Politics, Social and Economic Tendencies, History, Literature, and the Arts*, September 20, 1919.

［22］Paul Jones, "The Students' Revolt in China" *Independent : Devoted* to the Consideration of Politics, Social and Economic Tendencies, History, Literature, and the Arts, September 20, 1919; W. Reginald Wheeler, "China's Attitude on the Peace Treaty." *Current History* vol. 10, no. 2 (1919), pp. 534–538.

[23] C. F. Remer, "The Revolt of the Chinese Students." *Asia : Journal of the American Asiatic Association* vol. 19 (September 1919) .

[24] Paul Jones, "The Students' Revolt in China." *Independent : Devoted to the Consideration of Politics, Social and Economic Tendencies, History, Literature, and the Arts*, September 20, 1919.

[25] "Student Strikes in China." *Missionary Review of the World* vol. 42 (1919), pp. 724–725.

[26] George E. Sokolsky, "China's Defiance of Japan." *Independent : Devoted to the Consideration of Politics, Social and Economic Tendencies, History, Literature, and the Arts*, September 20, 1919.

[27] C.F. Remer, "The Revolt of the Chinese Students." *Asia : Journal of the American Asiatic Association* vol. 19 (September 1919) .

[28] C.F. Remer, "The Revolt of the Chinese Students." *Asia : Journal of the American Asiatic Association* vol. 19 (September 1919) .

[29] Paul Jones, "The Students' Revolt in China." *Independent : Devoted to the Consideration of Politics, Social and Economic Tendencies, History, Literature, and the Arts*, September 20, 1919.

[30] "Chinese Students Go Out On Strike." *Christian Science Monitor*, October 22, 1919.

[31] "Students head Strike of Protest in China." *Los Angeles Times*, July 13, 1919.

[32] "Ma Chun, Chinese Student Leader, Jailbird and Patriot." *Literary (NY) Digest* vol. 63 (1919), pp. 78–80. 类似的报道也见 W. S. Wang, "The Leader of the Chinese Student Movement." *Methodist Review*, September 27, 1919。

[33] 当然,这篇文章不能预见到他在1921年参加了共产党,见刘清扬:《回忆四十年前的战斗英雄马骏烈士》,近代史资料专刊《五四运动回忆录》,第174—180页。

[34] "Ma Chun, Chinese Student Leader, Jailbird and Patriot." *Literary* (NY) *Digest* vol. 63 (1919), pp. 78-80.

[35] "Ma Chun, Chinese Student Leader, Jailbird and Patriot." *Literary* (NY) *Digest* vol. 63 (1919), pp. 78-80.

[36] 刘清扬:《回忆四十年前的战斗英雄马骏烈士》,近代史资料专刊《五四运动回忆录》,第180页。

[37] John Dewey, "The Student Revolt in China." *New Republic* vol. 20, no. 248 (August 6, 1919), p. 17.

[38] 周策纵:《五四运动史:现代中国的知识革命》,第310页。

[39] John Dewey, "The Student Revolt in China." *New Republic* vol. 20, no. 248 (August 6, 1919), p. 16.

[40] 周策纵:《五四运动史:现代中国的知识革命》,第145页。

[41] Paul Jones, "The Students' Revolt in China." *Independent : Devoted to the Consideration of Politics, Social and Economic Tendencies, History, Literature, and the Arts,* September 20, 1919.

[42] 傅金铎、张连月主编:《中国政党:中国社会团概论》,第113—114页。

[43] John Dewey, "The Student Revolt in China." *New Republic* vol. 20, no. 248 (August 6, 1919), p. 16.

[44] John Dewey, "The Student Revolt in China." *New Republic* vol. 20, no. 248 (August 6, 1919), p. 16.

[45] John Dewey, "The Student Revolt in China." *New Republic* vol. 20, no. 248 (August 6, 1919), p. 17.

[46] Henry W. Bunn, "Changing China." *North American* Review vol. CCXX, no. 825 (December, 1924).

[47] "Student Strikes in China." *Missionary Review of the World* vol. 42 (1919), pp. 724-725.

[48] W. Reginald Wheeler, "China's Attitude on the Peace Treaty." *Current History* vol. 10, no. 2 (1919): 534-538.

[49] W. Reginald Wheeler, "China's Attitude on the Peace Treaty." *Current History* vol. 10, no. 2 (1919), pp. 534-538. 威勒是一个作家、传教士、教育工作者，长期居住在中国，留下了大量资料，保存在康奈尔大学 (William Reginald Wheeler papers, 1927-1957. Collection Number: 4284, Division of Rare and Manuscript Collections, Cornell University Library)。

[50] W. Reginald Wheeler, "China's Attitude on the Peace Treaty." *Current History* vol. 10, no. 2 (1919), pp. 534-538.

[51] W. Reginald Wheeler, "China's Attitude on the Peace Treaty." *Current History* vol. 10, no. 2 (1919), pp. 534-538.

[52] W. Reginald Wheeler, "China's Attitude on the Peace Treaty." *Current History* vol. 10, no. 2 (1919), pp. 534-538.

[53] C.F. Remer, "The Revolt of the Chinese Students." *Asia: Journal of the American Asiatic Association* vol. 19 (September 1919).

[54] C.F. Remer, "The Revolt of the Chinese Students." *Asia: Journal of the American Asiatic Association* vol. 19 (September 1919).

[55] C.F. Remer, "The Revolt of the Chinese Students." *Asia: Journal of the American Asiatic Association* vol. 19 (September 1919).

第 15 章 "摆脱传统的束缚"

专制统治的内部恐吓和外部的威胁燃起了人们对新知的渴望。

——美国哲学家、教育家杜威

这些结果长成于独特的西方文化之中,摩天大楼的屋顶不可能成功地置于中国庙宇之上。

——北京大学校长蔡元培

当五四运动爆发时,中国在欧美和日本的留学生已经形成了相当大的群体,他们在这个运动中也扮演了活跃的角色,影响到当时中国的政治和外交。美国历史学家韦慕庭(Martin Wilbur)在为周策纵关于五四运动的专著的书评中便指出:日本自 1895 年以来是中国"现代化的主要导师",而西欧和美国的角色是模糊的,其实很多改革的领袖是在法国、英国和美国接受教育的。杜威(John Dewey)、罗素(Bertrand Russell)在五四新文化运动的高潮时期来到中国,显然对这个运动有所影响。[1]

五四前后的中国,是一个知识精英驰骋的舞台。无论是西方还是中国的知识分子,都发挥着极大的影响力。五四运动之后,中国的教育、思想和文化领域进入深刻变革阶段。在政治上，中国处于一个极不稳定的时期，但是也可能就是这个政治的不稳定，中央政府的衰弱，给中国知识分子登上历史舞台、扮演主要角色创造了机会。美国的新闻媒体，也关注到了中国教育和思想文化界的这种变化，并对这些变化进行了报道和分析。

从这些报道可以看到，美国媒体关心的是中国的政治、教育和经济的现代化。一战后的许多中国知识分子对美国制度、文化存在着很强认同感，这也是杜威和罗素在五四前后盛极一时的重要原因。也正因为如此，巴黎和会带来对美国的极度失望之后，他们中一部分开始接受经由苏俄介绍进入中国的马克思主义。中国知识分子也发生了分化，对各种思潮和道路的选择，视他们的个人经历、政治态度、教育背景等因素而各奔东西。他们是主张用革命解决中国的问题，还是现存制度下的改良道路，取决于他们所接受的思想、对当时中国的认识以及对未来中国的愿景。

"你们无法避免社会变革"

五四运动爆发时，杜威正在中国讲学，所以他能够亲眼观察这个运动及其发展。周策纵指出，从一战爆发到1919年的这段时期，是美国与其他西方国家在中国最受欢迎的时候。在此期间以及随后的几年中，像杜威这样的西方杰出学者被邀请至中国讲学，这个事实就是一个明证。的确，五四新文化运动在相当的程度上是一场西化运动；从根本上来说，排外主义与五四运动的取向是相对立的。[2]

杜威中国之行是几位曾经师从杜威的中国学者热心努力的结果，

对当时中国的影响不可估量。杜威先是在日本讲学,于1919年4月30日偕夫人抵达上海,受到留学欧美归国的胡适、蒋梦麟、陶行知等人的迎接。5月3日和4日,他即在上海西门外的江苏省教育会作了题为《平民主义之教育》的演讲,由蒋梦麟担任翻译,"听者之众,几无席可容"。之后,他前往杭州,5月7日在浙江省教育会作了《平民主义之真谛》的演讲。

五四运动爆发,杜威为了就近观察中国的政治,决定延长原定的短期旅行,结果至1921年7月24日方回到美国,在中国待了两年又两个多月。其间他在中国11省作了200多场演讲,受到了热烈的欢迎,胡适认为还从来没有一个外国学者在中国思想界有如此大的影响力。[3]

当他在上海讲学之后,许多学生又跟到北京听他的讲座。在北京,"他的课堂总是被热切的听众们挤满,他们还报告说胡适博士对演说的讲解十分精妙。"杜威的职业教育和实用主义的观点,在当时中国的影响力很大,"是当时年青一代中国人运动进程的主要因素"。人们对自然科学和社会科学都感到新鲜,尽管中国人"天生对这些作为工程学、生物学基础的精密的智力训练并不感兴趣,但爱国主义情绪使得中国的年轻人去学习这些他们不喜欢的事物",以便于他们"武装自己的头脑,发愤图强",去学习一些他们觉得"有助于祖国发展的东西"。[4]

《密勒氏评论报》全程报道了杜威的访华,还发表杜威专门为其撰写的文章。在杜威来华一年多以后,该刊发表了一篇题为《约翰·杜威在中国》(John Dewey in China)的报道,指出杜威以这种游历讲学的形式,接触了成千上万的中国人。讲学的内容被译成中文,刊登在中国的报刊上，据估计他所讲授的内容以口头、笔录和刊印等形式流传，已经影响到了几十万中国人。

文章提出了发人深思的问题：美国通过杜威将自己最珍贵的东西奉献给了中国，向中国人说："你们无法避免社会变革，你们需要社会变革。你们是通过教育、自律、试验以及聪明地选择民主和自由的方式实现，还是任由可怕的教条者或独断专行之人宰割？这依旧是你们需要回答的问题。"[5]

杜威认为，五四运动是中国社会进步的表现，因为"在一个权威教条作为信仰的国家中，质疑是一个新时代的预兆"。过去，东方对西方的兴趣集中在欧洲和美国的物质文明，在于机器和武器方面，并不认为西方还有更胜一筹的东西。但是在最近一两年，"西方的观念和思维模式比西方的舰艇和蒸汽机更重要的想法，才变得普遍起来"。

由于学生对西方知识的渴望，将有利于"讨论和批判典型的中国的信条和制度"。思想和言论的自由在中国有着现实的意义，例如中国从日本那里传入了"集会法"（the law for assemblies）的概念。一个社团向北京警方申请成立集会的许可，其目的是讨论"世界思想的新的潮流"，但当局拒绝给予许可，"认为新潮流必然是布尔什维克主义、无政府主义、共产主义"，讨论这些问题"是危险的"。[6]

杜威意识到，知识分子仅仅认识到政治行动是不够的，还应该思考中国社会更彻底的转变，只有这样中国才能取得与其他国家平等的地位。杜威表示中国当下要解决的问题是，从自己过去知识枷锁的束缚中解脱出来，然后才可能付诸政治的行动。[7]

杜威在1919年8月写道，运动是由学生组织发起的，这一事件的重要性很难评估，在当下公众舆论汹汹的情况下，学生们的演说和文章，对未来会有持久的影响。虽然看起来运动正在持续减弱，但是一个全国性的学生联盟已经形成，并明确地为未来做出了计划。现今正努力将全国的民众团结起来，推动一个"新的宪政运动"。学生与商人的合作有效地证明了，这将产生历史性的影响。在一些城市已经扩展成各阶层的联盟，并将成为更大的全国性的组织。[8]

当时运动还在进行之中，杜威也不能确定这场运动到底能给中国带来什么，但是运动值得观察和记录下来，因为是"中国真正决定自己命运"的行动。在美国的学校，小孩都知道"一系列的'现代'发明源自于中国"，现在"中国发明了联合抵制运动、总罢工和行会组织作为干预公共事务的手段。"

北京大学演讲团学生被捕，1919年6月4日。摄影：甘博（Sidney D. Gamble）。

资料来源：Sidney D. Gamble Collections, Library of Duke University.

杜威对中国政府进行了最严厉的批评,指出如今没有哪一个文明的国家,"像中国政府那样残暴"。他对中国的处境并不乐观,虽然中国人起来自救,但似乎是力不从心,必须依靠外力,然而没有任何国家可以有力量改变中国的状况,这便清楚地反映了中国的两难处境。

当紧急情况过去,这种力量具有建设性,"那么1919年的5月4日,将被标记为新的一天的曙光。这是一个很大的假设,但只要中国在这种假设中坚持下去,这就是中国的未来。"[9]显然杜威对五四运动的影响有着长远的期待。在1919年冬的一次演讲中,杜威把"民主"的因素分为四类:

一是政治的民主,以宪治和立法代表权为主;

二是民权的民主,包括言论、出版、信仰、迁徙等自由;

三是社会的民主,消除社会不平等的现象;

四是经济的民主,分配财富的公平。

杜威认为这些都是应该拥护的现代民主的本质。杜威还讨论了如何在中国实施民主主义和个人主义,提倡一种渐进的计划,以修正西方传统的个人主义的理想。

他把西方个人主义的政治史分为两个阶段:

在第一个阶段里,人民为了个人自由,与国家和集体控制做斗争;

第二个阶段,当个人之间的不平等成为一个问题,于是西方民主制度用社会立法来限制个人自由,以消除不平等。

杜威建议,中国应该通过下列方法把两个阶段合二为一:

首先,既然中国没有个人主义的传统,可以把中国传统原有的社会集团和政府对个人的"保障的原则"加以民主化;

其次，中国可以借着大众教育的方式，为公众造成机会上的平等；第三，为了解决中国的一些特殊问题，可以进行知识的专门化。[10]

在郝大维、安乐哲《先贤的民主：杜威、孔子与中国民主之希望》的研究中，指出从1916—1928年12年的军阀统治时期，中国失控的政治，伴随着社会的解体，而这种社会解体，是由于在科举制度被废除后，没有适当的东西来取代而造成的。

五四运动虽然受到西方的影响，但缺乏条理，出现众多的议程，而无望达成统一。这些思想在能够被付诸实施之前，都相互抵消了。在这个时间点，杜威来到中国，他在中国的25个月的讲学带来的影响，导致了许多最初的改革，特别是在教育领域的改革。

许多中国知识分子已经认识到，追求西方的富强，最终将在中国建立一种民主形式、一种资本主义、一种技术的发展，这些东西又与天赋人权紧密相连，这种人权观把个人看作是拥有个人自主的，并对私有财产具有合法的追求欲望。[11]

不过，接下来中国的发展，并没有按照杜威所设想的方向，民主和人权观念都没有在中国扎下根来，虽然资本主义和技术有一些发展，不过也非常不充分。但是杜威对中国的影响仍然是深远的，所以到了今天我们还在不断地研究杜威这次讲学和对中国的长远影响。当然除了西方思想在中国的传播，许多留学海外的知识分子对这个时期的中国思想界也产生了重大的影响。

"需要有文化革命"

杜威对这个运动的分析，代表了美国知识分子的一些共识。他认为这个运动有着长远的影响,如果认为运动已经结束,这将是一个"巨大的错误"。运动主流将会转向打破政治和军阀的垄断。在广东和福建,抵制日货运动仍然很活跃;在天津,政治骚动仍然有生命力。学生的组织已经进入了大众教育、社会和慈善服务领域,以及更深入的理性讨论。

学生的骚动表面上看只是意外事件,但实质是他们对政治的绝望,腐败官员和实际控制各省的督军,都足以让青年人感到失望而远离政治。另外一个普遍的认识是,革命的失败是由于"政治变革大大超过智力和道德的准备"。政治革命完成之前,"需要有文化革命"。中国的爱国主义是在反对外国侵略为中心的情况下发展起来的,民族生存的最好办法就是在中国内部推广民主教育,提高人民生活水平,增加产业和减轻贫困。[12]

杜威不仅把五四看成一个政治运动,而且把它与新文化运动联系起来。他看到了这些年来新学校的创立,包括幼儿园和成人学校,还有受欢迎的各种公共讲座,以及直接"服务社会"的各种活动,包括商业合作、改良工艺、引进新的技术,以及推进生产等。同时,中国还发生着一个文化运动,这就是学生运动之前的"所谓的文学革命下的形式",旨在改革书报杂志所使用的语言,并对这些问题进行公开地讨论。在外人看来,这不过是"表音文字代替表意文字",但实际情况却完全不是这样。这场运动将表意文字附上表音符号以显示它的发音,其目的是使文字的发音标准化,从而更易于学习和阅读。

但这场运动"并没有如文学革命一样激起大家的兴趣和兴奋,后者是使口语成为可书写的标准化语言"。中国文言文与白话文的差距,就如同拉丁文与英文的差距,甚至差距更大。这是两千年以前的语言,学习它如同学习另一种语言。改革者为了使教育真正普及,克服掌握汉字的困难,所以必须改革文字和书写。孩子在小学阶段还必须接受外语的学习。运用丰富的通俗语言,才能促使社会、道德、经济发展问题的讨论。[13]

杜威看到中国正发生的文化的变化和冲突。守旧者担心,新教育和新文化将使中国已建立起来的旧道德和古典文学受到致命打击,认为中国的历史就是文学经典的历史,体现了传统的道德,新文学运动就是在摧毁中国。保守派和自由派之间的矛盾,"其实表现在代表旧传统和代表西方民主制度之间的斗争"。

在杜威看来,这远远超出了文化冲突,而也是新旧两种制度之间的斗争。青年们支持文学革命,两年前只有一两份关于白话文的期刊出版,而现在已超过三百种。从文言文到白话文的转变,意味着从中世纪到现代的转变,"不要轻视这种语言符号的变革对社会变革的意义"。

迄今为止,"这是比通过新宪法更重要的事件"。保守主义在中国并不是自然而然产生的,在很大程度上是"死记硬背教育系统的产物"。这种教育植根于将此种"死寂的语言作为教学媒介"。在1919年10月举行的教育会议最后通过决议,赞成让口语编入课本,这可以被视为"比满清王朝的覆灭更重要的大事件"。

根据杜威的观察,中国政府反对思想解放运动,但是"专制统治的内部恐吓和外部的威胁燃起了人们对新知的渴望"。在某种程度上,对"西方国家自由主义思想意识的渴望在增长"。由于政治革命的失败,使人们对"文化革命的需求则越积极",从而使未来政治革命最终成功。

学生运动表现最明显的便是它的自发性,他们在各方面遇到阻力。即使他们的老师和顾问,以及从美国留学归来的同学们,都更倾向于"浇灭他们的热情"。青年男女通过他们的学校教育,"获得了意识上的觉醒,并引发他们对新秩序和信仰、新的思维方式的重视"。[14]

在杜威看来,文化的革命必然引起政治的革命,他的这个预言无疑是准确的,可惜这种政治革命却不是他所希望的按照西方自由主义的方向发展,而是走向了苏俄布尔什维克的道路。杜威认为,爱国主义处于运动的中心,但是"爱国主义常常阻碍改革"。他对学生的作用感到震惊:"想象美国14岁的孩子开始考虑我们国家的未来,带头组织一个巨大的政治改革运动,这让加入这个运动的商人和专业人士感到惭愧。"[15]

在五四时期,杜威是影响青年一代的西方知识精英,但是他对于学生运动的结果,并不是很乐观。因此,西方观察者认为,"让在校学生来决定国家命运是荒谬的"。但是人们承认中国学生已经作为了"新民族主义运动的领导者"。他们也注意到,中国文人已被承认"领导了中国的思想和意见几个世纪",所以这个时候挺身而出,就不奇怪了。[16]历史和时代赋予了中国学生这个责任。

当然,之所以中国学生被赋予了这个责任,或是他们认为自己能够承担这样的责任,也是由于中国传统对知识分子所给予的非常高的期望,从"先天下之忧而忧,后天下之乐而乐"的情怀,到"天下兴亡,匹夫有责"的抱负,以及"铁肩担道义,妙手著文章"的雄心壮志,都是古代知识分子赋予自己的使命。

"专心增进学识"

作为中国教育改革的先驱,这个时候蔡元培的声望如日中天,在西方媒体中的口碑也是有目共睹。五四运动所获得的"第一个实质性的改革成果,是北京大学的完全重组",重组按照美国大学的管理模式。校长蔡元培自己本身是一位翰林,"相当于旧中国的博士",但他在德国受过教育,"被现代新思想所浸淫,对学生运动中的年轻人和教职员充满同情"。他批准通过"看起来剥夺了中国大学校长独裁权力的条文",实行教授治校。因此,蔡元培成为"学生的偶像"。他的知识和思想,批判性的文学作品,"而长久地被人们尊重"。[17]

《基督教科学箴言报》(Christian Science Monitor)发表的弗兰克·H. 荷金斯(Frank H. Hedges)《创建新中国》(Building the New China)的长文,详细报道了对北大校长蔡元培的采访,主要阐发了中国在教育和文化方面的变化以及留学生的作用。报道称蔡元培是"非西方和非基督教分子",他热爱中国,但并不是盲目地热爱中国。正是在蔡元培的领导下,北京大学取得了极大的发展,为中国的教育改革做出了榜样。"几十年来,他视自己为一个自由主义的领袖,作为北京大学的领头人,他被手下的人认为是在中国最有能力实行此项试验的人。"

当蔡元培回答外国记者提出的"如何让西方文化真正为中国服务的问题"时,他并不认为世界上所有的好东西都是中国创造产生的,同时他也并不认为在对抗外部世界时,中国可以把自己缩在一个外壳里。他确信的是,中国拥有数世纪以来发展而成的文化在背后支撑着她,"必须把这个文化作为重建它辉煌过去的伟大文明的基础"。[18]

蔡元培明确表示,并不是要追求全盘西化,表明他不愿意让中国变为"第二个美国",或者"第二个英国",他更愿意让中国"吸取西方最好的,并且不遗余力地应用到一个亚洲现代国家的建设中"。他指出,当我们借鉴西方文明的时候,"我们必须借鉴的是方法,而不是文明的成品"。许多在西方已经被证实有效的方法,同样在中国也会被证明是有成效的,但是不要忘记"我们涉及中国的自身问题"。[19]

应该引起注意的是,这篇文章赞赏蔡元培对西方文明的态度,即把西方文明对中国的作用看成一种方法,而不是最终结果,看成是中国精英的一种成熟的思考,而不是盲目的崇洋。

蔡元培同时对留学生的作用进行了分析,指出许多对中国局势有所观察的中外人士,对归国留学生"要么期望太大,要么谴责太多"。其实这些留学生不过是"现代中国文明的一个要素",并不是万能的,也无法解决目前中国的一切问题,"无论是重建国家还是去修复无可挽救的民族创伤,这些学生同样是无能为力的"。但是他们的贡献在于"成为振兴民族事业的一个部分"。虽然只是作为一部分,其功效也是不可忽视的,他们正在慢慢地改变旧的中国。蔡元培认为,"优秀的留学生不应该为政府服务,而应该用其他方式做些建设性的工作,比如教育或工业。"留学生也不应该只留在北京,他们也应该分散到全国各地去了解一个真实的中国。[20]

蔡也对留学生的一些现象提出了批评,不少留学生归国后成为政府官员,而不去做与他们所学的科学技术、教育与文化相关的工作。五四运动之后,蔡元培表达了希望学生认真读书,不要参与政治的思想："专心增进学识，修养道德，锻炼身体。如有余暇，可以服务社会，担负指导平民的责任，预备将来解决中国的——现在不能解决的——大问题，这就是我对于今年五月四日以后学生界的希望了。"[21]

他们有的企图模仿西方，"把西方政治制度强加于中国"。如果他们借助他们曾经的训练和知识去学习中国这个国家对政治和政府的需求，"而不是完全照搬那些西方制度，那结果可能对中国更有益些"。他们在西方学习政治科学，再回到中国应用，他们应用的不是得到知识的方法，"而是一种异域文明进化成形的结果。这些结果长成于独特的西方文化之中，摩天大楼的屋顶不可能成功地置于中国庙宇之上。"

蔡元培担心，一些中国青年人在没有受到恰当的中国教育之前，就被送到国外学习，这些人对中国文化也知之甚少，这些留学生"只有百分之五的人将会为改变他们祖国母亲的命运作出有效成绩"。他们寻求的是将西方介绍给中国，"而不是创造全新的中国"。在华外国人面临同样的障碍，他们缺乏中国文明和文化的基础，虽然凭借长久而勤奋的学习，可能谙熟中国的习惯、风俗和制度，"但是绝大多数人不可能像中国本土人那样敏感"。

从中国的立场看，"西方文化是学习中国文明的一个根本途径。我们学习西方文化必须从这样一个视角出发，那就是把西方文化中最好的方法应用到对中国社会的重建上。"这是一个缓慢的过程，"我们既没有足够的书籍，也没有足够的经过适当训练的教师。"他认为应该送学生出国，但是"只有他们首先接受中国文化之后"，再送到西方接受训练。

不过，蔡元培在这个采访中，对中国的制度性问题，却与五四时期许多领袖的看法有着明显的不同。按照他的说法，现在中华民国政府的"效率低和腐化堕落"，就是因为"采用了不适合中国的西方文明方法的明显例证"。[22]

显然，在经历过新文化运动以后，蔡开始反思西方政治制度和文化在中国的作用，但是似乎他不再强调中国传统的消极影响，而把中国的问题归罪于对西方的食洋不化。现在我们很清楚了，北洋政府的腐败和低效率，显然不是因为采用了西方文明的问题，而恰恰是因为中国传统的专制、没有实现民主等等因素在起着破坏的作用。

"横扫整个国家的大潮"

乔治·丹顿（George H. Danton）特别关注白话文运动的领袖胡适，胡适试图把"口语引入书写语言中"。书写语言不是每个省的方言，而是普通话，"或叫作标准化和扩展化了的北京话"。即便是这样，现在中国学校中所教的语言，对福建、广东、上海等地区的人来说，几乎是一种外语。但中国的沿海方言混杂多样，正是由于这个原因，"年轻的改革者们才如此着重于语言学和文学改革"，以及把"爱国主义和语言改革紧密联系在一起"。

这些启蒙者还通过翻译各种外国文学，将运动引向深入。然而，他们"一般喜欢更激进的俄国人，以及现实主义小说学派"，广泛阅读包括契诃夫、陀思妥耶夫斯基、托尔斯泰的作品。英文翻译版是一切版本的基础，尼采的著作也一度流行。从现实主义到自然主义，从心理学到精神病学，人们都有广泛的兴趣。

胡适认识到老百姓和学者都能读懂并理解的白话文的价值，不满足于将英语文学翻译为中文，他还写小说，甚至用口语写诗。虽然他也认识到字母的好处，但他并没有尝试在中国强力推行采用西方的字母，而是把简化汉字用到中国独有的音标系统。[23]

乔治·丹顿甚至指出，"语言学和文学的"运动，是"第一波横扫整个国家的大潮"。如果想要理解由学生运动领导者们发动的在这些学科内的改革，就必须去了解书面中文，不仅仅是在文章、诗或小说中，也在纯粹的商业书信中，它们都与口头语言相差甚远，犹如一位美国商人被要求以"旧式英语或乔叟时代英语进行写作"，这显然是荒谬的。

在中国，口语和书面语之间的相差太大，"以至于学习书面语的任务只对于少数人是可能的"。民国是一个需要知识分子观点的时代，但"百分之九十的人都没有书写表达的能力"。[24]也就是说，如此少的人口受过教育，一个社会要迈向现代是非常困难的。

根据赛珍珠的观察，现代知识分子第一次把小说看作文学。过去，小说是不登大雅之堂的，下等人才会读的，由说书人和戏子去传播。如果一个文人写了一部小说，这个文人总是使用笔名或匿名，"因为故事总是用粗俗的口语写成的"。而现在，胡适也发表了关于中国小说的论文，"这样的论题以前从未有学者选过"。

赛珍珠自己也说，她受过孔夫子的熏陶，"从不敢承认我是多么喜欢读故事和小说"。现在年轻人不仅开始读小说，而且以读小说为荣，还开始写小说了。他们不再运用古文和用典，而是表白自我，披露心迹，表现自己的真实感情。[25]

书写的改革是划时代的，这为新文化的传播开辟了道路。1921

400　　　　　　　　　　　　　　　　　　中国记事（1912—1928）

年《卫斯理公会评论》(Methodist Review)上发表保罗·哈钦森（Paul Hutchinson）题为《中国学生思想的苏醒》(The Awakening Student Mind of China)的文章，分析文学改良运动对于中国的意义犹如西方的文艺复兴。数千年来，中国文学以一种完全不同于口语，并且只有文人才通晓的文言文所书写。在几年前文言文似乎还占据统治地位，但是文言的传统在不到一代人的时间内竟然就如此衰落。

从康奈尔大学和哥伦比亚大学留学归来的胡适，以白话文出版作品。尽管讽刺和嘲笑蜂拥而至，但反而促进了白话文期刊的出版，胡适用白话撰写中国哲学史把运动推向了顶峰。到1921年，白话文的写作"席卷整个新闻出版界"，有五百多份报刊以白话形式出版，另外还有大量的白话文著作出版。短短几年内，"这场根植于学生群体之间的开拓性的革命，深刻影响到了语言的表达。"对一个民族长时间的改造中，没有其他东西"能比文字改良更具有意义"。新的语言表达形式，"几乎一夜之间破土而出"，由此催生出一大批读者。对很多中国人来说，他们认识文言文中的大部分字，但是不了解这些语句的含义。白话文书写世俗的事情，"与中国过去四千年的教法大相径庭"。[26]

对这些西方观察者来说，白话文的使用已经远远超出了语言和文化的范畴，他们更看到了其对中国未来社会发展长远的重要意义，特别是唤起了思想界的革命。美国媒体把当时中国的新文化运动和文学革命，看成和政治变革一样重要，因为它在深层上改变着中国。

1923年《纽约时报》发表的一篇关于胡适等人所撰写的英文小册子《中国人眼中的今日中国》(China Today Through Chinese Eyes)一书的书评。[27]在这本小册子中，四位中国学者讨论了中国的变化，胡适把其中最显著的变化称为"文学革命"，主要内容包括"今日中国""中国的文艺复兴""文学革命在中国""儒家的上帝观念""在与西方基督教国家接触中基督教给中国人民留下的印象"和"中国的教会"。

书评说，中国古汉语已经不适合当代社会的需要，正被白话文所取代，报纸、杂志和书籍日益使用这种新形式的语言印制，并且已经进入了学校教育之中。外文书籍被翻译成白话文，中国古典著作也发行了白话通俗版本。这和曾经发生在欧洲的情况相似，欧洲文人们也是逐渐用大众语言代替拉丁文的写作。毫无疑问，这个运动使得全体人民都有接受教育的可能，并增进"中国向民主迈进的能力"。

书评认为，本书力图"找寻现有问题解决方法"，救国就需要对中国人启蒙，"建立在文学革命这样的力量和趋势上"。中国正在"摆脱传统的束缚，跻身世界民主国家之林"。对西方人来说，"阅读此书就是从一个新角度看中国"。[28] 显然，五四新文化运动时期中国教育和文化的变化，是和到西方的留学生分不开的。这些学生回到中国，领引了时代的潮流。

注 释

[1] Martin Wilbur, "Peking, 1917—21: Professors Changed the Course of Chinese History." *New York Times*, May 15, 1960.

[2] 周策纵：《五四运动史：现代中国的知识革命》，第200页。

[3] 川尻文彦：《杜威来华与五四之后的教育界》，中国社会科学院近代史研究所编：《纪念五四运动九十周年国际学术研讨会论文集》下册，第620页；《杜威在华活动年表》，见袁刚、孙家祥、任丙强编：《民治主义与现代社会：

杜威在华讲演集》,第772页。

[4] George H. Danton, "The Student Movement in China." *School and Society* vol. 13, no. 335（May 28, 1921）, pp. 616-619.

[5] 郑保国:《密勒氏评论报:美国在华专业报人与报格（1917—1953）》,第154—155页。

[6] John Dewey, "Sequel of the Student Revolt." *New Republic* vol. 21（1920）, p. 382.

[7] Warren I. Cohen, "America and the May Fourth Movement: The Response to Chinese Nationalism, 1917-1921." *Pacific Historical Review* vol. 35, no.1（February, 1966）, p. 98.

[8] John Dewey, "The Student Revolt in China." *New Republic* vol. 20, no. 248（August 6, 1919）, p. 17.

[9] John Dewey, "The Student Revolt in China." *New Republic* vol. 20, no. 248（August 6, 1919）, p. 18.

[10] 周策纵:《五四运动史:现代中国的知识革命》,第226页。

[11] 郝大维、安乐哲:《先贤的民主:杜威、孔子与中国民主之希望》,第30—31页。

[12] John Dewey, "Sequel of the Student Revolt." *New Republic* vol. 21（February 25, 1920）, pp. 380-382.

[13] John Dewey, "Sequel of the Student Revolt." *New Republic* vol. 21（February 25, 1920）, pp. 380—382. 关于文字改革、语言、与新文化运动的研究成果非常多,最新的研究见王东杰:《声入心通——国语运动与现代中国》。

[14] John Dewey, "Sequel of the Student Revolt." *New Republic* vol. 21（February 25, 1920）, pp. 380-382.

[15] Warren I. Cohen, "America and the May Fourth Movement: The Response to Chinese Nationalism, 1917-1921." *Pacific Historical Review* vol. 35, no.1（February, 1966）, p. 90.

[16] Warren I. Cohen, "America and the May Fourth Movement: The

Response to Chinese Nationalism, 1917—1921." *Pacific Historical Review* vol. 35, no.1 (February, 1966), p. 95.

[17] George H. Danton, "The Student Movement in China." *School and Society* vol. 13, no. 335 (May 28, 1921), pp. 616-619.

[18] Frank H. Hedges, "Building the New China." *Christian Science Monitor*, October 24, 1923.

[19] Frank H. Hedges, "Building the New China." *Christian Science Monitor*, October 24, 1923.

[20] Frank H. Hedges, "Building the New China." *Christian Science Monitor*, October 24, 1923.

[21] 中国蔡元培研究会编:《蔡元培全集》第4卷,第139—141页。另见欧阳哲生:《新文化的理想与困窘——蔡元培看五四运动》,《史学月刊》2019年第5期,第8—14页。

[22] Frank H. Hedges, "Building the New China." *Christian Science Monitor*, October 24, 1923.

[23] George H. Danton, "The Student Movement in China." *School and Society* vol. 13, no. 335 (May 28, 1921), pp. 616-619.

[24] George H. Danton, "The Student Movement in China." *School and Society* vol. 13, no. 335 (May 28, 1921), pp. 616-619.

[25] 赛珍珠:《我的中国世界》,第139页。

[26] Paul Hutchinson, "The Awakening Student Mind of China." *Methodist Review* vol. 37, no. 6 (November 1921), pp. 851-859.

[27] T. T. Lew, Hu Shih, Y. Y. Tsu, and Cheng Ching Yi, *China Today Through Chinese Eyes.*

[28] "Brief Reviews." *New York Times*, September 9, 1923.

第 16 章 "中国开始觉醒"

> 比胜利更伟大的是中国的觉醒。
>
> ——美国专栏作家乔治·索科尔斯基

美国关于五四运动的报道,相当大的注意力放在了对"中国开始觉醒"的欢欣鼓舞。它们从学生的爱国热情和强烈反应,看到了中国不再是浑浑噩噩的逆来顺受的民族。中国人意识到了权利要自己去争取,而不是等待,学生站到了时代的最前列。

要砸碎枷锁

西方媒体普遍把五四运动视为"中国开始觉醒"的一个部分。《纽约先驱论坛报》(New York Herald Tribune)和《纽约太阳报》(The New York Sun)的专栏作家乔治·索科尔斯基(George E. Sokolsky)发表《中国抵抗日本》(China's Defiance of Japan)的文章,指出在这两个月内,由于"中国开始觉醒",因此"公众舆论"变得强大起来,腐败的官吏"被迫向学生低头",日本不得不放弃其征服中国的最"激进的计划"。

索科尔斯基指出,日本侵略中国的行动,促使了中国的觉醒。

过去的中国是"沉睡中的中国",但是在日本步步紧逼下,中国人逐渐醒来。1915年,日本向中国提出《二十一条》时,只引起了"轻微的骚动",因为当时的中国人依旧是在沉睡。但是巴黎和会对中国诉求的否决,终于让中国人觉醒了,掀起了非暴力不合作运动来反抗北京政府和日本。

但很不幸的是,官员们以为这只是学生的一时兴起,不肯向民众的意愿妥协,但学生运动很快便扩展开来,电报像洪水般地发往巴黎,告诉参加和会的中国代表:中国人已经觉醒,绝不会承认把山东交给日本的《凡尔赛和约》,工人、乞丐、小偷、妓女、卖唱女都参与了罢工罢市,接着邮政、警察和消防等各部门人员也威胁要紧跟其后。在强大的压力之下,政府不得不让步,而且"已经颜面尽失了"。"三个卖国贼"被革职,罢课罢工胜利了,中国拒签和约。

"比胜利更伟大的是中国的觉醒",这时的中国人民"能够明确有力地表达民主"。学生们组织起来去"教育这个国家的民众和穷苦的孩子"。在上海,为交不起学费的孩子开办了16所免费学校,全国每一个城市都有类似的活动,"学生到农民中去,到农村,开展了民族统一的运动"。

商人们组织起来表达了"对民主的要求"。资本家开设公司创建民族工业,以前与日本人合作的项目"现在转而寻求美国的投资"。在这个阶段,"表达民族主义情绪的现代戏剧占主要地位",在每个店铺门口都飘扬着中国的五色旗。索科尔斯基欣喜地看到,"日本最怕的是中国觉醒,四万万中国的道德觉醒已经发生。"[1]

美国媒体对中国所发生的事情感到鼓舞,它们问道:"有什么秘密计这些年轻人拥有力大无比的力量?"它们所得到的答案是,由于"正义"的力量,要恢复原来德国所控制的山东的权利。她是个"神圣的省份",因为这里诞生了孔子和孟子,"得到山东就如同得到了中国的掌上明珠"。德国在1897到1898年对山东的侵略是义和团运动爆发的原因之一,现在德国的衣钵穿在了日本身上,这是强加给中国人民的枷锁,"还我青岛"已成为数以百万计民众的战斗口号。[2]

美国驻华公使芮恩施也强调这个运动显示了中国人的觉醒。7月4日在给国务卿罗伯特·蓝辛的电报中,芮恩施报告说:"政治大局唤醒了人们,商人和学生领导了这个国家公民组织的成长。学生并不单纯意味着在校学生,而是包含了所有受过现代教育的人们。"[3]

芮恩施在他的回忆录中指出,巴黎和会带给中国的只是失望,但是也"产生了一种令人鼓舞的中国人民的民族觉醒,使他们为了共同的思想和共同的行动而紧密地结合在一起"。由于学生的积极推动,全国各个阶层都受到了影响,但是学生力图避免国际上对运动会产生排外的猜想,比如当牵涉外国企业的时候,为了不让事态复杂化,便到上海工厂去说服工人,要他们不罢工,反而受到工人的指责:"你们认为我们对国家没有感情,对卖国者不愤恨吗?"[4]

虽然美国主流媒体认为中国还处于混乱之中,但是它们也为五四之后的中国人已经觉醒而欢欣鼓舞,认为中国人的"自我救赎"有了希望。1920年3月16日《基督教科学箴言报》发表了以《中国人民的觉醒》(Awakening of the People of China)为题的文章,这实际上是已经卸任的芮恩施的一次演讲。

在讲演中,芮恩施指出中国的舆论在对外国势力侵犯的问题上,"表现出一致的坚决抵抗态度",认为"中国的民族运动已持续了一段时间",而且已经成为"一个强有力的、明确的、精心组织的民众运动"。

芮恩施称,是中国的学生最早组织了反对巴黎和会的决议,商人也加入其中,这是他们"第一次登上历史舞台,参与国家事务"。不过这个说法是不准确的,其实甲午战争因为阻止清政府签订《马关条约》,学生便参加了政治运动;辛亥革命商人已经登上历史舞台,甚至组织了商团。不过前两次都没有五四运动这么大的规模和广泛的参与。

芮恩施认为,五四运动不是排外,而是通过罢课、罢市和抵制日货对日本进行抗议。这场运动的爆发和组织过程给他留下了非常好的印象,以至于他认为"中国是世界上最民主的国家之一",并且"对公平有强烈的渴望,不能容忍不公正的待遇"。[5]

现在看来,芮恩施对中国的看法未免过于乐观。芮恩施所宣称的"中国是世界上最民主的国家之一",显然他对五四运动时期的中国,有过高的估计。从前后文来看,他在讨论五四运动及以后的民族主义运动。[6] 也就是说,在当时中国存在这些运动兴起和发展的空间,说明当时政治系统存在相当的民主因素,但所谓"最民主的国家之一"就完全言过其实了。

芮恩施对中国的民族主义充满信心,他曾在回忆录中写道,"从巴黎和会决议的祸害中,产生了一种令人鼓舞的中国人民的民族觉醒,使他们为了共同的思想和共同的行动而结合在一起"。[7]

美国人的反思

巴黎和会还没有结束,美国媒体已经群起批评和会和威尔逊对中国的不公,但是它们也意识到,这个不公正的结果是很难改变的。1919年5月14日,《华盛顿邮报》(*Washington Post*)发表题为《赔偿中国》（Compensating China）的文章，指出，"具有公平竞争意识的美国人"，本能地反对日本取代德国以及"对积弱的中国享有权利"。美国宣布成立银行家组成的国际财团，通过补偿的方式资助中国政府。"这种努力是为了弥补对中国在和约中的不公平，并减少美国民众对和约不公的反感"。

如果这项"为中国的金融复兴"方案得到通过，在美国民众的心中，这将使美国从山东问题受到的名誉损害中解脱出来。中国所得到的经济援助，"是中国应该得到的"，因为如今中国脆弱的经济地位，是各国为了自己私利而导致的直接后果，"而只有美国希望看到中国的强大"。

因此《邮报》支持对中国的援助，认为这是美国对牺牲中国利益的一个补偿。"如果决定扩大对于中国的资助，而不粉饰《凡尔赛和约》的错误，这本身才是一件好事。有一种方法，或许是最可靠的方法，是保证中国领土和政治的完整性，使其内部强大。"自外国利益进入远东的那一天起，中国政府便"一直在失败与破产中挣扎"。中国政府一直没有得到"一个公平的机会"，它从来没有被允许"发展自己的金融基础"。在公平的框架下，正确地调整其关税和税收，对中国的贷款将会"帮助中国强大，并使她有能力对抗其他列强的侵犯"。

文章指出，美国应该利用对五强贷款（five-power loan）的影响力，"美国几乎主宰了借贷条款的制定"，应该提出对中国有利的条款。且不说这显示了美国人的公平竞争的观念，而且"一个强大的中国符合美国的利益"，因此中国"应得到友好的援助"。[8]

不少美国官员对五四运动也有反思。驻华公使芮恩施在1919

年9月离开中国之前,报告了这一时期中国的情况。在讨论中国对《凡尔赛和约》中关于山东条款的反应时,他提供了一个关于美国官员对学生示威的综合性的视角。美国外交史学家孔华润(Warren I. Cohen)在国务院的档案中找到了他的报告:"与中外开始交往以来发生过的风暴不同,一场民众愤怒的风暴席卷了中国"。学生在全国组织抗议中发挥了主导作用,进行了"非常有效的宣传,运动被组织起来,并迅速扩散到全国"。这场运动具有明显的反日特征,并导致抵制日货,运动直到9月仍然没有平息,"公众舆论积极的调动和明确的目标,是中国政治生活的新发展"。

孔华润评论道:芮恩施很敏捷地意识到了示威的政治意义。学生们推动中国从"一盘散沙",变成一股强有力的民族主义力量。然而,也许由于芮恩施与中国的知识潮流密切接触,他认为自己不适合向美国政府提出关于知识分子与政治发展之间关系的建议。其实,以他的能力和背景一定能够提出有价值的建议。也许更不幸的是,他选择在中国历史上这样一个关键节点上离职,使得美国驻华公使失去了在华西方公使团领导者的角色。[9]

1919年春末和夏季,关于中国各地的学生示威的报告到达了华盛顿。这些报告一般是描述性的,几乎没有或完全没有分析,但是几份于1919年10—11月间送达美国政府的报告,显示了"爱国主义影响学生示威运动"。观察家们对反日抵制的有效性感到惊讶,他们中的许多人描述了学生没收日本货物的现象以及与保守商人的角力。[10]

同年7月,美国驻上海总领事托马斯·西蒙斯(Thomas Sammons)在《字林西报》(*North China Daily News*)读到一篇使他深思的文章,文章对学生运动进行了解读,提出学生阶层可能被视为旧文人阶层的后继者,而受到中国公众视野的关注。如果学生阶层真的能够在公众面前享有足够的曝光度,那么"他们的运动展现出了一种崭新而深远的意义"。中国的读书人在科举制度废除后一事无成,现在开始重显他们的重要作用。[111]

美国媒体对五四运动的报道,当时便已经有了不少很有见地的分析,甚至今天看起来,也是非常深刻和有远见的认识,例如杜威对运动的看法和分析,《字林西报》的观点与上述杜威的看法形成了有趣的对比。《字林西报》注意到了知识分子在历史使命问题上,继承了中国的传统;而杜威却看到了传统的文人是保守的,死抱住古代经典不放,不思改革。

这两种看法反映了中国知识分子的复杂性,其内部总是存在各种分野,而且保守和进步本来就不是截然分离的,要针对具体事件而具体分析。实际的情况可能是,一个政治上态度保守的文人,可能也有着强烈的使命感;一个支持新文学运动的文人,也可能对政治并不关心,等等。

1919年夏,美国国际团(American International Corporation)北京代表的报告抵达美国国务院。这份报告基于对学生和老师的广泛调查,涵盖了对学生运动各方面的讨论。作者T.加特莱尔(T. J. N. Gatrell)博士分析了报告,发现五四运动是"在巴黎外交竞争中未能击败日本人的深切耻辱造成的结果,是对道德感薄弱的部分官员应对此负责的觉悟,并且人们认识到,只有中国人自己实行真正的改革,西方国家的帮助才会如期而至"。[12]

这与杜威所说的观点类似。国际社会的冷漠,中国的贫弱,还有中国官员的腐败,都是导致这个运动爆发的主要因素。如果中国不能依靠其他国家,至少能做一些事情,从而先把自己的问题解决。[13] 这是非常有见地的看法。中国的问题,必须自己妥善解决。正是由于中国国内局势的混乱,才使国际社会轻视中国的诉求。而且,中国现实的局面和处境主要是自己造成的,如果不能改变政治环境,那么国际环境也只会进一步地恶化。

从美国在华官员的内部报告中,也可以看到,虽然美国对中国学生的运动多持比较乐观的态度,但是也对其激烈的程度表示担忧。1919年11月,美国驻广州领事馆的一份备忘录说,人们越来越多地认识到学生态度的重要性,但是并不看好学生运动,指出中国的商人都反对继续罢市。在广州,"似乎充满了作为梦想家和理想主义者的年轻人",他们有着"不切实际的想法"。这份备忘录把那些聚集在广州孙中山身边的年轻人称为"有梦想的学生阶级,希望摧毁旧制度,但毫无建设性"。[14]

当时,不仅美国人有这样的担忧,运动的组织者也提出了类似的看法。傅斯年于1919年9月写有《新潮之回顾与前瞻》,他是五四运动的组织者之一,还担任过游行总指挥,后受胡适影响,反对激进,退出学运。这篇文章对运动进行了反思,在某种程度上,与上述对学生成为推动政治变革的主要动力的忧虑,也提出了类似的思考。傅提到,从五四运动以后,他和同人所办的《新潮》杂志停了。因为北京大学几个月里发生的事情太多了,大家各奔东西,无暇顾这个杂志。现在大学逐渐恢复旧状,大家又集在一起,继续办这个杂志。

傅斯年意识到,五四运动过后,"中国的社会趋向改变了"。越来越多的人开始觉醒,哪怕那些没有觉悟的,也被"这几声霹雷,吓得清醒"。北大的精神发扬光大,他认为中国"以后是社会改造运动的时代"。但是,傅表示,对过去几个月所发生的事件,"我们又生一种忧虑"。这就是运动"发泄太早太猛,或者于将来无益有损"。他认为,"中国的政治,不特现在是糟糕的,就是将来,我也以为是更要糟糕的。"

他担心的是,人们如果对"甚么都不负责任",那么"专制之后,必然产成无治",因为中国没有"贵族政治",没有"贤人政治",那么就可能造成无序的社会。所以他认为,"在中国是断不能以政治改政治的,而对政治关心,有时不免是个无效果,极笨的事。"[15]

也就是说,美国的观察者们觉察到学生和商人在达到运动目的的策略方面的分歧,充满爱国热情的学生更多的是考虑中国的未来,而商人们却不得不担心经济利益和生存。这种对学生运动的不同看法,也说明了运动本身的复杂性。其实,激进的学生运动,也让西方的观察者有一种担忧,万一运动失控,火是否会烧到在华的外国人身上?

美国"煽动"了五四运动吗?

五四运动爆发后,日本媒体便不断宣称,学生运动是由美国人煽动和扶持的。从5月开始,便有学生运动是由美国公使教唆和赞助的谣言出现,说芮恩施资助了学生运动,据分析传播者可能是亲日团体或日本驻华外交人员。6月,日本刊物《国民》报道,美军驻华兵营、红十字会和基督教青年会给学生资助500万日元搞运动。根据芮恩施给美国政府的报告,有人在美国公使馆前散发对他进行此类指责的小册子,据说成千上万的此种小册子到处传播。6月16日,日本外务大臣就此向美国驻日大使罗兰·莫里斯(Roland S. Morris)表达了对美国的强烈不满,称这场运动将促使普遍的"排外情绪"。同时,日本新闻界也广泛报道,美国特务在煽动中国学生反日,利用这场运动以扩大他们的影响。[16]

芮恩施断然否认了这种指控,正如他后来在回忆录中指出的,"对学生们正在为祖国的自由和复兴而奋斗的目的和理想,没有一个人会不表示同情"。因此他自己也从来不隐藏这种同情,但是作为美国驻华公使,他表示"要避免直接跟这个运动接触,因为它纯粹是中国人的事情"。然而日本的报纸却详细报道了他"如何组织学生运动",指责芮恩施"为了使这个运动发动起来,已经花掉了二百万美元"。芮对这个指责嗤之以鼻,指出"大家都知道这个学生运动完全是自发的,压制不住的,所以这些报纸只会使大家觉得可笑"。[17]孔华润在仔细搜寻档案和考察了美国政府的态度之后,也指出没有证据表明美国官员在学生运动中扮演了推动的角色。[18]

不过,日本对美国的指责也不是完全空穴来风,当时中国和国际社会都认为美国站在中国的后面,似乎是一个普遍的看法。芮恩施在回忆录中讲了两件事情,大概可以印证这一点:5月5日(应该是5月4日)一群学生出现在公使馆门前要见他,他那个时候不在公使馆里,学生接着便涌向曹汝霖的住宅,捣毁大门,发现曹汝霖和章宗祥都在那里。6月2日夜里,那时正是学生风潮达到顶峰的时候,芮恩施正在公使馆处理公务,一位美国女教师带着五个中国女学生,紧张地跑到他办公室来。事情原委是,学生们要求进入总统府请愿，站立了整整两昼夜，勇敢地忍受了困苦，两个学生领袖被抓进总统府。女学生们担心那两个同学会被处死，特来请求芮帮助想办法。芮立即指示公使馆的有关人员向总统府进行了解，被告知这两个学生是在示威游行中因为"行动过激"而被捕的。总统府保证那些学生"不会遇到任何不幸的事情"，女学生们得到了这个保证，才道谢而去。[19]

最近有研究也指出，在诸多影响五四运动的外部因素之中，美国对五四运动的影响最大。日本舆论界就认为，"美国公使馆是五四运动的参谋本部"。这应该是日本的一种反美宣传，反映出五四运动的爆发，与日美矛盾有关。中国共产党早期领导人蔡和森也曾认为，五四运动背后的指挥力量"为北京美国公使以及各地的美国牧师，故此次运动的方式是美国式的，含有日美冲突的缩影的。但是当时思想上、精神上的趋向亦为美国式的"。[20]

胡适在其《纪念"五四"》一文中写道，"我们看那几千学生五月四日在美国使馆门口高喊着'大美国万岁！威尔逊大总统万岁！大中华民国万岁！世界永久和平万岁！'我们不能不认那引起全世界人类乐观的威尔逊主义在当日确是'五四'运动的一种原动力。"[21]

杜威也反驳了日本报纸上所充斥的运动是"美国人煽动和资助"的说法。他指出，外国观察家认为，这次运动最丰硕的成果是唤起了中国的觉醒，使其从被动等待的状况下清醒过来。虽然巴黎和会的沉重的打击，使人们认识到"中国本身是无助的，必须依靠外部的援助"。但严格意义上讲，"这是一次本土运动，展示了受过教育的中国人在未来能做什么，会做什么。他们不再悲观，行动已经开始，自己决定自己的命运"。或许，现在正在兴起一场"更健康、更有组织、在中国本土形成的、比以往任何时候都革命的自我救赎运动"。[22]

至于日本政府所称中国正在形成一种普遍的排外情绪，在当时的在华美国人看来，无非是日本政府企图将中国人的反日情绪，转向反对一切白种外国人的政策。芮恩施和其他驻华、驻日美国外交官多次指出，日本特务正在不择手段地误导人们，把运动说成是反对外国人。正如周策纵所指出的，尽管日本人对美国煽动中国运动的指责，是完全没有根据的，但是大多数在华的西方人士是同情学生的，并且就山东问题和反日运动来说，是支持中国人的。芮恩施后来谈到这次事件说：日本人企图将运动贴上排外的标签，并唤起人们对义和团的记忆。他明确指示美国驻沪总领事，为了避免引起误会，劝告美国社团对这场运动保持中立。[23]

有一点是不可否认的，正如前面已经指出的，美国人对这场运动，多是抱着同情的态度。当巴黎和会的消息披露后，驻华美国人与中国人一样，"发电报抗议日本攫取中国领土的和会提案"。5月21日美国驻华商会向威尔逊总统发电报，表达对他的决定的不满。驻华公使芮恩施承认有此事："在华美国人严重关切巴黎和会将德国在山东的权益转交给日本的事件。尽管日本做出归还给中国的承诺，除非这些承诺都附有保证，使其承诺能在合理时间内彻底有效地兑现，否则这些承诺将成为废纸，中国将会遭到日本的军事威胁，这有可能将世界卷入一场大灾难。"

驻华美国协会（the American Association of China）、驻华美国女子俱乐部（the American Woman's Club of China）和驻华美国大学俱乐部（the American University Club of China）也发送大致相同的电报给美国总统。6月6日，北京英美协会发出了类似的

消息（Anglo-American Association of Peking），其代表了在中国的英美世界的领军人物，有着特别的分量。对那些生活在远东的外国人来说，情况似乎非常明确：希望通过国联达成和解，这会对中国更加公正，且有利于维护远东和平和美好的前景。[24]

当然，日本之所以把美国与运动有意搅和在一起，也与美国媒体旗帜鲜明地支持运动有关，而且美国人在媒体上认真讨论过怎样帮助中国、怎样应对日本的日益攫取中国的问题。《密勒氏评论报》曾专门发起了"美国如何能帮助中国"的征文活动，主编鲍威尔甚至用中文在该刊刊登征文通告，称欧战的结果，"美国独较其他列国为多幸运"，特别是经济的增长。随着工业的发展和"国民爱国精神之滋长"，加上财政及军事力量的进步，"美国已跻于世界领袖国之林"。美国人民"不愿独私其利"，而愿意帮助"他国如中国者，俾其发展国力，将来对于世界人类亦有所贡献"。美国从战争中"未尝取得任何新土地亦不欲得他国之土地"。如今美国已经准备好对中国进行帮助，"筹备一切"，"以种种方法赞助中国"。但是大多数美国人民不了解中国，该刊愿意收集中国人的意见，告诉美国"如何能助中国"。[25]

《密勒氏评论报》对巴黎和会进行了详细的报道，1918年12月7日报道了中国政府将派往和会的代表。此后，几乎每期都在短社评栏目刊登有关和会的社论和文章，总共坚持了5个多月，解释和分析美国在巴黎和会上的立场，以及中日两国围绕和会的冲突。还有专门刊登解释性报道的特稿。[26]

历史已经很清楚了，美国与五四运动的确有一些关系，但并不像日本所指责的美国煽动了五四运动。从现在已有的资料来看，日本人对芮恩施资助学生运动的指控是毫无根据的。之所以日本对美国有这样的指控，不外有以下的原因：

一是，威尔逊执政以来对中国一贯同情的政策，让日本对美国在远东的角色十分恼火；二是，美国主流媒体和美国在华媒体几乎对中国一边倒的支持，对日本的谴责，造成日本对美国的某种敌视；三是，日本人知道这是一场针对日本侵略的、自发的中国的民众运动，但是为了转移目标，掩盖在中国的帝国主义行径，试图找到一个借口，让自己在国际社会不至于太丢面子；四是，也不排除在华的美国人以个人名义发表各种言论，支持游行和反日活动，也可能给日本造成这样的错觉；五是，日本人有意给这场爱国运动贴上排外标签，是外来势力介入的结果，来为自己在中国的错误政策辩护；六是，美国媒体在大张旗鼓地鼓吹要帮助中国，而且一直在寻找帮助中国的办法，为日本散布所谓美国煽动了五四运动提供了借口；七是，威尔逊主义为五四运动提供了思想武器。

各大报对中国的声援

对于中国因为山东问题所掀起的风潮，五四运动之后，美国媒体仍然持续地报道，持续不断地批评日本和声援中国。1919年8月3日《华盛顿邮报》（*Washington Post*）发表的艾伯特·福克斯（Albert W. Fox）的文章《中国抵制日本》（China Resists Japan），指出中国人爱国的浪潮"已超出了当局的控制"。根据种种的迹象来看，中国学生继续参与保护国家主权的运动，抵抗外国侵略，争取自由。在华的日本学生也举行了示威，"中日学生之间也发生了冲突"。反日团体在中国到处出现，商人拒绝出售商品给日本人。妇女们组织了"中国妇女爱国社"，学校的年轻女性纷纷参加这场反日运动。

根据福克斯的文章，日本官方意识到抵制日货是中国的一种有力的武器，对此反应强烈。日本驻华公使就抵制日货对中国政府提出强烈抗议，指责在上海和汉口间的日本轮船无法卸货，日本商人损失惨重。中国外交部表达了遗憾，但日方并不满意，可能"会要求中国给予赔偿"。不过，文章认为，在京的中国官员哪怕想和日本妥协，实际上在民情汹汹的情况下，也不可能"屈服于日本的威胁"。在华南地区，抵抗日本威胁的呼声非常高，南方政府也不会接受任何北京当局的屈服政策。

文章指出，中国应当保持南北一致，采取一个共同的爱国的政策；中国军队或学生，"都不会被日本军事力量的威慑所折服"，有着为国捐躯的决心。事态的发展加剧了形势的恶化，佣人和劳工甚至抬轿子的苦力，南京以及其他地方的店铺，都拒绝为日本人服务。

抵制日货运动大大激怒了日本官员，这使得东京方面威胁说，对煽动者要采取"严厉措施"。实际上地方政府对抵制日货运动，还是采取了压制的措施，一家汉口的杂志被迫停刊，只是因为其提及了要抵制"敌货"，这只不过反映了"普遍的大众情绪"。通常鼓动者"已经很克制"，避免带有特别攻击日本的语言。

按照《邮报》这篇文章的说法，为什么日本对山东问题特别关注，超过当时的任何其他事务？这是他们利用对青岛的占领，将大门打开让吗啡贸易进入中国。日本凭借在中国市场走私吗啡和其他药物，已经获得了数百万美元的利益，这对日本的钱袋子来说是至关重要

第四部　巨人醒来，1919　　419

的。所以，任何针对吗啡、鸦片或其他类似药物的抵制活动，都大大威胁着日本的经济利益。[27]

据研究，日本在殖民地台湾制造鸦片烟膏，然后输入到青岛，1918年为21万日元。同时从印度输入生鸦片，先运到神户港，然后再转运青岛，仅1918年1—9月，通过这一途径运入青岛的鸦片不下2000箱。日本商人则在山东各地所开设的药房、商店、洋行、旅舍、妓院等地方，售卖毒品，药房"无一处不贩卖吗啡"。[28]

抵制日货运动的中心最初是在上海，后来运动最激烈的是在广州，那里同业公会发达，控制了贸易。起初只是零售业拒绝日货，参加的消费者也不多，但是发展迅速，很短的时间内致使了几十家日本店铺破产。接着是抵制使用日币，上海和北京的许多店铺都贴着拒收日币的告白。银行也开始拒绝日币兑换，批发商开始拒绝在日本商社订货，甚至拒绝履行抵制活动发生之前的订单。在几周之内，日货销售下跌50%到75%。舆论认为，中国的爱国者已经不仅成功地让日本人遭受了贸易的巨大损失，并扩展了与其他国的贸易，以取代日本。

对于中国来说，抵制活动是"对日本报复的一种方式"。不过只能作为"暂时的抗议方式"，只有将抵制日货的活动转变为激励民族工业的崛起，以及发展与其他国家的贸易，才能使国人真正受益。[29]

从一开始，学生组织者反抗当局的暴力，宣传他们的正义事业。他们从北平出发，整个暑期都宣传抵制日本。由于日货减小，本国工业逐渐增长，华商则因此获利。据报道，北京和天津的日本人已经通过相关部门向中国政府提出抗议，对联合抵制中遭受的贸易损失表示不满，认为必要时需要军事的介入。

日本官方也只能回答说，没办法迫使中国商人违背他们的意志买卖日本商品。日本考虑到情况的严重性，为了满足日本商人的要求，日本驻华公使向中国外务部提出抗议。虽然北京政府对中日关系表达了良好愿望，但这并不能阻止普遍的抵制活动。[30]

五四运动后，美国媒体认为中日之间存在战争的危险。福克斯的文章便认为，中日之间"战争的可能性和危险性日益增加"。中国在山东省主权的丧失，中国许多地区引发抗议活动。"新的冲突并有可能在《凡尔赛和约》墨迹未干之际发生"，那样的话，将"强烈震荡着这个世界"。局势比较严峻的地方包括：山东、东北以及其他地方，"中国人与日本人之间已经发生流血事件"。日本军队和军舰"直接或间接地参与其中"。吴佩孚请求北京政府同意军事介入以"抵御外侮"。反日情绪在整个中国高涨，中国人的联合抵制活动给日本人造成了金钱损失，开始向政府施压，由此五艘日本炮艇和驱逐舰在福州和厦门试图恐吓本地人，"以破坏抵制日货运动"。与此同时，借口保护日本总领事馆，日军也准备在厦门和福州登陆。[31]

据《基督教科学箴言报》1919年12月4日的报道，在中国的一些地方，抵制日货也遭到政府的压制，使抵制日货受挫，有的人因为参与爱国运动"付出了高昂的代价"。在济南，中国人"购买日货得到官方的保护"，以免于"示威活动的骚扰"。而有些中国商人推广国货，"却由于戒严令而无法进行"，而"损失惨重"。不过，日本制造商在山东也遇到极大障碍，中国人拒绝出售给他们原材料。日本的国际竞争对手则因此获得了机会，特别是给美国人的机会。因为"美国政府至今拒绝承认山东条款，由此获得了精明的中国商人的青睐"。

这篇文章批评国际社会,凡尔赛会议才不久,"其他国家开始忘记中国的痛苦"。不过文章相信,中国人"不会忘记他们在山东问题的解决上所遭受的不公平待遇"。因为这一决定影响了中国在世界上的地位,改变了这个国家在外交关系上的态度,一场全国范围的爱国运动已经兴起。从《凡尔赛和约》的公布,随着时间的推移,哪怕是大规模的政治和学生运动在大城市减少,但是"反日情绪的扩散随着时间的推移而增长"。[32]

从媒体的报道看,五四以后美国社会对中国的同情和支持是非常明显的,对美国在巴黎会议中国问题上的食言批评得十分厉害。同时,对日本为什么力图控制山东也有深刻的分析,可以概括出下面的若干要点:

首先,这些报道反映了五四运动之后中国的国内局势,即学生运动的继续发展,商人的呼应,以及抵制日货的运动的扩展;其次,日本对中国反日风潮的反应,以及政府试图压制国内的日益发展的反日运动;再次,反映了美国对山东问题的基本态度,虽然巴黎和会上美国没有实现它对中国的承诺,但是会后试图寻求弥补;最后,美国舆论站在中国一边,一定程度给美国政府施加压力,要改变巴黎和会对美国形象的损害,就必须对中国有相应的补偿。

"怎样可以帮助中国"?

1919年12月号的《大陆月刊与西部杂志》(*Overland Monthly and Out West Magazine*)发表斯坦福大学教授、日本问题专家帕森·崔特(Payson J. Treat)题为《我们怎样可以帮助中国》(How

We Can Help China）的文章。崔特指出山东问题在美国引发了广泛的讨论,"说明美国人非常在意他们在中国的利益,随时准备对这个亚洲大国施以援手。除了"一致谴责日本取代德国攫取其在山东的利益外",还应该让多数美国人认识到,和会关于山东问题的处理,"对中国没有一点帮助,甚至一定会危害世界的安定"。

美国政府和民众已经意识到中国出了问题,但关于症结所在,却众说纷纭。在过去,他们把中国的问题"归结于保守和儒家思想的引导",认为它们"阻碍了中国追随日本的脚步学习和掌握西方进步的秘密"。后来,他们转而指责清统治者的无知和落后,阻止了中国人开眼看世界和步入现代之路。甲午战争之后,又把问题归因于欧洲列强对中国的干涉,尤其是沙俄、英、法和德国。1905年之后,人们认为日本成为中国问题的症结所在。[33]

崔特认为,中国人拥有巨大的精神和文化的财富,因此"每一个在华外国人对中国都歆羡和热爱",很多好心人同情"这个衰败的国度",谴责日本对中国的政策。一些人思考怎样帮助中国,但是对北京政府的能力抱怀疑的态度,因此提倡"以外国监管"来保障北京政府的效率,藉此"纠正中国根本问题",并坚信如果这个举措实施,整个国家将会随之发展。崔特声称,许多"中国人民真挚的朋友"提出了各种计划来帮助中国,越来越多的年轻人准备为国效力。而那些认为美国的成功就是因为建立了优良的教育制度和政治制度的美国人,"很愿意帮助中国人"。

崔特说,美国人很快将拿出一个更快捷帮助中国的方案,去解决"日益严重的外国对中国的控制和干预"的问题。过去签订的条约给了外国人在中国的特权、治外法权和关税控制。在"门户开放"

政策之下,所有加入协约的国家一体均沾。

1904年日俄战争爆发之时,俄国已拿下租借旅顺港的特权,并把满洲和蒙古纳入势力范围;英国有两块租借地,外加铁路和开矿特权;法国拥有一块租界和重要的铁路与开矿权;德国拥有胶州湾和在山东的特权。自从1904年把沙俄从南满赶出以及一战中把德国从山东赶出后,日本就显示了"胜过自己欧洲老师更加卓越的'掠夺'才能"。

过去美国只是冷眼旁观,尽管海约翰(John Hay)宣布了得到列强广泛接受的"门户开放"政策,美国也不得不接受1898年划分势力范围和租借地的既定事实。当沙俄开始着手夺取整个东北时,美国"对此表示抗议",在日本1915年对中国提出《二十一条》之后,美国"再次提出抗议"。但是没有一个联合起来的机器"反对列强,以保护中国"。文章认为这样的机器,"应该由国联来提供"。[34]

崔特预测,在美国加入国联之后,国联将能够前所未有地帮助中国。当日本和俄国的侵略者们觊觎东北、蒙古、山东或福建的时候,国联要保证"中国以及国联其他成员国的领土完整"。按照国联的准则,凡影响国际关系之任何情势,足以扰乱国际和平或危及国际和平所依之良好谅解者,任何会员国都有权提请大会或常任理事国注意。

中国可以基于自身主权,对所有之前勒索中国的租界提出异议,"美国自然会支持中国,而且英国及其海外联邦也会加入我们,法国可能也会和西方倡导的民主站在一起"。"现在到了美国给中国提供巨大援助的时候了"。国联将会"维持中国的主权完整,及提供所有能消除中国当前政治及经济颓势的方法"。不过崔特也指出,没有人能够提出一个永久解决中国问题的办法,"中国必须自我救赎,同时世界上任何有远见的人都应帮助中国"。[35]

正如我们所知道的,由于美国内部的意见分歧,国会对《凡尔赛和约》关于山东等问题的条款不满,拒绝批准和约,美国因此最后并没有加入国联,因此所谓依靠国联为中国主持正义也成为泡影。

另外,崔特这篇文章的观点,也存在自相矛盾之处。一方面,他提出要国际社会介入中国政府的管理;但另一方面,却又提出要防止外国对中国政治的干扰,这也反映了中国情况的复杂以及作者对怎样才能解决中国问题的迷茫。

欢呼中国的觉醒

从美国媒体关于五四运动的报道,我们可以看到美国的整个舆论、美国社会是怎样看待五四运动的。美国在华媒体和美国知识分子,都扮演了积极支持运动的角色。也就是说,在这个时期美国的主流社会是与中国站在一起的。这种情况的出现,是美国几十年努力的结果。特别是在民国成立以后,美国在威尔逊总统政策的指导之下,对中国和对日本的态度可以说是截然不同。

美国一直认为日本侵略成性,是远东和平和门户开放主义的最大障碍,美国的利益也因此受到损害。虽然说主流舆论代表了美国主流社会,并不一定代表美国政府,但是在巴黎和会之前,美国政府和美国主流媒体在对中国和日本的态度上是高度一致的。

美国站在中国一边当然是为自己的利益考虑,但是也必须承认,美国还有其道义和建立长远世界和平的设想。美国舆论看到这场运动是对日本侵略中国领土的一种强烈的反应，明确地表示美国在这个运动中应该支持中国，带有一种反对恃强凌弱的价值观和寻求正义的味道。

可以这样说，从美国政府到知识精英到外交官到美国在华的人员，从上到下几乎是共同地对日本保持着警惕。而美国的这个立场，客观上对中国保持独立完整，起了非常重要的作用。

美国媒体与威尔逊在中国问题上的分歧，出现在巴黎和会上威尔逊的对日妥协，威尔逊遭到了舆论的猛烈批评。过去在研究这个时期美国对华态度的时候，强调是美日矛盾的结果。但是当我们考察美日矛盾的根源，就会发现是因为美国要制止日本在远东的霸权，特别是对中国的野心，以有利于门户开放政策在远东的推行。所谓门户开放政策，就是要维持中国的主权完整的条件下实现各国利益均沾，因此与日本攫取中国领土的野心产生了非常尖锐的矛盾。

同时，美国也担心激进学生成为运动的主流和领导者，这实际上不利于中国民主的发展。这也是造成美国对中国的影响只是昙花一现的原因之一，随着运动的发展，越来越多的知识分子从对美国的幻想中觉醒过来，对西方的失望日益加深，越来越看重苏俄的道路，开始热情地拥抱布尔什维克，甚至包括像孙中山这样的民族主义者也发生了这样的转变。

最早系统研究五四运动的周策纵，在他的影响非常大的《五四运动史：现代中国的知识革命》的第8章《世界主要国家对五四运动的态度》，用了三节讨论了这个问题，即"日本的反应""西方的两种态度的对照"和"苏俄的吸引力"。只是简单描述了芮恩施关于上海外国租界当局镇压学生运动的态度。[36]让我吃惊的是，周先生竟然没有对美国就这一问题列专节讨论，按道理说他在研究美国与五四运动关系的问题上有十分有利的条件，而且在资料方面也占有先天的优势。我猜想，他没有专门讨论这个问题，可能是他没有注意到美国与运动发生之间的密切关系。

关于五四运动和美国的关系，徐国琦采用了比较传统的观点，认为，一战期间以及"中国在巴黎和会上被出卖之前，中国由于对中华民族的复兴已加入世界新秩序的前景充满厚望，因此举国上下为此兴奋不已。现在这种希望的破灭，直接导致五四运动的爆发，因此促使中国人寻求第三条道路，这是一条介于西方思想与中国传统文化之间的道路"。[37]

在相当长的时期内，在讨论五四运动爆发原因的时候，都是把西方列强看作一个整体，美国被看作近代以来西方对华侵略的主要列强之一，倾向于笼统地评论巴黎和会上西方列强的对华政策。然而，如果我们仔细考察，会发现美国对中国的态度上，与其他列强有非常大的差别。这种不同，是从1913年威尔逊任总统之后一以贯之的，体现在1913年成为最早承认中华民国的主要西方国家，反对《二十一条》，敦促中国参加一战，以及在巴黎和会上与日、英、法等国关于中国问题上的矛盾。

美国媒体的报道，美国对五四运动的态度，以及五四运动中的美国因素，提供了一个观察五四运动的新角度。从这个角度我们可以看到，美国媒体强调中国的觉醒和崛起，特别是高度评价青年学生在运动中所扮演的主要角色，同时也在讨论他们对这场蓬勃发展的学生运动的担心。

一些美国媒体还成为中国爱国学生和知识分子等发声的平台，

第四部 巨人醒来，1919

发表他们的文章，表达中国人民的态度，让西方世界听到中国人民的声音，反映了他们作为局外人的理解。而这些局外人的观察，提供了看待这个运动的不同的角度和不同的思考方式：既有对中国认识的局限、误区乃至偏见，也有冷静、理性、多元的观察，还透露了美国社会和人民对这个运动的态度。

由于美国媒体和精英以及在华人员都抱着明确支持中国的立场，这让日本非常恼火，于是关于运动是由美国幕后指挥的谣言便甚嚣尘上。这种谣言的出现，是日本试图把其侵略行径所引起的中国人民愤怒的责任转移到美国人身上，同时美国旗帜鲜明地站在中国一边可能使一些日本人产生错觉，怀疑后面是美国人在支使。这从另外一个角度，反映了当时美国与中国民族主义的高涨和自由民主观念的扩张，的确有着密切的关系。

巴黎和会上美国放弃了对中国许诺的支持，让中国大失所望，也让中国人不再信任他们曾经无限敬仰的美国。美国朝野也在反思，美国做错了什么，怎样进行弥补，怎样赢回中国人的信任，怎样推动中国内部的改革，这个国家怎样才能进入一个有序的、法治的、民主的国家？显然，美国媒体已经意识到了，由于巴黎和会所造成的恶果，中国人民对西方世界失望，他们已经开始在选择一条美国所不希望看到的道路。

注释

[1] George E. Sokolsky, "China's Defiance of Japan." *Independent: Devoted to the Consideration of Politics, Social and Economic Tendencies, History, Literature, and the Arts*, September 20, 1919.

[2] Paul Jones, "The Students' Revolt in China." *Independent : Devoted to the Consideration of Politics, Social and Economic Tendencies, History, Literature, and the Arts,* September 20, 1919.

[3] Warren I. Cohen, "America and the May Fourth Movement : The Response to Chinese Nationalism, 1917-1921." *Pacific Historical Review* vol. 35, no.1 (February, 1966), p. 88.

[4] 芮恩施:《一个美国外交官使华记:1913—1919年美国驻华公使回忆录》,第285页。

[5] "Awakening of the People of China." *Christian Science Monitor*, March 16, 1920.

[6] 芮恩施:《一个美国外交官使华记:1913—1919年美国驻华公使回忆录》,第285页。

[7] 芮恩施:《一个美国外交官使华记:1913—1919年美国驻华公使回忆录》,第285页。

[8] "Compensating China." *Washington Post.* May 14, 1919.

[9] Warren I. Cohen, "America and the May Fourth Movement : The Response to Chinese Nationalism, 1917-1921." *Pacific Historical Review* vol. 35, no.1 (February, 1966), pp. 89-90.

[10] Warren I. Cohen, "America and the May Fourth Movement : The Response to Chinese Nationalism, 1917-1921." *Pacific Historical Review* vol. 35, no.1 (February, 1966), pp. 88.

[11] Warren I. Cohen, "America and the May Fourth Movement : The Response to Chinese Nationalism, 1917-1921." *Pacific Historical Review* vol. 35, no.1 (February, 1966), p. 89.

[12] Warren I. Cohen, "America and the May Fourth Movement : The Response to Chinese Nationalism, 1917-1921." *Pacific Historical Review* vol. 35, no.1 (February, 1966), p. 88.

[13] John Dewey, "The Student Revolt in China." *New Republic* vol. 20, no. 248 (August 6, 1919), p. 16.

[14] Warren I. Cohen, "America and the May Fourth Movement: The Response to Chinese Nationalism, 1917-1921." *Pacific Historical Review* vol. 35, no.1 (February, 1966), p. 86.

[15] 傅斯年:《新潮之回顾与前瞻》,《新潮》第2卷第1号,1919年。

[16] 周策纵:《五四运动史:现代中国的知识革命》,第199页。

[17] 芮恩施:《一个美国外交官使华记:1913—1919年美国驻华公使回忆录》,第287—288页。

[18] Warren I. Cohen, "America and the May Fourth Movement: The Response to Chinese Nationalism, 1917—1921." *Pacific Historical Review* vol. 35, no.1 (February, 1966), p. 88.

[19] 芮恩施:《一个美国外交官使华记:1913—1919年美国驻华公使回忆录》,第274、275、287页。

[20] 蔡和森:《中国共产党史的发展(提纲)——中国共产党的发展及其使命》,《中共党史报告选编》,第17页。

[21] 胡适:《纪念"五四"》,《独立评论》,第149号,1935年5月5日。

[22] John Dewey, "The Student Revolt in China." *New Republic* vol. 20, no. 248 (August 6, 1919), p. 18.

[23] 周策纵:《五四运动史:现代中国的知识革命》,第200—204页。

[24] W. Reginald Wheeler, "China's Attitude on the Peace Treaty." *Current History* vol. 10, no. 2 (1919), pp. 534-538.

[25] 郑保国:《密勒氏评论报:美国在华专业报人与报格(1917—1953)》,第156页。

[26] 郑保国:《密勒氏评论报:美国在华专业报人与报格(1917—1953)》,第169页。

[27] Albert W. Fox, "China Resists Japan." *Washington Post*, August 3, 1919.

[28] 黄尊严:《1914—1922年日本在山东的非法贸易和走私活动》,《齐鲁学刊》1994年第6期,第124—125页。

[29] Albert W. Fox, "China Resists Japan." *Washington Post*, August 3,

1919.

[30] Albert W. Fox, "China Resists Japan." *Washington Post*, August 3, 1919.

[31] Albert W. Fox, "China Resists Japan." *Washington Post*, August 3, 1919.

[32] "China's Boycott Against Japan." *Christian Science Monitor*, December 4, 1919.

[33] Payson J. Treat, "How We Can Help China." *Overland Monthly and Out West Magazine* vol. 74, no. 6 (December 1919), pp. 412–415.

[34] Payson J. Treat, "How We Can Help China." *Overland Monthly and Out West Magazine* vol. 74, no. 6 (December 1919), pp. 412–415.

[35] Payson J. Treat, "How We Can Help China." *Overland Monthly and Out West Magazine* vol. 74, no. 6 (December 1919), pp. 412–415.

[36] 周策纵:《五四运动史:现代中国的知识革命》,第202—208页。

[37] 徐国琦:《中国与大战,寻求新的国家认同与国际化》,第287页。

CHINA THROUGH OTHERS' EYES, 1912-1919

中国记事

1912-1928